西方传统 经典与解释
Classici et commentarii
HERMES

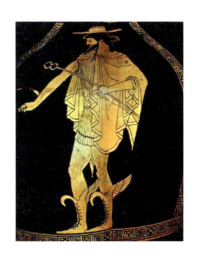

HERMES

在古希腊神话中,赫耳墨斯是宙斯和迈亚的儿子,奥林波斯神们的信使,道路与边界之神,睡眠与梦想之神,亡灵的引导者,演说者、商人、小偷、旅者和牧人的保护神……

西方传统 经典与解释
Classici et commentarii
HERMES
施特劳斯集
刘小枫 ● 主编

城邦与人
The City and Man

［美］列奥·施特劳斯（Leo Strauss）● 著
黄俊松 ● 译

华东师范大学出版社
·上海·

华东师范大学出版社六点分社　策划

古典教育基金·蒲衣子资助项目

"施特劳斯集"出版说明

  1899年9月20日,施特劳斯出生在德国黑森(Hessen)地区基希海恩(Kirchhain)镇上的一个犹太家庭。人文中学毕业后,施特劳斯先后在马堡大学等四所大学注册学习哲学、数学、自然科学,1921年在汉堡大学以雅可比的认识论为题获得哲学博士学位。1924年,一直关切犹太政治复国运动的青年施特劳斯发表论文《柯亨对斯宾诺莎的圣经学的分析》,开始了自己独辟蹊径的政治哲学探索。30年代初,施特劳斯离开德国,先去巴黎,后赴英伦研究霍布斯,1938年移居美国,任纽约社会研究新学院讲师,十一年后受聘于芝加哥大学政治系,直到退休——任教期间,施特劳斯先后获得芝加哥大学"杰出贡献教授"、德国汉堡大学荣誉教授、联邦德国政府"大十字勋章"等荣誉。

  施特劳斯在美国学界重镇芝加哥大学执教近二十年,教书育人默默无闻,尽管时有著述问世,挑战思想史和古典学主流学界的治学路向,身前却从未成为学界声名显赫的名人。去世之后,施特劳斯才逐渐成为影响北美学界最重要的流亡哲人:他所倡导的回归古典政治哲学的学问方向,深刻影响了西方文教和学界的未来走向。20世纪70年代以来,施特劳斯身后才逐渐扩大的学术影响竟然一再引发学界激烈的政治争议。自由主义知识分子觉得,施特劳斯对自由民主理想心怀敌意,是政治不正确的保守主义师主;后现代主义者宣称,施特劳斯唯古典是从,没有提供应对现代技术文明危机的具体理论方略。为施特劳斯辩护的学人则认为,施特劳斯从来不与某种现实的政治理想或方案为敌,也从不提供解答现实政治难题的哲学论说;那些以自己的思想定位和政治立场来衡量和评价施特劳斯的哲学名流,不外乎是以自己的灵魂高度俯视施特劳斯立足于古典智慧的灵魂深处。施特劳斯关心的问题更具常识品质,而且很陈旧:西方文明危机的根本原因何在?施特劳斯不仅对百年来西方学界的这个老问题作出了超逾所有前人的深刻回答,而且提出了切实可行的应对方略:重新学习古典政治哲学作品。施特劳斯的学问以复兴苏格拉底问题为基本取向,这迫使所有智识人面对自身的生存德性问题:在具体的政治共同体中,难免成为"主义"信徒的智识人如何为人。

如果中国文明因西方文明危机的影响也已经深陷危机处境,那么施特劳斯的学问方向给中国学人的启发首先在于:自由主义也好,保守主义、新左派主义或后现代主义也好,是否真的能让我们应对中国文明所面临的深刻历史危机。

"施特劳斯集"致力于涵括施特劳斯的所有已刊著述(包括后人整理出版的施特劳斯生前未刊文稿和讲稿;已由国内其他出版社出版的《霍布斯的政治哲学:基础与起源》《关于马基雅维里的思考》除外),并选译有学术水准的相关研究文献。我们相信,按施特劳斯的学问方向培育自己,我们肯定不会轻易成为任何"主义"的教诲师,倒是难免走上艰难地思考中国文明传统的思想历程。

古典文明研究工作坊
西方典籍编译部甲组
2008 年

目　录

前言 / 1

导论 / 1

第一章　论亚里士多德《政治学》/ 12

第二章　论柏拉图《理想国》/ 53

第三章　论修昔底德《伯罗奔半岛人与雅典人的战争》/ 149

索引 / 260

译后记 / 263

前　言

　　这项研究是1962年春我在弗吉尼亚大学佩吉-巴伯讲座（the Page-Barbour Lectures）上所做演讲的扩充版。我衷心感谢弗吉尼亚大学佩吉-巴伯讲座委员会提供这次机会，使我能够比之前更为充分地阐述自己对古典政治思想中一个被严重忽视的方面的看法。这次讲座中关于柏拉图《理想国》（*Republic*）的部分已有简明版收录在克罗普西（Joseph Cropsey）和我编订的《政治哲学史》（*History of Political Philosophy*, Rand McNally, 1963）中。

列奥·施特劳斯
1963年7月

导　论

　　[1]促使我们怀着强烈的兴趣以及无条件的学习意愿转向古典政治思想的,不是使人痴迷而忘我的好古情怀,也不是让人陶醉而忘我的浪漫情怀,而是我们时代的危机、西方的危机,使我们不得不这么做。

　　对每个人来说,光是遵从和聆听来自正义之城、忠信之邦的神圣信息,这还不够。要想在异教徒中传播这一信息,而且要想尽人所能清晰、充分地理解这一信息,就必须考虑,如果单靠人自身,单靠他恰当运用自己的能力,他能在多大程度上看清那座城邦的轮廓。然而,在我们这个时代,更迫切的事情与其说是证明政治哲学是神学不可或缺的婢女,还不如说是证明政治哲学是各种社会科学、各种关于人和人类事务的科学的合法女王:甚至美国这块土地上的最高法院也更愿意听从社会科学的论点,而不是作为永生上帝之言的十诫。

　　政治哲学的主题是城邦与人。城邦与人显然是古典政治哲学的主题。现代政治哲学虽然建基于古典政治哲学之上,但它改变了后者,因此,它不再按照原初的方式来处理这一主题。但如果人们不了解原初的形式,那他们就无法理解这一转变,无论这一转变多么正当。

现代政治哲学以现代自然科学所理解的自然以及现代历史意识所理解的历史为前提。但事实证明,这些前提最终和现代政治哲学并不相容。因此,人们似乎面临着如下选择,要么完全放弃政治哲学,要么回返古典政治哲学。然而,这样一种回返似乎不可能。因为导致现代政治哲学崩溃的因素似乎已经埋葬了古典政治哲学,而古典政治哲学甚至都不曾想到过[2]那些由我们自认为了解的自然和历史所造成的困难。可以肯定的是,古典政治哲学传统——迄今为止这一传统并未完全中断——的简单延续不再可能。至于现代政治哲学,它已经被意识形态所取代:最初是政治哲学的东西已经转变为意识形态。可以说,这一事实构成了当代西方危机的核心。

在第一次世界大战期间,斯宾格勒(Spengler)将这场危机诊断为西方的没落(或衰落)。斯宾格勒把西方理解为少数高级文化中的一种。但对他来说,西方远不止是那些高级文化中的一种。在他看来,西方是一种全面的文化。它是唯一一种征服了全球的文化。最重要的是,它是唯一一种向所有文化开放的文化,它没有将其他文化斥责为野蛮文化,或者说,它可以谦逊地承认其他文化是"不发达的"文化;它是唯一一种已经完全意识到文化自身的文化。文化最初的朴素含义是指精神(mind)文化,而"文化"的衍生概念和反思概念则必定意味着存在各种各样同样高级的文化。但正由于西方是达到了完全的自我意识的文化,因而它是最终的文化:密涅瓦的猫头鹰在黄昏时起飞;西方的衰落就等于是高级文化的可能性被耗尽了;人的最高可能性被耗尽了。但只要依然存在着高级的人类任务——只要人所面对的根本性难题还没有被解决到能够解决的程度——人的最高可能性就不可能被耗尽。因此,或许我们可以说,斯宾格勒的分析和预言是错的:我们的最高权威,即自然科学,认为自己能无限进步,如果根本性难题得到解决,这一说法就毫无意义。如果科学能无限进步,就不可能存在着有意义的历史的终结或完成；只可能通过自然力量本身或直接通过人类的手脑来粗暴地阻止人类前进。

尽管如此，但事实证明在某种意义上斯宾格勒是对的；我们已亲眼目睹西方的一些衰落。1913年，西方——事实上是美国加上英国和德国——本可以不废一枪一弹就为地球上的其他国家订下法律。[3]确实，西方轻松控制全球至少有一个世纪。可如今，西方不但远没有统治全球，而且它的生存也前所未有地受到东方的威胁。从《共产党宣言》来看，共产主义的胜利似乎将会是联合的或跨国的胜利，英国工业、法国革命以及德国哲学的胜利。我们看到，共产主义的胜利似乎的确意味着最初的西方自然科学的胜利，但同时，它的确也意味着极致的东方主义的胜利。

无论西方的力量已经衰落了多少，也无论西方所面临的危险可能有多大，西方的衰落、危险、失败乃至毁灭都并不一定证明西方处在危机中：如果西方确信自己的目标，它本可以光荣没落。西方的危机在于它对自己的目标不再确信。西方曾经确信自己的目标——把所有人联合起来，因此，它的愿景很清晰，而且它认为自己的未来就是人类的未来。我们已不再拥有那种确定性和清晰性。我们中的某些人甚至对未来感到绝望，这种绝望可以说明当代西方诸多形式的堕落。上述说法并不是意在暗示，一个社会除非致力于某种能把所有人联合起来的普遍目标，否则便不可能是健康的：一个社会可以既是部族性的，又是健康的。但一个习惯于按照某种普遍目标来理解自身的社会，即使没有完全迷茫，也会不再相信那一目标。我们发现，这样一种普遍目标不久以前得到过明确表达，例如在两次世界大战期间著名的官方宣言中。这些宣言只是重申了现代政治哲学最成功的形式最初宣称的目标，这种政治哲学试图建立在古典政治哲学所奠定的根基上，但它却和古典政治哲学所建造的大厦相对立，它试图建立这样一种社会：这种社会在真理和正义方面高于古典作品所渴望的社会。按照现代的筹划,哲学或科学不再被理解成本质上是沉思的和高傲的,而是行动的和仁慈的;它将服务于人类地位的解放;发展它将是为了人类的力量;它将[4]使得人类能够凭借智力征服自然,从而成为自然的主人和拥有者。哲学或科学应当使朝向更加繁荣的方向前进成为可能;因此,它应当使得每个人都能够分享社会或生活的所有好处,从而充分实现每个人的舒适的自我保存的自然权利以及这一权利所需要的一切,或者是充分实现每个人全面发展其所有能力的自然权利,而且所有人都应如此。因此,朝向更加繁荣的方向前进将变成或者可能变成朝更自由、更正义的方向前进。这一进程必定朝一个人人平等的社会迈进:这种社会是一个由自由平等国家所组成的世界性联盟,而且每个国家都由自由平等的男女组成。因为人们业已相信,从长远来看,不可能只在一个或少数几个国家中建立繁荣、自由和正义的社会:要想在世界范围内保障西方民主国家的安全,就必须让全世界变得民主,让每个国家内部以及整个国际社会变得民主。一个国家内部的良好秩序要以所有国家内部以及所有国家之间的良好秩序为前提条件。人们认为,这场朝向大同社会或大同国家的运动可以得到如下两方面的保证,即一方面,这一目标具有合理性以及普遍有效性,另一方面,朝向这一目标的运动似乎就是大多数人代表大多数人的运动:只有少数人抵制这场运动,他们奴役着数百万人类同胞,并捍卫着自己陈旧的利益。

[5]西方运动不可能将布尔什维克主义仅仅理解为一种与它持续斗争了数世纪之久的"反动主义"(reactionism)的翻版。不得不承认,西方筹划虽然以自己的方式对抗了之前所有形式的"邪恶",但它却无法对抗这种新的形式,无论在言辞方面还是在行为方面。曾经有一段时期,似乎足以说,尽管西方运动和布尔什维克主义的目标一致——由自由平等的男女组成的普遍繁荣的社会,但手段不一致:对布尔什维克主义来说,全人类的共善这一目的是

最神圣的事物,它为各种手段提供了正当性;任何有助于实现这一最神圣目的的事物都分沾了其神圣性,因而这些事物自身也是神圣的;任何阻止实现这一目的的事物都是邪恶的。由此可见,西方运动和布尔什维克主义之间不仅存在着程度上的差别,而且存在着种类上的差别,这一差别涉及德性以及手段的选择。换句话说,比以往那段时期更清楚的是,任何流血或不流血的社会变革都无法根除人类身上的恶;只要有人存在,就会有恶意、嫉妒和仇恨,因此,不可能存在着一个无需强制性约束的社会。西方国家唯一能信赖的制约因素,就是僭主对西方国家巨大军事力量的恐惧。

布尔什维克主义的经验给西方运动提供了一种双重的教训:这是一种政治教训,一方面关系到在可预见的未来期望什么以及做什么,另一方面关系到政治原则。在可预见的未来,不可能出现一个中央集权制的或联邦制的普世国家。除了这一事实而外,现在也并不存在一个世界性的国家联盟,而只存在一个由那些据称热爱和平的国家所组成的联盟,目前存在的这种联盟掩盖了根本性的分歧。如果人们对这种联盟太当真,认为它是人类迈向完美社会以及普世社会的一座里程碑,那必定[6]要冒很大的风险,除了因袭的、或许是过时的希望外,他们得不到任何支持,因而这就会危及他们努力去实现的进步。可以想象,面对核毁灭的威胁,一个由各国组成的联盟,无论它多么不完整,都会将战争宣布为不合法的战争,也即侵略战争;但这意味着,它这么做的前提在于,目前所有的国界线都是正义的,也即符合各个国家的自决;但这一前提是一种虔诚的欺骗,它的欺骗性要比它的虔诚性更加明显。人们也一定不要忘记,联盟国成员的法律上的平等和事实上的不平等之间存在着明显的不平衡。"不发达国家"这一表述承认了事实上的不平等,暗示需要充分发展它们,也就是使它们要么成为布尔什维克主义,要么成为西方,但这无视一个事实:西方声称自己代表文化多元主义。即便人们仍然认为西方的目标和布尔什维克主义一样普遍,但在可预见的未来,他们必须满足于实际上的特殊主义。这与数世纪以来的情况类似,当时基督教和伊斯兰教都提出了各自的普世主张,但却不得不满足于不安地与其对手共存。所有这一切都等于是说,在可预见的未来,政治社会将依然如故:一个局部的或特殊的社会,其最紧迫、最首要的任务是自我保存,其最高的任务是自我完善。至于自我完善的含义,我们或许可以观察到,使得西方怀疑世界社会(world-society)之可行性的那一经验同样也使得西方怀疑如下信念,即富庶是幸福和正义的充分条件甚至必要条件:富庶并不能治愈最深层的恶。

对现代筹划的怀疑不止是一种强烈但模糊的感觉。它已经获得了科学的精确性。人们可能想知道,是否还有某个社会科学家会断言,普遍繁荣的社会可以合理解决人类的难题。因为如今的社会科学承认甚至宣称自己无法证实任何价值判断。源于现代政治哲学的教导赞成普遍繁荣的社会,众所周知,这一教导已经变成一种意识形态——在真理[7]和正义方面,这一教导并不高于无数其他意识形态中的任何一种。社会科学研究所有意识形态,它本身摆脱了一切意识形态的偏见。通过这种奥林波斯式的自由,社会科学克服了我们时代的危机。这场危机可能会破坏社会科学的条件;但它无法影响其研究结果的有效性。

社会科学并不总是像前两代那样是怀疑的或克制的。社会科学之特征的改变和现代筹划之地位的改变不无关联。现代筹划源于自然(自然权利)的需求,也就是说,它源于哲人;这一筹划意在以最完美的方式来满足人类最强烈的自然需求:征服自然是为了人——据说人自身也拥有一种自然,一种永恒的自然;这一筹划的开创者想当然地认为,哲学和科学是一回事。其后不久,征服自然似乎需要征服人的自然,而且因此首先需要质疑人的自然的不变性:人之自然的不变性可能会给进步设定绝对的限度。因此,人类的自然需求再也不能指向征服自然;这一指向必须出自理性而不是自然,必须出自理性的"应当"(Ought)而不是中性的"是"(Is)。因此,作为研究应当或规范(norms)的哲学(逻辑学、伦理学、美学)就和研究"是"的科学分离了开来。随之而来的理性贬值造成了如下后果,即虽然对于"是"的研究或科学进一步增强了人的力量,但人们再也不能区分对于力量的智慧的或正确的使用和愚蠢的或错误的使用。科学无法教授智慧。仍然有些人坚信,当社会科学和心理学赶上物理学和化学时,这一困境就会消失。这种信念完全不合理,因为社会科学和心理学无论多么完善,作为科学,它们只会使得人的力量进一步增强;它们将会使得人比以往任何时候都能更好地操纵人;它们将和物理学、化学一样,几乎不会教人如何使用自己施加于人或非人的力量。沉浸于这种希望的人们还没有领会到事实和价值之间的区分所蕴含的意义。

政治哲学衰变为意识形态,最为明显地体现在如下事实中,即无论在研究还是教学方面,[8]政治哲学都已被政治哲学史所替代。作为一种善意的尝试,即试图阻止或者至少是推迟埋葬一个伟大的传统,这一替代可以得到原谅。事实上,这一做法不仅是权宜之计,也是荒谬之举:用政治哲学史替代政治哲学,就意味着用对或多或少算得上是伟大错误的考察来替代声称自己为真理的学说。有一门取代了政治哲学的学科,证明了政治哲学是不可能的。这门学科是逻辑学。在政治哲学史的名义下暂时还能被容忍的东西,将会在某种理性的研究和教学方案中找到自己的位置,这些方案会出现在逻辑学教科书中处理事实判断和价值判断之间区别的那些章节的脚注里;这些脚注将会为反应迟钝的学生提供从事实判断错误地过渡到——这种过渡正是政治哲学成败之所在——价值判断的例子。

如果认为在新的学科划分中,曾经被政治哲学所占据的位置,不论有多大,将完全由逻辑学来填充,这是错误的。先前由政治哲学来处理的很大一部分主题现在由非哲学的政治科学来处理,这种政治科学是社会科学的一部分。这种新的政治科学致力于发现政治行为的规律,并且最终要发现政治行为的普遍规律。为了避免把社会科学所处时代以及地方的政治的特殊性误认为是所有政治的特征,它必须同时研究其他地区以及其他时代的政治。因此,这种新的政治科学就要依赖另一种研究,这种研究属于被称为普遍历史的综合研究。历史学能否以这种新政治科学所渴求模仿的自然科学为模本,这是有争议的。无论如何,这种新政治科学必须从事的历史研究不仅要关注制度的运作,而且要关注塑造制度的意识形态。在这些研究的语境中,意识形态的含义主要就是指它的追随者们所理解的含义。我们知道,在某些情形中,意识形态由杰出人物所创立。在这样的情形中,就有必要考虑创立者所构想的意识形态是否以及如何被追随者修改了。因为如果只有对意识形态的粗浅理解才在政治上有效,那么就必须[9]把握那些粗浅的特征:如果卡里斯玛(charisma)的常规化是一个被允许的主题,那么思想的庸俗化也应当是一个被允许的主题。一种意识形态中包含政治哲人的种种教导。这些教导可能只发挥了一点微小的政治作用,但在牢牢把握这些教导之前,这一点不为人知。这种牢靠的知识主要就在于按政治哲人本人的原意去理解他们的教导。毫无疑问,他们每个人都错误地相信自己的教导是关于政治事物的真正的以及终极的教导:通过一个可靠的传统,我们得知,这种信念构成了理性化的一部分;但理性化的过程还没有得到充分理解,因此,对于那些最伟大的头脑来说,研究它是不值得的;因为我们都知道,可能存在着各种各样的理性化。因此,有必要按照政治哲学的创立者们所理解的方式来研究政治哲学,而不是按照他们的追随者、各种各样的追随者所理解的方式,也不是按照他们的对手乃至超然的或中立的旁观者或历史学家所理解的方式。因为中立并不足以防范如下危险,即人们会将创立者的观点等同于其追随者和其对手的观点的一种折衷。因此,必须真正地理解政治哲学,而这种真正的理解可以说是由于一切传统的动摇才成为可能；我们时代的危机或许带来了意外的好处，即它使我们能够以一种非传统的或新颖的方式来理解那些迄今为止仅仅按照传统的或派生的方式来理解的事物。这可能尤其适用于古典政治哲学，因为长久以来，只有通过现代政治哲学及其各种后继者的透镜才能看到它。

因此，社会科学如果不致力于真正地理解政治哲学，进而首先理解古典政治哲学，那么它便无法达到自己的要求。上文指出，不能假定能够达成这样一种理解。如今人们通常会断言这种理解是不可能的：所有的历史理解都和历史学家的视角有关，特别是和他所处的国家以及时代有关；历史学家不可能按照某种教导的创立者的本意来理解那种教导，他对那种教导的理解必定不同于创立者的理解；通常而言，历史学家的[10]理解要低于创立者的理解；就最好的情况而言，那种理解将会是对原初理解的创造性转换。然而，如果不可能把握住原初教导本身，便很难明白，人们如何能够谈论对于原初教导的创造性转换。此外，人们或许会认为，研究过去所阐述的教导的历史学家，其最初视角必定不同于那一教导的创立者，或者换句话说，历史学家向创始者提出的问题必定不同于那一创始者想要回答的问题；不过历史学家的首要任务当然在于悬搁自己最初的问题，转而注重创始者关注的问题，或者是在于要学会从创始者的视角来看待所讨论的主题。在社会科学所施加的要求下，社会科学家在一定程度上成功地进行了这种研究，他不仅拓展了当今社会科学的视野，甚至还超越了社会科学的限制，因为他学会了以一种可以说是为社会科学所禁止的方式来看待事物。他将从他的逻辑中学到，他的科学建立在某些假设、确定性或预设上。他现在学会了悬搁这些预设。因此，他不得不将这些预设作为他的主题。政治哲学史远不止是无数社会科学主题中的一个，事实证明，不是逻辑学，而是它，才会去探求社会科学的前提。

事实证明,那些前提是现代政治哲学原则的变体,而这些原则又是古典政治哲学原则的变体。如果人们不返回到古典政治哲学,就不可能理解当今社会科学的前提。社会科学声称自己绝对优于古典政治哲学,因为后者对于事实和价值之间的根本区别确实缺乏所谓的洞察力。当尝试按照古典政治哲学本身的方式来理解古典政治哲学时,社会科学家就不得不怀疑这种区别是否像今天看来的那样必要或明显。他不得不怀疑,真正的关于政治事物的科学,是否不是如今的社会科学,而是古典政治哲学。这一想法可以立刻打消掉,因为回到先前的立场被认为是不可能的。但人们必须意识到,这一信念是[11]一种教条式的预设,其隐含的基础是相信历史进程的进步性或合理性。

回归古典政治哲学既是必要的,也是尝试性的或实验性的。正是因为这种尝试性,而不是尽管有着这种尝试性特征,因而一定要认真对待它,即不能无视我们目前的困境。我们永远不会忘记这一困境,因为它是我们专心致志于古典作品的动力。我们不能合理地期望,对于古典政治哲学的崭新理解将会为我们提供可用于今日的药方。因为现代政治哲学的相对成功所造就的社会,古典作品一无所知,古典作品陈述并阐明的古典原则并不能直接适用于这种社会。只有生活在今天的我们才有可能找到今日难题的解决之道。不过,恰当理解古典作品所阐明的那些原则,对于我们得以恰当分析当今社会的独特性,并明智地将那些原则应用于我们的任务来说,或许是一个必不可少的起点。

至于当今社会科学的根本前提——价值和事实之间的区分,只要考虑到先前支撑它的理由以及之后它所造成的后果,人们就会对它产生怀疑。这些考虑使人们看到,关于这一区分的问题隶属于一个更大的问题。这一区分和政治生活中对于政治事物的理解格格不入,但当公民对于政治事物的理解被科学理解所取代,这一区分似乎就变得有必要。因此,科学理解意味着和前科学理解相决裂,但它同时依然有赖于前科学理解。不管科学理解之于前科学理解的优越性能否得到证明,科学理解都是二手的或派生的。因此,如果社会科学不能融贯且全面地理解通常所谓的关于政治事物的常识,也即如果它不首先将政治事物理解为公民或政治家的经验,那它就无法弄清自己所做的事情;只有融贯且全面地理解自己的根基或母体,它才能显示自己的正当性,才能够使人明白关于政治事物的最初理解的那种[12]独特变体——也就是关于政治事物的科学理解——的特征。我们认为,在亚里士多德《政治学》(*Politics*)中,我们可以获得关于政治事物的那种融贯且全面的理解,这恰恰是因为《政治学》包含着政治科学的原初形式:在这种形式中,政治科学只不过是关于政治事物的常识性理解(common sense understanding)的完全自觉的形式。古典政治哲学是政治科学的最初形式,因为关于政治事物的常识性理解是最初的。

我们对《政治学》之特征的描述显然是临时性的。这一描述中所使用的"常识"按与"科学"——首先是现代自然科学——相对来理解,因而这一描述预设了"科学",但《政治学》本身并没有预设"科学"。我们将首先考虑我们的论点所面临的反驳,以便更恰当地理解《政治学》。

第一章　论亚里士多德《政治学》

[13]传统看法认为,政治哲学或政治科学的创立者不是亚里士多德,而是苏格拉底。更确切地说,在西塞罗(Cicero)看来,苏格拉底是第一个将哲学从天上召唤下来的人,他在城邦中建立哲学,还把哲学引入家庭,他强迫哲学去探究人的生活、礼俗以及好事物和坏事物。换句话说,苏格拉底是第一个没有主要或专门关注天上事物或神圣事物,而主要或专门关注人类事物的哲人。天上事物或神圣事物是指那些为人们所敬仰的事物或高于人类事物的事物;它们是超人类的。而人类事物则是指那些对人来说为好或为坏的事物本身,尤其是指那些正义的、高贵的事物以及它们的对立面。西塞罗并没有说苏格拉底将哲学召唤到了地上,因为大地无疑是所有尘世事物的母亲,她或许是最古老因而也是最高的女神,大地本身也是超人类的。神圣事物在等级上高于人类事物。人显然需要神圣事物,但神圣事物则并不显然需要人。在一个类似段落中,西塞罗说的不是"天上",而是"自然"(nature)*;苏格拉底最初研究的是高于人类事物的事物,后来才转而去研究人类事物,那高于人类

---

* nature是本书的核心词汇之一,在大多数情况下都译作"自然",但考虑到具体语境以及汉语表达习惯,有时也译作"天然"、"天生"、"天赋"、"天性"、"本性"、"本质"。——译者注

事物的事物是指"整个自然"、"宇宙"(kosmos)或"万物的自然"。这暗示了"人类事物"并不是指"人的自然"(the nature of man);对"人的自然"的研究是自然研究的一部分。① 西塞罗提醒我们注意使哲学转向[14]人类事物所需的特殊努力:哲学起初是脱离人类事物而朝向神圣事物或自然事物的;不需要或不可能强迫哲学建立在城邦中或是将其引入家庭;但必须强迫哲学转过来朝向它原本与之相背离的人类事物。

关于政治哲学或政治科学的开端,传统看法已不再被接受。我们被告知,在苏格拉底之前,希腊智术师们(sophists)就已经转向去研究人类事物。就我们所知,苏格拉底本人并没有如此谈及他的前辈们。因此,让我们来看看柏拉图《法义》(Laws)中代替了苏格拉底的那个人,即雅典外邦人(the Athenian stranger),是如何谈论他的前辈们,如何谈论所有或几乎所有在他前面的人都致力于探究自然的。据他说,那些人认为,所有生成的事物在根本上都是由于以及通过某些"第一事物"(first things)才能够生成,这些"第一事物"严格说来并不是"事物",而是所有生灭事物生成和毁灭的原因;这些"第一事物"以及随之而来的生成的事物,那些人称之为"自然";无论是这些"第一事物"还是通过它们而出现的事物,都不同于人类的行为,它们是"自然而然的"(by nature)。自然的事物与习俗(nomos,通常译作"法律"[law]或"习俗"[convention])的事物正相对立,习俗事物不仅自身不存在,而且也并不由于人类的制定而存在,习俗事物仅仅是指人们认定它们存在、假定它们存在或一致同意它们存在的事物。雅典外邦人所反对的

---

① 西塞罗,《图斯库路姆论辩集》(Tusc. disput.)V 10,以及《布鲁图》(Brutus)31。参见色诺芬(Xenophon),《回忆录》(Memorabilia)I 1. 11-12 和 1. 15-16,《希耶罗》(Hiero)7.9,以及《家政》(Oeconomicus)7. 16 和 7. 29-30;亚里士多德,《形而上学》(Metaphysics)987b1-2,以及《尼各马可伦理学》(Eth. Nic.)1094b7、14-17;1141a20-22,b7-8;1143b21-23;1177b31-33。

那些人主要认为,诸神仅仅是法律事物或习俗事物。就我们当前的目的来说,当务之急是要注意如下这点,即在那些人看来,政治技术或政治科学同自然无关,因而也就不是什么严肃的事。他们提出的理由是,正义事物根本就是习俗事物,那些自然高贵的事物全然不同于习俗的高贵事物:直接或正确地依照自然的生活方式在于胜过他人或凌驾于他人,而直接或正确地依照习俗的生活方式则在于为他人服务。雅典外邦人完全不同意他的前辈们。他认为存在着自然正义的事物。也可以说,他的行为——他教育[15]立法者这一事实——表明,他把政治技术或政治科学当成是最严肃的事业。①

为了能够如此做也如此说,雅典外邦人无需放弃他所反对的那些人所开启的那一根本区分。尽管他和他们极为不同,但自然与习俗之间的区分、自然的与实定的(positive)之间的区分对他来说依然是根本的,对一般而言的古典政治哲学来说也是如此,正如对他的前辈们一样。② 我们未能意识到这点部分要归咎于现代哲学。我们至多只能够提醒读者注意最明显的几点。以上所提及的那一区分变得可疑,这主要是因为那种同时也意味着要去除偶然(chance)的推论。其实,对偶然事件的"解释"(explanation)就在于要认识到它是偶然事件:比如两个人偶然碰面了,即使我们知道这两个人碰面之前他们之间所发生的一切,他们的碰面也还是偶然的。因此,存在着某些事件,将这些事件追溯到先前的事件,这毫无意义。将某一事物追溯到习俗就类似于将某一事物追溯到偶然。虽然某一习俗要根据它得以从中产生的那些条件才有可能出现,但是,不管这种说法多么有道理,也仍然要将这一习俗的存在(being)、"效力"(validity)归因于它"被认定"

---

① 《法义》(*Laws*)631d1-2;690b7-c3;870e1-2;888e4-6;889b1-2,4,c4,d-890a;891c2-3,7-9,e5-6;892a2-3,c2-3;967a7-d2。

② 尤其参考《法义》757c-e。

第一章 论亚里士多德《政治学》

或"被接受"这一事实。① 反对这一观点可以提出如下推论：习俗源于人类的行为,这些行为同所有狭义上的自然事件一样,是必然的、完全由前因决定的以及自然的;因此,自然和习俗之间的区分就仅仅是临时的或表面的。② 然而,如果人们没有证明那种前因关系到对于习俗的解释,那么那种"关于一连串原因的笼统考虑"就无所裨益。气候、地貌、种族、动物、植物等等自然条件,似乎尤其关系到对于习俗的解释。然而,这意味着,在所有情况下,"立法者"都已规定对其人民来说什么是最好的,或者意味着所有习俗都是明智的,再或者意味着所有立法者[16]都是智慧的。由于这一乐观的假设无法维持,因此人们不得不同时诉诸立法者的错误、迷信或愚蠢。但要做到这点,人们就必须具备某种自然神学,以及能给所有人带来幸福和共善的知识。按照这种方式来解释习俗所遇到的困难会导致人们质疑习俗是指某种制作(making)这一概念;有人断言,不可能将习俗和语言追溯到任何假定或其他有意识的行为,只能将它们追溯到某种生长(growth),这种生长本质上不同于动植物的生长,但它与后者极为类似;这种生长更为重要,它在等级上要高于任何制作,甚至要高于依照自然的理性制作。我们不应强调古典的"自然"概念和现代的"生长"概念之间的亲缘关系。更迫切的是要指出,根据古典的自然与习俗之分,自然要比习俗更高贵,但部分由于现代的"生长"概念,这种区分已经被现代的自然与历史之分掩盖,根据这后一种区分,历史(自由和价值的领域)要比自然(缺乏目的或价值的领域)更高贵,且不说已经提到过的,即历史包含着自然,自然在本质上不过是相对于本质性的历史精神(historical mind)而言的自然。

与他的前辈们不同,雅典外邦人转而严肃对待政治技术或政

---

① 《尼各马可伦理学》1134b19-21。
② 斯宾诺莎(Spinoza),《神学政治论》(*Tr. theol.-pol.*)IV(sect. 1-4 Bruder)。

治科学,因为他认为存在着自然正义的事物。他把自己与前辈们之间的分歧追溯到如下事实:后者认为"第一事物"仅仅是身体,而他却认为,灵魂并不是身体的派生物或在等级上低于身体,灵魂天然就是身体的统治者。换句话说,他的前辈们没有充分认识到身体与灵魂之间的根本区别。① 正义事物的地位取决于灵魂的地位。正义是典型的共善;如果存在着自然正义的事物,那就必定存在着自然的公共事物;但身体似乎天然就是每个人自己的或私人的。② 亚里士多德将此推到了尽头,他认为政治联合是自然的,人天然就是政治的,[17]因为人这一存在的特征就在于具有语言或理性,因此,他和他的同胞们就能够形成最完美、最亲密无间的联合:纯粹思想中的联合。③

亚里士多德对智术师们处理政治事物之方式的论述证实了雅典外邦人的说法。亚里士多德说,智术师们要么将政治科学等同于修辞术,要么就认为政治科学从属于修辞术。如果不存在自然正义的事物或自然的共善,如果因此就认为自然的善仅仅是每个人自己的善,那便会得出如下结论:有智慧的人不会献身于共同体,而仅仅会利用共同体来满足自己的目的,或是防止自己成为实现共同体目的的工具;而实现这一企图的最重要手段便是劝说的技术,而且首先是法庭辩论式的修辞术(forensic rhetoric)。或许有人会说,利用或盘剥政治共同体的最完美方式在于行使政治权力,尤其是僭主式的权力,而且正如后来的马基雅维利(Machiavelli)所表明,这种行使需要具备关于政治事物的高深知识。在亚里士多德看来,智术师们恰恰反对这一结论;他们认为,出色地履行政府的非修辞性职能,以及获得实现这一目的所需的知识,都是"轻而易举的"事:唯一要严肃对待的政治技术是

---

① 《法义》891c1-4,e5-892b1;896b10-c3。
② 《法义》739c6-d1(参见《理想国》464d8-9 以及 416d5-6)。
③ 《政治学》1253a1-18,1281a2-4。

修辞术。①

然而，亚里士多德并不否认，在苏格拉底之前就存在着某种政治哲学。对他来说，政治哲学首先而且最终都要探寻最好的政治秩序，这种政治秩序基于普世的、（或许我们还可以加上）永恒的自然。② 如果人们完全沉浸在政治生活——即便是缔造政治共同体的活动——中，这种探寻便不可能成功，因为即便是缔造者，他的视野也必定会受到"此时此地"可行或必行之事的限制。因此，第一个政治哲人将是第一个脱离了政治生活的人，他试图谈论最好的政治秩序。亚里士多德告诉我们，这个人便是希珀达摩斯（Hippodamus）。在呈现希珀达摩斯所提议的政治秩序之前，亚里士多德着重谈论了希珀达摩斯的生活方式。希珀达摩斯不只是第一个[18]政治哲人，他还是一个知名的城镇规划者，他平日颇具抱负，其他方面也有些怪异（比如他过于关注自己的衣着），他还想习得关于整个自然的知识。亚里士多德通常不会说貌似恶意的闲话，哪怕只是一丁点。在他的整部著作中，这种概述性的评论仅此一例。在谈论希珀达摩斯之前不久，即在讨论柏拉图的政治著作时，亚里士多德描述了"苏格拉底的言辞"（尤其是《理想国》和《法义》中的言辞），并阐明了那些言辞的高质量；但他这么做为的是证明自己反对那些言辞是正当的：由于苏格拉底的言辞，尤其是那些关于最好政治秩序的言辞，散发着无与伦比的魅力，因而人们必须正视这种魅力本身。当谈及厄多克索斯（Edoxus）的快乐主义教导时，亚里士多德评论说，厄多克索斯因异乎寻常的节制而被人称道；他这样评论是为了解释人们为何认为厄多克索斯的言辞要比其他快乐主

---

① 《尼各马可伦理学》1181a12-17。参见伊索克拉底（Isocrates），《论财产交换》（Antidosis）80-83；柏拉图，《高尔吉亚》（Gorgias）460a3-4（以及上下文），《普罗塔戈拉》（Protagoras）318e6-319a2,《泰阿泰德》（Theaetetus）167c2-7。

② 参见《尼各马可伦理学》1135a4-5。

义者的言辞更可信赖。① 因此，我们可以设想，要是没有很好的理由，亚里士多德不会去评论希珀达摩斯的生活方式。在特定的情况下，第一个哲人在一个蛮族奴婢看来会显得可笑，②而第一个政治哲人在明白事理的自由人看来则处处显得很可笑。这一事实暗示了政治哲学要比哲学本身更可疑。因此，亚里士多德以稍加诋毁的方式向政治科学家们表达了西塞罗的同一思想，这一思想在西塞罗那里被表达为：必须强迫哲学关注政治事物。现代的帕斯卡(Pascal)汲取了亚里士多德的这一暗示，他说，柏拉图和亚里士多德不是学究而是绅士，他们写政治著作完全是出于好玩(playfully)："这在他们的生活中是最少哲学性和最少严肃性的事情……，他们写政治学，似乎是非要把秩序带进疯人院。"帕斯卡比亚里士多德走得更远，因为即便承认存在着自然正义的事物，他也还是认为，由于原罪，无助的人类是无法知晓那些事物的。③

[19]希珀达摩斯所提议的最好的政治秩序以异乎寻常的简洁而闻名：邦民由 10000 名男子组成，分为 3 部分；土地也被分成 3 部分；仅有 3 种法律，因为只有 3 种事情会涉及法律诉讼；法庭的相关裁断也必须在这 3 种事情上选择。在考虑完这一貌似极为清楚的规划后，亚里士多德不得不指出，这一规划其实包含着巨大的混乱：引起混乱的原因在于，对清晰和简洁的欲求同所要处理的主题不相容。④ 看起来似乎是这样：某种对"整个自然"的说明——这一说明把数字 3 当作是万物的关键——使得希珀达摩斯能够或强迫他继续按此规划最好的政治秩序，似乎这一政治秩序

---

① 《政治学》1267b22-30；参见 1265a10-13 和 1263b15-22，以及《尼各马可伦理学》1172b15-18。
② 柏拉图，《泰阿泰德》173e1-174b7；亚里士多德，《政治学》1259a6-18。
③ 《思想录》(*Pensées*)(ed. Brunschvicg)frs. 331 和 294。参见柏拉图，《法义》804b3-c1。
④ 《政治学》1267b30-1268a6，1268b3-4，11；《尼各马可伦理学》1094b11-27。

完全是基于自然。但他只达成了巨大的混乱,因为他没有注意到政治事物的独特性:他没有看出政治事物是自成一类的事物。尽管颇具抱负,或正由于颇具抱负,希珀达摩斯未能成功创立政治哲学或政治科学,因为他没有首先提出这样的问题,即"政治是什么",或者更恰切地说,"城邦(polis)是什么"。苏格拉底提出了这一问题以及所有诸如此类的问题,因此,他成了政治哲学的创立者。

"……是什么"的问题指向着"各种本质"(essences),指向着各种"本质的"区别——也就是指向着如下事实,即整体是由各个异质的部分组成,这些部分不仅在感觉上异质(比如火、空气、水和土),而且在理智上也是异质的:要理解整体就意味着要理解这些部分各自是"什么"、这些存在的种类各自是"什么"以及它们彼此是如何连结在一起的。这样的理解不可能是将某一异质的种类化约为别的种类或者化约为除了这一种类自身之外的任何原因;这一种类,或这一种类的特性,就是最高的原因。苏格拉底认为自己转向"是什么"的问题,便是转向或回归到清醒和"常识":虽然整体的根基是隐匿的,但整体显然是由各个异质的部分组成。人们或许会说,按照苏格拉底的观点,那"在其自身是第一性"(first in themselves)的事物在某种程度上就是"对我们来说是第一性"(first for us)的事物;那"在其自身是第一性"的事物会以某种方式而且必定会揭示在人们的意见中。这些意见有着作为意见的某种特定秩序。最高的、权威的意见是[20]法律的声明。法律显明了正义的和高贵的事物,它最有权谈论最高的存在,也即居住在天上的诸神。法律是城邦的法律;城邦敬仰、尊重并且会"认定"(holds)城邦的诸神。诸神并不赞许人们致力于探索他们不愿揭示的事物,也就是天上的和地下的事物。因此,虔敬之人不会去考察神圣事物,而只会去考察人类事物,而且人类事物也有待人们去考察。苏格拉底是虔敬之人的最重要证据就在于,他限定自己只去研究人类事物。苏格拉底的智慧是无知之知,这是因为它是虔敬的,苏格拉底的智慧是虔敬的,这是因为它是无知之知。① 然而,权威意见却总是相互冲突。即便出现如下情形,即某一既定的城邦在规定重要的事情时,它并不自相矛盾,人们也可以确定,这一城邦的裁决会与另一城邦的裁决相冲突。② 因此,有必要超越这些权威意见本身,而超越的方向便不再是朝着意见而是朝着知识。甚至苏格拉底也不得不从法律走向自然,从法律上升到自然。但他走在这条路上必须带着一种新的清醒、小心,并且要有一种新的强调。他必须从某种"常识"出发,这种"常识"既体现为那些普遍公认的意见但是又超越了它们,他必须由此出发建立一套清晰、全面而又非常稳妥的论证,他必须以这样的论证来证明上升的必要性;他的"方法"便是"辩证法"(dialectics)。这明显是在暗示,即便有些考虑认为苏格拉底修改了自己的立场,但不管有多少这样的考虑,苏格拉底主要——即便不是专门——关注的也还是人类事物:关注自然正当、自然高贵是什么,或是关注正义、高贵的本质(nature)。③ 原初形式的政治哲学普遍被理解为哲学的核心或"第一哲学"。它也同样保留了这一真理,即人的智慧就是无知之知:不存在关于整体的知识,而只存在关于部分的知识,因此,仅仅存在关于部分的片面知识,因此,即便最智慧的人,也不可能无限制地超越意见领域。这种苏格拉底式或柏拉图式结论截然不同于那种典型的现代结论,依照后者,由于不可能获得关于整体的知识,因而必须放弃关于整体的问题,并代之以另一种问题,例如,现代特有的自然科学和社会科学问题。整体的含混性(elusive-

---

① 色诺芬,《回忆录》I 1.11–16;IV 3.16,6.1–4 和 7.6。柏拉图,《苏格拉底的申辩》(*Apol. Soc.*)19b4–c8,20d7–e3,23a5–b4;《斐多》(*Phaedo*)99d4 及以下;《斐德若》(*Phaedrus*)249e4–5。

② 参考柏拉图,《拉克斯》(*Laches*)190e4–191c6。

③ 《理想国》501b2;参见《理想国》597b–e 和《斐德若》254b5–6。

ness)必定会影响到关于每一个部分的知识。由于整体的含混性，开端或追问显然要比结尾或答案更来得合理；回到开端永远都有必要。事实上，整体的每一个部分，尤其是政治领域，在某种意义上是向整体敞开的，这一事实妨碍了政治哲学或政治科学建成为一门独立的学科。政治科学的真正创立者不是苏格拉底也不是柏拉图，而是亚里士多德：作为一门学科，政治科学绝不是最根本的也不是最高的，它只是诸多学科中的一门。通过对比《理想国》与《蒂迈欧》(*Timaeus*)的关系和《政治学》与《物理学》(*Physics*)或《论天》(*On the Heaven*)的关系，柏拉图与亚里士多德之间的区别就能够得到阐明。亚里士多德的宇宙论不同于柏拉图的宇宙论，它完全脱离了对于最好政治秩序的探寻。亚里士多德的哲学探讨与苏格拉底上升式的哲学探讨不在同一个层次上，其方式也不同。柏拉图的教导必须通过对话来呈现，而亚里士多德的教导则必须通过论文来展示。在关于政治事物的方面，亚里士多德直接担当了立法者和政治家的教师这一角色，他们人数众多而且身份模糊，亚里士多德同时向他们所有人说话，而柏拉图则表现为循循善诱的政治哲人，他在交谈中教导一两个寻求最好政治秩序的人或是打算为一个确切的共同体立法的人。然而，如下这点也并不意外，即《政治学》中那一最根本的讨论几乎是一篇对话，一篇寡头派人士和民主派人士之间的对话。[①] 不过，同样独特的是，这一对话并没有出现在《政治学》的开篇。

亚里士多德尤其关注希珀达摩斯的如下提议，即谁要是发明了有利于城邦的东西，他就应该获得荣誉。亚里士多德考察这一提议在他考察希珀达摩斯的整个规划中占了约有一半篇幅。比起希珀达摩斯来，他不太确定革新的价值(virtues)。希珀达摩斯似乎并没有考虑[22]技术革新和法律革新之间的区别，或者是没有

---

① 尤其参见 1281a16 以及 b18。

考虑政治稳定性的需求和所谓的技术变革之间可能会出现的紧张。在一些近距离观察的基础上,人们或许会怀疑希珀达摩斯的极为关注清晰与简洁和他的极为关注技术进步之间的关联。他的整个规划似乎不仅导致了混乱,而且导致了持久的混乱或革命。无论如何,在说明技术和法律之间最重要的区别之前,亚里士多德无法阐明革新。技术具有无限改进的倾向,因此技术方面的进步永无止境,而且无论如何,技术本身也不会因进步而受到损害。法律的情形就不一样了,因为法律的强力,也即它的使人服从的力量,正如亚里士多德这里所说,这完全要归因于习俗,而习俗只有经过漫长的时间才会产生。法律与技术截然不同,法律完全不能将自己的效力归因于理性,或者只能在很小的程度上归因于理性。① 一项法律有可能显然很合理,但是,如果通过它所抑制的激情来看,它的合理性便会变得模糊。那些激情会支持与这一法律不相容的准则和意见。那些由激情养成的意见也必定会遭到激情所养成的和正在养成的相反意见反对,而这些相反意见并不一定就可以等同于法律的理性。因此,法律,也即"多数人"的道德教育的最重要工具,就必须得到祖传意见、神话——比如这些神话,它们在谈论诸神时,似乎诸神就是人类——或"公民神学"的支持。在这些神话中,诸神并不意味着他们自身存在,也不意味着他们通过自身而存在,而仅仅意味着他们"通过法律"而存在。然而,考虑到法律的必要性,人们或许会说,整体的原则既希望又不希望被称为宙斯。② 由于城邦作为一个整体其特征便在于明确地抗拒理性,因此,为了它的幸福起见,就需要有一种修辞术来服务于政治技术,这种修辞术不同于法庭辩论式的修辞术,也不同于协商式的

---

① 《政治学》1268b22-1269a24,1257b25-27。参见伊索克拉底,《论财产交换》82,以及托马斯·阿奎那(Thomas Aquinas),《神学大全》(S. th.) 1 2 q. 97. a. 2. ad 1。
② 亚里士多德,《形而上学》1074b1-14(参见托马斯·阿奎那 ad loc.)。参见《赫拉克利特残篇》(Heraclitus, Diels, *Vorsokratiker*, 7th ed.) fr. 32。

(deliberative)修辞术。

"公共事务的本质通常会击败理性。"从亚里士多德《政治学》中找出一例便足以证明此。在第一卷中讨论奴隶制时,亚里士多德阐明了理性主宰的原则:奴役那些天然就是奴隶的人是正义的;但奴役那些[23]天然不是奴隶而仅仅由于法律或被迫才为奴的人,这就是不正义的;一个人要是太愚蠢以至于不能支配自己,或者只能做一些比役畜的行为高级不了多少的工作,那么他就是天然的奴隶;这种人当奴隶要比做自由人好。但在讨论最佳政体时,亚里士多德却理所当然地认为,政体成员中的奴隶人口,他们每个人都可以因其服务而得到自由作为奖赏,这也就是说,他们不是天然的奴隶。然而,一个人有可能天生就有奴性,有可能缺乏骄傲感或男子气概,因而他倾向于服从强者,但如果他具有理智,那么对他的主人来说,他就比那些壮如公牛但也蠢如公牛的同伴要有用得多。[①] 柏拉图同时还认为,城邦护卫者必须对外邦人凶狠,亚里士多德并不满意这一说法,但柏拉图也引用品达(Pindar)的诗句更直接地表达了与亚里士多德一致的思想,即力量优胜者天然具有统治的资格。由此我们可以理解,为什么政治事物的本质在某种程度上不但会击败理性,而且还会击败任何形式的劝说,由此我们也可以明白智术师将政治技术化约为修辞术何以荒谬的另一个原因。色诺芬的同伴普诺克塞努斯(Proxenus)曾是著名的修辞学家高尔吉亚(Gorgias)的学生。由于高尔吉亚的教导,他能够通过赞扬或不赞扬来统治绅士们。然而,他却完全不能让他的士兵尊敬或惧怕他:他无法规训他们。但色诺芬,这位苏格拉底的学生,却拥有整套的政治技术。这同一种思想——即在领导"多数人"时,单靠劝说是不够的,还必须具备拥有利齿的法律(laws with

---

① 亚里士多德,《政治学》1254b22-1255a3,1255b4-15,1285a19-22,1327b27-29,1330a25-33。西塞罗,《论共和国》(*Republic*)II 57。

teeth in them)——构成了亚里士多德从《伦理学》(*Ethics*)到《政治学》的过渡。在这一语境中,亚里士多德批评了智术师们将政治学化约为修辞术的做法。① 智术师们非但不是"马基雅维利主义者",而且由于迷信言辞万能,他们也看不到政治的严酷性。

到此为止,我们已经说过技术明显优于法律。但亚里士多德批评希珀达摩斯恰是在暗示,技术必须由法律来管控,因此技术要从属于法律。法律的高贵性要归因于如下事实,即法律注定是一种[24]理性的主宰,以及,技术层面的有效理性低于法律层面所应当具有的有效理性。② 法律是立法技术的作品,但立法技术是最高形式的实践智慧或明智(prudence),这种明智关注政治社会的共善,它不同于最初意义上的明智,后者只关注某人自己的善。因此,技术与法律之间的区别建立在技术与明智之间的区别上。明智要比技术更高贵,因为每一种技术都只关注片面的善,而明智则关注人的整体的善,即好的生活。唯有明智才能使人辨别何为真技术(比如医术)、何为伪技术(比如化妆术),也唯有明智才能使人裁决如何使用技术(比如战术)才是善的。技术指向着正当(Right)或法律,正当或法律通过成为技术的界限和规范而使得技术成为技术。③ 工匠作为工匠,他只关注他那门特殊技术的产品生产(比如鞋匠关心制鞋,医生关心恢复健康),而不关注他自己的善;只有当他关注自己产品的报酬,或是关注那种伴随着一切技术的技术即挣钱术的时候,他才是在关注自己的善;因此,挣钱术似乎是一种普遍的技术、技术中的技术;挣钱术不知道界限:它能使人挣更多的钱,而且永无止境;然而,认为挣钱是一门技术这一观

---

① 《尼各马可伦理学》1179b4 及以下;柏拉图,《法义》690b;色诺芬,《远征记》(*Anabasis*)II 16-20;西塞罗,《论共和国》I 2-3。
② 《尼各马可伦理学》1094a27-b6,1180a18-22;比较 1134a34 和《政治学》1287a28-30。
③ 《尼各马可伦理学》1094b7-10,1140a26-30,1141b23-29,1181a23;参见索福克勒斯(Sophocles),《安提戈涅》(*Antigone*)332-372。

点包含着这么一种预设,即贪得无厌对人来说是善的,但这一预设很容易就会遭到质疑;看来,获得是为了使用,是为了很好地使用财富,也就是说,是为了一种受明智管控的行为。① 明智与技术之间的区分,暗示了没有一门技术能够告诉我们此时此地应当选择这门技术所提供的片面的善而不是其他的善。没有任何专家能够比明智之人更好地对其所面临的那些关键问题作出裁决。变得明智意味着过一种好的生活,而过一种好的生活意味着某人应当成为自己的主人,或者意味着某人能够自己作出很好的裁决。明智是这么一种知识,它不能同"道德美德"(moral virtue)分开,也就是不能同好的品质、好的选择习惯分开,正如道德美德离不开明智。而技术作为技术,它们与道德美德并无如此紧密的关联。[25]亚里士多德走得是如此之远,以至于他甚至认为,美德对工匠的需求要小于对奴隶的需求。② 明智和道德美德结合在一起,它们在某种程度上的融合能使人过上好的生活或高贵的生活,这似乎便是人的自然目的。最好的生活是那种投身于知识或沉思的生活,它不同于实践的或政治的生活。因此,实践智慧在等级上要低于关注神圣事物或宇宙的理论智慧,并且要屈从于后者——但从某种意义上来说,在实践智慧自己的领域,即所有人类事物的领域,明智是最高的。③ 明智所统治的领域是封闭的,因为明智的原则,即明智在指导人时所遵照的那些目的,被认为是独立于理论科学的。由于亚里士多德坚持认为技术低于法律或明智,明智低于理论智慧,以及理论智慧(关于整体的知识,按照这种知识,"万物"是一个整体)是可以获得的,因此,他能够以如下方式创立政治科学并把它作为众多学科中的一门独立学科,即这门政治科学保持着公民或政治家的视角,或者换句话说,它是关于政治事物的"常

---

① 《政治学》1257b4 及以下;柏拉图,《理想国》341c4-7 和 346。
② 《政治学》1260a33-41。
③ 《尼各马可伦理学》1141a28-b9,1145a6-11。

识性"理解的完全自觉的形式。

可以说,雅典外邦人认为,在他的前辈们看来,自然高于技术,以及技术高于法律。但在亚里士多德看来,自然高于法律——因为好的法律是基于自然的法律,以及法律高于技术。亚里士多德的观点也必定不同于另一种极端的看法,按照后者,自然和法律混而不分,它们和技术相对立,因为技术似乎会玷污神圣的秩序。

在亚里士多德看来,正是道德美德才提供了人们实际想要的稳妥的行动准则,以及正义的和高贵的目的;这些目的只会出现在有道德的好人的视野中;而明智寻求实现这些目的的手段。有道德的好人受到过恰当的教育,他们具备良好的教养。亚里士多德的政治科学只针对这些人。① 因此,明智的领域是封闭的,因为那些准则只有绅士才能完全明白。在寻求[26]更高的原则时,或许有人会提出这一问题,即:"人为何应当正派?"但提出这样的问题就意味着那人已不再是绅士,因为正派就意味着它因其本身就值得选择。绅士被认为是绅士,不仅是其他绅士这么认为,而且缺乏教养的人也这么认为。然而,在后一类人中,有可能存在着极具劝说能力的人,他们会质疑道德美德的善。因此,知道正义是什么、慷慨是什么,以及其他诸种美德是什么,并且为它们的美妙所打动,这些都统统不够;还必须证明它们是好的。② 因此,必须超越明智的领域或所谓的道德意识的领域。必须证明实践道德美德是人的自然目的,也即人天生就倾向于这种实践。这并不要求人天生、毫不费力就知道他的自然目的。人的自然目的,和其他自然存在的自然目的一样,只有通过理论科

---

① 《尼各马可伦理学》1095a30 - b8, 1103a24 - 26, 1144a7 - 9, 1144a20 - 1145a6, 1178a16 - 19。
② 参见柏拉图,《理想国》卷一结尾,以及亚里士多德,《尼各马可伦理学》1101b25 - 27(比较 1132b31 - 1133a2)。

学,通过关于自然的科学,才能真正被揭晓。① 更准确地来说,关于美德的知识来源于关于人类灵魂的知识;灵魂的每一部分都有其特殊的完美性。在《理想国》中,柏拉图概述了这种对美德的纯理论说明。但亚里士多德的特点在于,他甚至都不想给出这种说明。他描述了具有道德美德的人所熟知的一切道德美德,但他并没有试图从一个更高的原则来推导出它们;一般说来,他会停留在诸如某种既定的习惯被认为值得赞扬这样的事实上,他不会去深究为什么会如此。或许有人会说,他停留在了不成文法律(nomos)的限度内,这种法律在任何地方都会得到教养良好之人的认同。这种法律有可能与理性一致,但它本身不受理性主宰。它通过它的界限或上限构成了人类事物或政治事物的领域。通过不同的方式,亚里士多德也可以使得政治科学或实践科学仰赖于理论科学。

为了把握住亚里士多德所采取的方式的根基,人们必须从如下事实出发,即在他看来,人最高的自然目的是理论知识或哲学,[27]它极为完美,不需要道德美德本身,也就是不需要那些因其自身就值得选择的正义行为和高贵行为。② 毫无疑问,如果缺乏类似于真正的道德行为的行为,人的最高目的就无法实现,但哲人只打算把这些行为当成是达到自己目的的手段。这一目的需要明智,因为哲人必须慎重考虑如何才能为自己此时此地的哲学活动创造安全的条件。道德美德更直接地与人的第二自然

---

① 亚里士多德,《论灵魂》(On the Soul)434a16-21(参见 432b27-30)。参见阿维罗伊(Averroës),《柏拉图〈理想国〉注疏》(Commentary on Plato's Republic, ed. E. I. J. Rosenthal)I 23.5 和 II 8.1;托马斯·阿奎那,《〈尼各马可伦理学〉注疏》(Commentary on the Nicomachean Ethics)VI lectio 2. (nr. 1131),《神学大全》2 2 q. 47. a. 6. ad 3。

② 《尼各马可伦理学》1177b1-8, 1178a28 及以下;参见《欧台谟伦理学》(E. E.) 1248b9 及以下。参见阿维罗伊,前引书,III 12 和 16.10;托马斯,《神学大全》1 2 q. 58. a. 4.-5. 和 2 2 q. 45. a. 4。

目的即社会生活有关;因此,人们可能会认为,道德美德可以被理解成在本质上是服务于城邦的。例如,慷慨(magnanimity)值得赞扬,这是因为城邦需要那些生来就是发号施令者或那些知道自己生来就是发号施令者的人。但是,读了亚里士多德对慷慨的描述便足以看出完整的慷慨现象不能用上述方式来理解。道德美德不能被理解成是为了城邦而存在,因为城邦必须被理解成是为了实践道德美德而存在。① 因此,道德美德不能被理解成是实现可以被认为是其目的的那两个自然目的的手段。因此,道德美德似乎必须被认为是"独立的"(absolute)。但也不能无视它和那两个自然目的的关系。道德美德表明,城邦指向着自身之外,但它并没有清楚地揭示出城邦所指向的方向,即投身于哲学的生活。具有道德美德的人,也就是绅士,或许非常明白自己的政治活动是为了服务于高贵的闲暇,但他闲暇时的娱乐活动几乎不会超出欣赏诗歌或其他摹仿艺术的范围。② 亚里士多德是政治科学的创立者,因为他发现了道德美德。对柏拉图来说,亚里士多德所说的道德美德只是介于政治美德或庸俗美德和真正美德之间的一种中间物,前者服务于身体方面的幸福(自我保存或和平),而后者,退一步来说,它只能激励真正的哲人。③ 至于廊下派(Stoics),他们走得更远,他们声称,只有高贵的才是善的,他们将高贵之人等同于智慧之人,这些智慧之人拥有[28]的"美德"叫作逻辑学和物理学。④ 我们必须小心,不要将亚里士多德所说的具有道德美德的人或完美绅士般的"好人"错认为是那种

---

① 《尼各马可伦理学》1095b30-31,1099b29-32,1178b5;《政治学》1278b21-24;参见阿维罗伊,前引书 I 4.7。
② 《政治学》1337b33-1338b4。
③ 《斐多》68b2-69c3,82a11 及以下,《理想国》518d9-e3。
④ 西塞罗,《论道德目的》(De. finibus) III 11,17-18,72-73。然而,另参见同上书,V 36。

既正义又节制但缺乏所有其他美德的"好人",这后一种"好人"就类似于柏拉图《理想国》中最低阶层的成员。① 这后一种"善"的概念预示了马基雅维利和卢梭(Rousseau)所说的"善"与"美德"之间的区别或对立。

当哲人亚里士多德向那些或多或少算得上完美的绅士宣讲他的政治科学时,他尽可能地向他们证明,完美绅士的生活方式指向着哲学的生活方式;他挪开了屏风。他明确告诉他的听众,不成文的法律是他们视野的界限,而他自己就站在那道界限上。因此,他不得不或者是能够纠正他们对其视野范围内的事物的意见。他必须谈论美德以及那些"没有名称"因此迄今还无人知晓的邪恶。他必须公开或暗中反对那些盛赞羞耻感和虔敬为美德的习惯。绅士天生就能受到哲学的影响;亚里士多德的政治科学意在实现这种潜能。绅士受到哲学影响,其最高情形便是政治家被启蒙,比如伯利克勒斯(Pericles)就曾受到阿那克萨戈拉(Anaxagoras)的影响。② 因此,道德—政治领域并没有完全隔绝于理论科学。为什么似乎有必要在实践智慧和科学、技术之间作一根本性的区分,其理由之一在于如下事实,即每一种技术都只关注一种片面的善,而明智则关注人的整体的善。不过,明智的最高形式是立法技术,立法技术是一种建筑术,它是技术中的技术,因为它是以最全面的方式来处理人的整体的善。它关注人的整体的善是通过关注人的最高的善,只有通过最高的善,人的各种片面的善才是善的。它是以最全面的方式来处理自己的主题,因为它构建了某种框架,在这一框架内,真正的政治明智——也即正确地处理各种情况——才能够出现。此外,"立法技术"是一个模棱两可的术语;它可以指一个立法者代表这个或

---

① 比较《斐多》82a11-b2 和西塞罗,《论责任》(Offices) II 35。
② 《斐德若》269d-270a。

那个政治共同体在"此时此地"所实践的技术;[29]但它也可以指立法者的老师所教授的关于立法的"实践科学",这要比前者更加高贵,因为它为前者提供指导。作为实践科学的立法技术不同于任何形式的明智,因为除了道德美德之外,它不包含那些不可避免的危险。① 因此,明智似乎最终要服从于某种科学。这样的考虑促使苏格拉底和柏拉图声称美德即知识、追求明智即哲学。正如除非通过人的最高的善或整体的善,否则便无法知道人的片面的善是善的,同样,除非通过纯粹的善即善的理念(the idea of the good),否则便无法知道人的整体的善是善的,善的理念只会出现在所有其他理念之外和之上:明智的原则是善的理念,而不是人的善,尤其不是绅士的品格。但是,由于爱智慧并不就是智慧以及作为明智的哲学不可能完全只关注某人自己的善,这样一来,似乎就不可能知道哲学生活是最好的生活。苏格拉底也不可能知道这一点,如果他不知道哲学生活之外唯一严肃的生活是政治生活以及政治生活从属于哲学生活的话:政治生活是洞穴中的生活,由于一堵墙,它部分地隔绝于阳光下的生活;城邦仅仅是整体内部的一个整体,或者它仅仅是整体的一个部分,它的本质能够完全被知晓。尽管柏拉图和亚里士多德有着众多分歧,但他们都同意如下这点,即城邦既向整体封闭又向整体敞开,他们都一致同意,墙的特点在于,它把城邦和整体的其余部分隔离了开来。如果假定这一事实,即柏拉图唯一严格意义上的政治学著作是《法义》,其中苏格拉底并没有出现,那么就会禁不住得出如下结论:为什么政治科学的创立者是亚里士多德,而不是苏格拉底,其唯一的原因就在于,苏格拉

---

① 《尼各马可伦理学》1094a15 – b10,1099b31,1104a3 – 10,1141b24 – 27,1152b1 – 3,1181a23;《政治学》1287a32 – b3,1288b10 及以下,1325b40 及以下。参见托马斯·阿奎那,《神学大全》1 q. 1. a. 6. ad 3. 和 q. 14. a. 16. c. ,以及《〈尼各马可伦理学〉注疏》VI lectio 7. (nr. 1200 – 1201)。

底尽其一生都在不停地升向善的理念,并且还激励别人上升,由于这一原因,他不仅缺乏从事政治活动所需的闲暇,而且也缺乏创立政治科学所需的闲暇。—

[30]按照我们暂时的观点,认为亚里士多德的政治科学是关于政治事物的常识性理解的完全自觉的形式,这就值得商榷,因为这一科学的母体并不是单纯的常识,而是希腊人的常识,至少是希腊上层阶级的常识。这一点从亚里士多德《政治学》一书的主题——希腊城邦-国家(city-state)——来看即可得到证明。的确,城邦-国家在希腊人中要比在非希腊人中更为普遍,① 但事实上,亚里士多德对迦太基城邦-国家的尊崇一点也不逊色于他对斯巴达城邦-国家的尊崇,而且要远胜于他对雅典城邦-国家的尊崇,这一事实足以打消如下这一断言,即城邦-国家在本质上是希腊的。当我们转而注意"城邦-国家"这一措辞时,就会发现一个更为严重的困难。城邦-国家是指国家(state)的一种特殊形式,这一思想甚至用亚里士多德的语言也无法表达。此外,今天我们在谈论"国家"时,通常会认为它与"社会"(society)相对立,而"城邦"(city)则同时包含着"国家"与"社会"。更准确地来说,"城邦"要先于"国家"和"社会"之间的区分,因此,不能把它等同于"国家"与"社会"的简单相加。同"城邦"最接近的英语词汇是"祖国"(the country):一个人可以说"我的祖国是对的或错的",但他不能说"我的社会是对的或错的",也不能说"我的国家是对的或错的"。"城邦"可以作为"祖国"(father-land)的同义词。② 然而,"城邦"与"乡村"(country)之间的区别也不能被忽视。"城邦"不同于"城镇"(town),因为"城邦"同时包含着"城镇"和"乡村",不过,在亚里士多德看来,城邦在本质上是都市社

---

① 参见阿里斯托芬(Aristophanes),《和平》(Peace)59 和 63。
② 参见色诺芬,《希耶罗》4.3—5;柏拉图,《克力同》(Crito)51c1,《法义》856d5。首先要考虑亚里士多德对"祖国"的处理。

会(urban society):①城邦的核心不是耕田的农夫。"城邦"的替代物不是另一种形式的"国家",而是"部落"(tribe)或"民族"(nation),作为一种较低级的甚至可以说是野蛮的社会,它同城邦相对立,它不能把文明与自由结合起来。②

对公民来说,城邦的现代等价物是祖国,而对理论家来说,这一等价物是国家和社会的统一体,这种统一体可以将自己转换成纯粹的"社会",也可以将自己转换成"文明"(civilization)或"文化"(culture)。通过理解[31]"祖国",我们可以直接进入"城邦",但进入的通道却被理论上所产生的那些"城邦"的现代等价物阻断了。因此,有必要了解一下"城邦"和它的那些现代等价物之间的区别的根基。

城邦作为社会,它包含着各种各样更小的或次一级的社会;其中,家族或家庭最为重要。城邦是最高、最全面的社会,因为它追求任何社会都会追求的最高、最全面的善。最高的善是幸福。城邦最高的善与个人最高的善相一致。幸福的核心在于实践美德,而且首先在于实践道德美德。由于对个人来说,最值得选择的是理论生活,因此,至少某种与之类似的生活也应该是城邦的目的。然而,无论这么多么有可能,城邦的主要目的也还是为了高贵的生活,因此,城邦主要关注的必须是其成员的美德,因而它必须关注自由教育。③ 在幸福由什么构成这一问题上有无数种意见,但亚里士多德只满足于如下这点,即在这一主题上,深思熟虑的人们之间并没有严重的分歧。而在现代,人们却相信更智慧的做法是这样假设,即幸福并没有一个明确的含义,因为对于幸福由什么构成这一问题,不同的人,甚至同一个人在不同的时间,都会持有不同

---

① 《政治学》1276a26–30;1319a9–10、29–38;1321b19、28。参见柏拉图,《法义》758d–e。
② 《政治学》1284a38–b3,b38–39;1326b3–5。
③ 《尼各马可伦理学》1094a18–28,1095a14–20,1098a15–17;《政治学》1252a1–7,1278b21–24,1324a5–8,1325b14–32。

的看法。因此,幸福或最高的善便不再可能是政治社会所追求的共善。然而,尽管幸福的概念千差万别,但人们还是相信,幸福的根本条件在所有情况下都一样:不管一个人如何理解幸福,要是没有生命,没有自由,没有追求幸福的能力,那他就不可能幸福。因此,政治社会的目的便在于维护这些幸福的条件——这些条件被理解为每个人的自然权利(natural rights),以及避免将任何种类的幸福强加给它的成员,因为没有一种幸福的概念会在本质上高于别种幸福的概念。的确,一个人可以呼吁所有社会成员一道去为生命、自由、公共幸福或政治幸福的事业寻找安全保障,但他这么做仅仅只证实了如下这一事实,即真正的幸福是私人性的。[32]甚至政治社会不可或缺的某种美德也因此被理解成只是人们和平共处的手段,它最终还是为了私人的幸福,不管这种幸福是什么。因此,个人的目的和政治社会的目的在本质上并不相同。每个个人都为他所理解的幸福而奋斗。这种奋斗,部分地与其他人的奋斗相竞争,部分地又与之相合作,由此便产生或构成了一种网络;这种网络便是"社会",它不同于国家,国家仅仅只保障个人奋斗的条件。由此可以得出,一方面,国家要高于社会,因为国家建立在幸福条件的基础上,所有人都必须同样欲求这些条件,因为他们都同样需要这些条件;但另一方面,社会又要高于国家,因为社会是每个个人关注自身目的的结果,而国家则只关心某些手段。换句话说,公共性和共同性都是为了服务于纯粹的私人性,不管是什么样的私人性,或者可以这么说,个人的最高目的或最终目的纯粹是私人性的。这一困难无法克服,除非超越社会和国家存在的层面。

亚里士多德知道但拒斥了一种关于城邦的观点,这种观点似乎预示了关于政治社会的现代观点,因此也预示了国家与社会之间的区分。按照这种观点,城邦的目的在于保护它的成员不受邦内人和外邦人的侵犯,以便使他们能够相互交换货物与服务,它完全不关注其成员的道德品质。① 除了在涉及智术师的情况下，亚里士多德并没有声称，那些用来证明城邦的这种有限目的具有正当性的理由是充足的。亚里士多德所转述的这种观点让我们想起了柏拉图《理想国》中所描述的"猪的城邦"②——这种社会足以满足自然的身体需求，也就是自然的私人需求。我们可以说，最早出现的区别于国家的社会是市场，市场是进行买卖竞争的场所，它需要国家作为它的保护人甚或仆人。在此基础上，"政治"[33]最终就会被理解为"经济"的派生物。市场行为本身是自愿的，而国家则是强制性的。但是，自愿(voluntariness)并不为市场所独有；自愿首先是真正美德的本质，真正的美德不同于纯粹的功利主义美德。从这点可以推出，在现代，由于美德不能通过强制带来，因而增进美德便不可能是国家的目的；不是因为美德不重要，而是因为美德太高尚、太崇高，所以国家必须对美德漠不关心，对邪恶也应如此，不过这里所说的邪恶要同违反国家法律区别开来，国家法律除了保护每个公民的生命、自由和财产外，并无别的功能。顺便我们也可指出，这一推论没有充分注意到习惯或教育对于获得美德的重要性。这一推论导致的结果是，美德和宗教必须变成私人性的，或者是，作为区别于国家的社会，与其说它是私人的领域，还不如说它是自愿的领域。因此，社会不仅包含着次政治的东西，而且也包含着超政治的东西(比如道德、艺术和科学)。这样一来，如此理解的社会便不再可以被恰当地称之为社会，甚至也不能称之为文明，但可以称之为文化。在此基础上，政治必须被理解为文化的派生物：文化是国家的母体。"文化"一词倾向于使用复数，它是"城邦"最高的现代等价物。原初形式的"文化"被认为起源于宗教："正是在宗教中，一个民族(Volk)才给自己带来了它所认为的

---

① 《政治学》1280a25-b35。参见奥古斯丁(Augustine)，《上帝之城》(*De Civitate Dei*) II 20 中对这种社会的类似批评。
② 《理想国》372d4 和 e6-7。

真理的定义。"①亚里士多德也认为,在城邦的各种关注中,对神的关注在某种程度上占据着首要地位,但在他的最后分析中,真实情况却并非如此。他的理由如下,在城邦的各种关注中,对神的关注占据着荣耀的地位,它是指祭司的活动,[34]然而,对神的真正关注乃是指关于神的知识,也就是致力于研究宇宙神的超政治的智慧,这些宇宙神不同于奥林波斯诸神。借用托马斯·阿奎那(Thomas Aquinas)的话来说,不是纯粹的自然理性,更不是败坏的理性,而是由信仰告知的理性,才会教导我们:上帝是要被敬爱、被崇拜的。② 自然理性并不能裁决为数众多的拜神形式中哪种才是真的,尽管它能够揭露那些明显不道德的虚假形式;在自然理性看来,那些为数众多的拜神形式中的每一种都要将其效力归因于政治机构,因此,它要服从于城邦。亚里士多德的观点和《圣经》的观点并没有看上去的那么相抵触:他最关注的也是宗教真理。但是,回到"城邦"与"文化"之间的关系上,现在常用的"文化"一词根本不同于其原初的概念,因为它不再意味着承认文化的诸多要素之间存在着等级秩序。从这一观点来看,亚里士多德的如下断言,即政治要素是人类社会中最高或最权威的要素,就必定会显得任

---

① 黑格尔,《历史中的理性》(*Die Vernunft in der Geschichte*)(ed. Hoffmeister)125。在《论自然法的科学研究方法》(Wissenschaftliche Behandlungsarten des Naturrechts,见《黑格尔政治和法律哲学论著》[*Schriften zur Politik und Rechtsphilosophie*,ed. Lasson],383 和 393)一文中,黑格尔将柏拉图和亚里士多德的"城邦"(polis)翻译为"民族"(Volk)。黑格尔并没有谈到文化,但他谈到了民族精神(Volksgeister)和世界观(Weltanschauungen)。参见伯克(Burke),《反思法国大革命》(*Reflections on the Revolution in France*)(*Works* [Bohn Standard Library] II 351 和 362),以及《关于弑君者和平的通信一》(*Letters on a Regicide Peace* I)(*ed. cit.* V 214-215)。作为自发的、非强制性的贸易、"社会"和"文化"(截然不同于国家和宗教),它们之间的亲缘性,参见雅各布·布克哈特(Jakob Burckhardt),《世界历史沉思录》(*Weltgeschichtliche Betrachtungen*)(Gesamtausgabe,,VII [Basel,1929] 20,42-43 以及 47-48。
② 《政治学》1328b11-13 和 1322b12-37。托马斯,《神学大全》1 2 q. 104. a. 1. ad 3.;参见 2 2 q. 85. a. 1. ad 1。

意专断,或者它至多只是众多文化中一种文化的表达。

这一观点认为,文化的所有要素都是平等的,这意味着它足以描述或分析古往今来所有的人类社会。但它似乎只是一种特殊文化即现代西方文化的产物,而且不能确定用它来理解其他文化时不会歪曲它们:其他文化必须就其自身来理解。看来,每种文化都必须按照它所敬仰的东西来理解;在每种文化看来,它所敬仰的东西或许只反映在某种特殊的人身上,这种人有可能是社会的公开统治者;这是统治的一个特例——而亚里士多德则认为它是一个常例。但它仅仅只是个特例么?按照上述那一观点,即文化的所有要素都是平等的,我们可以称之为文化的平等主义观点,它反映了一个平等主义的社会——这一社会的特色源于它对平等的敬仰(最终会敬仰一个普世共同体,这一普世共同体所包含的部分在本质上并无差异),因此,它敬仰那些[35]致力于为常人(common man)服务的不同寻常的人(uncommon men)。某些希腊旅行家对民族多样性的兴趣预示了现今对文化多样性的兴趣。可以说,希罗多德(Herodotus)研究过各种民族,他的研究着眼于土地的自然以及土地上居民的自然、那些居民的技术和工艺、他们的成文法和未成文法以及他们的故事或记录;在这种规划中,政治要素显然不是最高或最权威的要素。与这种描述方法相反,亚里士多德的方法是实践的;他看待各种社会所呈现的样子时受着好社会或好生活这一问题的指引;因此,假定那些社会具备各种条件,但它们本身是为了回答这一问题才进入视野的;从这个角度来看,土地的自然以及土地上居民的自然,而且从某种程度上来讲,甚至技术和记录,都会呈现为预期中的独一无二的条件和政治秩序。——

现在我们必须就亚里士多德所谓的反民主偏见说几句。他所讨论的民主制是城邦民主制,而非现代民主制或那种预设了国家与社会相区分的民主制。城邦民主制的特征在于存在着奴隶制:公民权是一项特权而非权利(right)。这种民主制不承认人作为人即有自由的权利(claim)，而只承认作为自由人才有自由的权利，而且自由人归根结底是指那些天生自由的人，而非父母双方皆是公民的人。自由人区别于奴隶的地方在于，他可以过他乐意过的生活；每个自由人都平等地享有过自己乐意过的生活的权利。他拒绝听命或臣服于任何人。但由于政府必不可少，因此自由人便要求，他本人绝不臣服于那个还没轮到他来统治的人：每个人都必须拥有和其他人一样多的担任行政职务的机会，而这仅仅是因为他是个自由人。唯一能保证这一状况的方法便是抽签选举，这不同于选举候选人，在选举候选人时，除了要考虑他是不是自由人外，其他各种考虑也会不可避免地被带入进来，尤其是会考虑到优点(merit)；选举候选人是贵族制而非民主制的方式。因此，从亚里士多德的视角来看，如果着眼于其意图，那么现代民主制就必须被描述为一种民主制和贵族制的混合政体。由于城邦民主制主张自由即意味着过乐意过的生活，因此，它只允许[36]给它的成员施加最少的约束；它极端"放任"(permissive)。① 亚里士多德并没有考虑到可能会有一种质朴的、严厉的、"清教式的"民主制，人们或许会对此感到奇怪；但这种政制将会是神权制而不是民主制。然而，我们必须注意，亚里士多德并没有暗示这种城邦民主制与上述那种城邦之间存在着关联，那种城邦只保护它的成员不受邦内人和外邦人的侵犯，以便使得他们能够相互交换货物与服务，它完全不关注其成员的道德品质。亚里士多德所理解的民主制和任何其他政制一样，都是充满热情而又包罗万象的政治体制。

看来，民主制不单单只是诸多城邦形式中的一种，而是其常规形式，或者说，城邦趋向于民主制。城邦是或者趋向于是一个由自

---

① 《政治学》1273b40-41，1275b22-25，1317a40-b21，1323a3-6。参见柏拉图，《理想国》557a9 及以下和 562b9-c2，《治邦者》(Statesman)303a4-7。

由、平等的人们组成的社会。由于城邦就是人民或者属于人民,因而这似乎就要求由人民来统治城邦。毫不意外,亚里士多德在《政治学》第三卷中通过论述民主制的起源引入了一些根本性的反思,同样毫不意外的是,在他看来,关于公民的第一个定义便是民主制下的公民。与寡头制和贵族制相反,民主制是所有人的统治,而不是部分人的统治;寡头制和贵族制排斥平民参政,而民主制则并不排斥富人和绅士参政。① 不过,在亚里士多德看来,民主制表面上是所有人的统治,但实际上只是部分人的统治。在平等人之中,裁决那些全体未达成一致的议题,公正的而且是唯一可能的慎重方式,便是遵守大多数人的意志,但恰巧实际上在每一个城邦,大多数自由人都是穷人;因此,民主制便是穷人的统治。② 民主制呈现为所有人的统治,或者说,它将权利奠定在自由而非贫穷的基础上,这是因为,如果奠定在优点(excellence)而非缺点或匮乏的基础上,那么统治的资格就更可靠。但是,如果民主制是穷人的统治,而穷人缺乏闲暇,那么民主制便是无教养之人的统治,因此它便是不值得欲求的。由于不可能排除民众(demos)[37]参与统治,因此在亚里士多德所设计的最好政体中,城邦没有民众,城邦仅由两部分组成,一边是绅士,另一边是客籍民(metics)和奴隶。③ 然而,这一最完美的解决方案只有在最有利的条件下才有可能。因此,亚里士多德还考虑了一些不那么极端的解决方案——一些平民参政但不占主导地位的政制。在第三卷那些根本性的反思中,他最接近于接受民主制——至少是在平民不至于太堕落的情况下。在奠定了尽可能广泛的基础后,他首先阐述了民

---

① 《政治学》1255b20,1259b4-6,1274b32-36,1275b5-7,1280a5,1281b34-38,1282a16-17,1295b25-26。参见西塞罗,《论共和国》I 39-43。参考柏拉图,《理想国》557d4-9。
② 《政治学》1294a9-14,1317b5-10。
③ 《政治学》1274a17-18,1281b28-30,1328b24-1329a2,1329a19-26。

第一章 论亚里士多德《政治学》

主制的情况,然后又阐述了一个杰出之人的绝对统治。① 他似乎同意柏拉图《法义》中所提出的建议,按照那一建议,所有其他政制都有两位"母亲",即民主制和君主制。② 在政治层面上,赞成某种民主制的论证似乎是毋庸置疑的。然而,亚里士多德为何对它并不完全满意?是什么促使他从民主制转向了某种绝对君主制?谁才是那种宙斯一般的人(那种人拥有最高的自然的统治资格,远远高于大众)?他是那种拥有最高自足性的人,因此,他不可能是城邦的一分子:如果不是哲人,他难道不至少是哲人在政治层面的最高反映吗?他不可能是哲人本人,因为最高意义上的王权属于城邦的黎明期,而哲学属于较晚时期,哲学的完成——亚里士多德本人的哲学——则属于城邦的黄昏期:城邦的顶点和哲学的顶点完全属于不同的时刻。③ 然而,不管怎样,我们认为,亚里士多德甚至对最好的民主制都有所保留的最终原因在于,他确信民众天然就反对哲学。④ 只有绅士才会向哲学敞开,也即听从哲人。但另一方面,现代民主制却预设了哲学和民众之间存在着根本的和谐,这一和谐可由普遍的启蒙带来,或者由[38]哲学(科学)带来,它可以通过那些被认为对所有人都有益的发明和发现来解放人的地位,或者由两种方法并用带来。在与亚里士多德相决裂的基础上,人们或许会相信纯粹的理性社会是可能的,在这种社会中,每个成员都必定是完全理性的,这样一来,所有人都将因兄弟般的友爱而联合起来,而且不同于行政部门的统治阶级将会消失。同样有可能的是,可以将哲学并入城邦,或者更确切地说,并入城邦的现代等价物即"文化",从而实现以自然与历史之间的区分来取代自然

---

① 对比从1281a39到1283b35赞成民主制的论证和1282b36;1283b16-23;1284a3-8,b13,28-33。参见1282a15-16。
② 《法义》693d2-e8。
③ 《政治学》1253a27-29,1267a10-12,1284b25-34,1286b20-22,1288a26-28,1313a4-5;《尼各马可伦理学》1160b3-6,1177a27-b1。
④ 参见《高尔吉亚》481d3-5和《理想国》494a4-7。

与习俗之间的区分。

对亚里士多德来说,政治上的不平等,其正当性最终要由人与人之间自然的不平等来证明。某些人天然就是统治者,而另一些人则天然就是被统治者,这一事实指向着遍布于整个自然的不平等:整体作为一个有序的整体,它是由各个不同等级的存在所组成。在人身上,灵魂天然就是身体的统治者,而理智(mind)又是灵魂中的统治部分。正是根据这点,富有理智的人才被认为是理智贫乏之人的天然统治者。① 很显然,要是一种平等主义并不诉诸理智方面的不平等,而是诉诸呼吸或消化方面的平等,那它便不会遇到这一问题。那种着眼于道德及其相关涵义的平等主义其情况则完全不同。在进行道德评判时——赞扬好人或好行为,谴责坏人或坏行为——我们会这样预设:一个人的行为,因此也连带到他是好人或坏人,都完全在他的能力范围内。② 因此,我们也会这样预设:在行使意志之前,或者在本性上,就成为好人或坏人的可能性而言,也即就貌似最高的层面而言,所有人都是平等的。然而,一个人的教养或生活条件似乎也会极大地——即便不是决定性地——影响他变好变坏或是好是坏的可能性。在面对那些会对人造成影响的不利条件时,为了坚持那人的道德责任,人们似乎不得不强迫那人对那些条件负责:他自己必定先前就欲求那些在某种程度上会强迫他做坏事的条件。更一般地来说,就成为好人的可能性而言,人们之间呈现出明显的不平等,这必须归因于[39]人的过错。③ 因此,道德评判似乎导向了如下假设,即关注正义的上帝创造了所有人,使他们在变好或变坏的可能性上都是平等的。但"质料"(matters)有可能会阻碍正义的上帝的这一意图。因此,必须假设全能的上帝是从

---

① 《政治学》1254a28-b16。
② 《尼各马可伦理学》1113b6 及以下。
③ 参见柏拉图,《蒂迈欧》(*Timaeus*)41e3-4 和 90e6 及以下。参见《高尔吉亚》526e1-4,《理想国》379c5-7,380a7-b8,617e1-5。

虚无中（ex nihilo）进行创造，上帝本身必须是全能的，他必须像《圣经》中的上帝那样施行绝对统治，他想要什么就是什么，他想要恩待谁就恩待谁；这是因为，不用考虑别的，单是如下这一想法，即上帝的恩待是人类价值（merit）的功能，就必定会导致人类的骄傲。与此一致，托马斯·阿奎那教导说，即便是在天真的状态下，如果这种状态持续下去，人类在正义方面也会出现不平等，会出现一个优秀的人来统治劣于他的人。上帝创造了不同等级的存在，尤其是不同等级的人，但他并非不正义，因为正义的平等体现在报应上，而不体现在创造行为上，创造行为并不是正义的行为，而是自由的行为，因此，正义的平等与天赋的不平等完全可以相容；上帝并不欠他的造物任何东西。① 如果一方面考虑到理智和明智之间的关联，另一方面考虑到明智和道德美德之间的关联，那么就必须承认，就德性而言，人与人之间存在着自然的不平等；但这种不平等和以下这种可能性完全可以相容，即所有人天生就同等地拥有遵守禁令（比如禁止谋杀）的能力，这种能力不同于成为具备完全意义上的道德美德之人的能力，或是不同于成为完美绅士的能力。即便某人认为，上帝的造物有权利对上帝有所要求——这些权利可以诉诸上帝的善或宽容，但如果他理解了正义并不是一个给予每个人应得之物的固定意志，而是由智慧所调和成的善，那么他也可以得出与上述结论一致的结论；考虑到这些假定，即便某些造物的某些权利可由上帝的善来证成，但这些权利也必定可由上帝的智慧、由上帝对于世界共善的关注来证否。② 同样的考虑导致柏拉图将恶追溯到无知，以及使知识[40]成为天性特别好的人的保护者。至于亚里士多德，

---

① 《神学大全》I. q. 21. a. 1. , q. 23. a. 5. , q. 65. a. 2. , q. 96. a. 3-4. ;《反异教大全》(S. c. G.) II 44.
② 莱布尼兹（Leibniz），《基于理性的自然和神思的原则》(*Principes de la Nature et de la Grâce*) sect. 7,《单子论》(*Monadologie*) sect. 50-51, 54,《神正论》(*Théodicée*) sect. 151, 215。

这里如此说便已足够,即他所理解的道德美德,要是缺少"配备"(equipment),便不可能获得,不用考虑自然的不平等,仅仅由于这一原因,完全意义上的道德美德便不是所有人都能够获得的。

为了更好地理解这一古典观点,人们最好浏览一下那种最具现代特色的平等主义。卢梭认为,由于社会的建立,习俗的平等取代了自然的不平等;创造社会的社会契约是道德的基础,是道德自由或自律的基础;但实践道德美德、履行我们对同胞的义务也是必要之事。① 更仔细的分析表明,道德的核心是善良意志(good will),善良意志不同于履行所有义务;前者所有人都能得到,至于后者,自然的不平等必然无法抗拒。但是,尊重自然的不平等不可能是一种义务,因为道德意味着自律,也就是一个人不会遵从任何一种他未将其施加于自身的法律。因此,可以说,人的义务就在于使自己内部以及外部的自然服从于他自身中的某种东西,他的尊严只得归因于这种东西,这种东西即道德律(moral law)。道德律要求每个人的行为都合乎道德,也即要求每个人的所有能力以及能力的行使都要和别人一道,得到充分的、同样的发展。要是每个人都因劳动分工或社会不平等而有所残缺,那这种发展便不可能。因此,道德义务便在于致力于建设这么一种社会,它彻底平等,而且同时每个人都发展到了最高程度。这种社会是严格意义上的理性社会,因为它不是自然的,因为它决定性地战胜了自然,在这种社会中,如果幸福确实就是指畅通无阻的、合乎道德的行为,那么每个人都必定是幸福的;因此,这种社会不再需要任何强制。② 自

---

① 比较《社会契约论》(*Contrat Social*)I 8-9 和《论科学与艺术》(*First Discourse*)的论点。
② 一方面,参见费希特(Fichte),《论学者的使命》(*Ueber die Bestimmung des Gelehrten*)I-III,另一方面,参见马克思、恩格斯(Marx-Engels),《德意志意识形态》(*Die Deutsche Ideologie*)(Berlin:Dietz Verlag,1953)27-30,68-69,74,221,414-415,449,以及马克思,《马克思早期著作》(*Die Fruehschriften*)(ed. Landshut)233 和 290-295。参见黑格尔对自然不平等的处理,《法哲学原理》(*Rechtsphilosophie*)sect. 200。

然的生育过程或许会遗传某些自然的不平等,[41]但这些会逐渐消失,因为正如人们能够期望的那样,后天获得的能力也可以遗传下去,且不提在还不能消除强制的过渡期内或许不得不采取的一些人为措施。——

对亚里士多德来说,自然的不平等可以充分证明城邦的非平等主义特征具有正当性,而且在某种程度上也可以部分地证明城邦是最高的自然联合。城邦是自然的,也即城邦对人来说是自然的;在缔造城邦的活动中,人们只是在执行其本性所倾向的行为。人们天然就倾向于城邦,因为他们天然就倾向于幸福,天然就倾向于以某种方式生活在一起,这种方式能够满足他们那些相应等级的自然需求;人们不禁要说,城邦是唯一能够献身于卓越生活的联合。人是唯一倾向于幸福并且有能力获得幸福的世俗存在。这要归因于如下事实,即人是唯一拥有理性或语言的动物,也唯有他会为了理解或认识本身而努力,他的灵魂是某种"整全"(all things):人是微型宇宙。整全(whole)和人的理智(mind)之间存在着某种自然的和谐。如果人所属的整全对他并不友好,那人便不可能获得幸福。如果自然不给人提供食物或其他必需品,那人便不能存活;自然使得动物——即便不是所有,至少也是大多数——都为人所用,尽管不一定只是专门为了这一目的,因此,如果人猎取或杀死对他来说有用的动物,这完全符合自然。① 人们或许会将这种关于人与整全之关系的观点描述为原初意义上的"乐观主义":这一世界是有可能的世界中最好的;我们无权假定,充斥于这个世界的恶,尤其是那些并不是源于人的愚蠢的恶,本可以不必存在而带来更大的恶;人无权抱怨,也无权反抗。这并不是否认,而恰恰是断言了人的自然在许多方面都遭到奴役,因此,仅有极少数人能够

---

① 《政治学》1252b27-1253a2,1253a9-10,1256b7-24,1280b33-1281a2;《尼各马可伦理学》1178b24-28;《论灵魂》431b21-23。

获得幸福或人在本性上所能得到的最高的自由,甚至他们也并不总是能够如此,因此,城邦致力于人的卓越实际上是[42]——退一步来讲——很罕见的,因此,看来似乎是偶然而非人的理性才是人们所制定的各种法律的缘由。①

为了捍卫自己关于幸福或人的目的的观点,亚里士多德不得不反对诗人们的如下断言,即神嫉妒人的幸福或对人怀有恶意。②亚里士多德并没有把这一断言当真。在他之后,这一断言采取了一个经过大幅度修改的形式:我们所知道的整全是邪恶之神或精灵(demon)的作品,这些邪恶之神或精灵不同于善良之神或最高的神;因此,人作为可见整全的一部分或者本性所倾向于的目的,就不可能是善的。这一观点预设了人拥有关于真正的善的知识,这种真正的善不同于自然的善;人靠自己的自然能力不可能认识真正的善,因为否则的话,可见整全就不完全是坏的;但也正由于这一原因,因而那种所谓的关于真正的善的知识就缺乏说服力。因此,让我们转向对亚里士多德原则的现代批评。仅仅说17世纪新出现的、反亚里士多德的科学抛弃了终极原因,这是不够的,因为古典的"唯物主义者们"已经这样做了,然而他们并没有像现代的反亚里士多德主义者那样,否认好的生活是依照自然的生活以及"自然很容易就能提供必需品"。如果人们仔细思考亚里士多德所总结的事实,即我们的自然在许多方面都遭到奴役,那就很容易得出如下结论,即自然并不是人类的母亲,而是一位无情的继母,也就是说,人类真正的母亲并不是自然。现代思想的独特之处并不在于这一结论本身,而在于由此而来的决心,即决心通过人类自身持续不断的努力来使其摆脱奴役状态。这一决心明显地表达为要求"征服"自然:自然被理解成、被当作是必须被征服的敌人。因

---

① 《形而上学》982b29(参见柏拉图,《斐多》66d1-2及上下文);《尼各马可伦理学》1154b7;《政治学》1331b39-1332a3,1332a29-31;柏拉图,《法义》709a-b。
② 《形而上学》982b32-983a4。

此,科学便不再是高傲的沉思,而成了谦卑仁慈的婢女,她致力于人类地位的解放。科学是为了力量,也就是为了让我们掌握能够实现我们自然目的的手段。这些目的不再包括为其自身的知识;它们被简化为舒适的自我保存。作为自然的潜在征服者,人站在了自然之外。这就[43]预设了人类理智与整全之间并不存在自然的和谐。现在看来,相信存在着这样一种和谐的信念似乎是一种一厢情愿的或善意的假设。我们必须考虑到如下这种可能性,即这个世界是一位邪恶精灵的作品,在关于他自己、这个世界以及我们自身的看法上,这位精灵一心想要通过他所提供给我们的能力来欺骗我们,或者我们必须考虑到与上述说法完全是一回事的那种可能性,即这个世界是盲目的必然性的作品,这种必然性完全不关心它或它的产品究竟可否为人所知。确实,我们没有权利信赖我们的自然能力;因而极端的怀疑论必不可少。我仅能信赖完全在我控制范围以内的东西;那些我自觉制造出来的概念——我只能声称它们是我的构造,以及那些给我留下印象的赤裸予料(naked data)——我只能声称我意识到了它们而没有制造出它们。事实上,我们征服自然所需要的知识必须是独断的,但这种独断论必须建立在极端怀疑论的基础上;独断论与怀疑论的这种综合最终采取的形式是无限进步的科学,作为一种由已证实的假设所构成的体系或堆积体(agglomeration),这种科学会受到无止境的(in infinitum)修正。建立在极端怀疑论基础上的那种新独断论意味着关于整全的原初理解或自然理解的终结,这引起了转变,并最终导致人们放弃了那种建立在原初理解之上且被认为最重要的问题;原初的问题被派生的问题所取代。"文化"代替"城邦"或许便是这一转变的一个例证。

从上述所言可以得知,现代立场既需要但又不能承认自然目的。"自然状态"(state of nature)这一术语暗示了这一困难,"自然状态"意味着不再有完善或完美的人类状态,而只有最初的人类状态。由于这一状态完全是自然的,所以它不仅不完美而且还是坏的:一切人对一切人的战争。人天然就不是社会的,也就是说,自然使人们彼此脱离。然而,这意味着自然强迫人把自己变成社会的;仅仅由于自然强迫人避免最大的恶——死亡,这才使得人强迫自己变成并做一个公民。这一目的并不是人天然倾向的东西,而是他天然被迫倾向的东西;更确切地说,这一目的并不吸引人,但人必须创造这一目的,这样他才能摆脱悲惨的自然处境。[44]自然提供给人的目的仅仅是消极意义上的:因为自然状态无法忍受。这似乎便是尼采(Nietzsche)所洞察到的那种现代道德所固有的禁欲主义特征的根基。人征服自然(普遍的冲动),是因为自然强迫他这样做。自由是结果。自由看起来似乎是自然所趋向的目的。但这实在不是这个意思。这一目的并不是自然的,而仅仅是人设计出来反对自然的,也只有在这种意义上,才可以说人的设计是基于自然。

在亚里士多德看来,人天生就是为了卓越的人类生活;这一目的从如下意义上来说是普遍的,即除非按照这一目的,否则便不可能理解或领会人的生活究竟是什么。然而,这一目的却很少能够实现。因此,就像亚里士多德所理解的那样,这种卓越的人类生活难道不会遇到某种自然的阻碍吗?如果遇到,那这种生活还会是依照自然的生活吗?要想发现人作为人的真正的普遍目的,我们必须首先不要去寻求那种亚里士多德的某种传统所寻求的自然法(natural laws),也即"规范"法("normative" laws),这些法能够被违反,而且有可能经常会被违反,远胜于被遵守,我们必须首先去寻求那些谁也不能违反的自然法,因为每个人都不得不依照它们来行事。这后一种法律,人们希望用它来作为一种新"规范"法的坚实基础,这些新"规范"法本身确实能够被违反,但其被违反的可能性要远小于传统所宣扬的那些规范法。这些新规范法不再声称自己是严格意义上的自然法;

它们是与自然法相对的理性法;它们最终都变成了"理想"(ideals)。① 理想只有通过人类的推理或"推算"(figuring out)才"存在";它仅仅存在于"言辞中"(in speech)。因此,理想的地位完全不同于人的目的或完美性在古典政治哲学中的地位;但理想的地位和最好的政治秩序(最好的政制)在古典政治哲学中的地位则完全相同。要想理解现代那种哲学思想的政治化,或者换句话说,要想理解现代思想中那种对于自然与习俗之分的废弃,就必须牢记这一点。

我们力图描述的那种根本转变体现在[45]"人的自然权利"对于"自然法"的替代上:规定义务的"法律"已经被"权利"所取代,"自然"已经被"人"所取代。人的权利是思考的自我(Ego cogitans)的道德等价物。思考的自我已经从"自然的监护"(the tutelage of nature)中完全解放出来,最终,它拒绝服从任何不是源于它的完整性的法律,或是拒绝献身于任何它不知道是它自己创造的"价值"。——

仅仅说《政治学》的主题不是希腊城邦,而是城邦本身,这还不够:《政治学》的主题是政制(politeia),是城邦的"形式"(form),这一主题直接出现在《政治学》每一卷的开头,除了第一卷。② 在第一卷开头,亚里士多德处理了城邦,但并没有提出政制问题,因为他的首要任务是确立城邦本身的尊严:他必须证明城邦作为城邦是自然的,也即必须证明本质上不同于家庭或其他自然联合的城邦是自然的,因为有些人否认城邦与家庭之间存在着本质区别,更不要说还有些人否认存在着自然联合。或许有人会说,在《政治学》开篇,亚里士多德所呈现的城邦包含着某些联合作为其组成部

---

① 霍布斯(Hobbes),《论公民》(*De Cive*)I 2,《利维坦》(*Leviathan*)ch. 13 和 ch. 15(同时看两个版本);斯宾诺莎,《神学政治论》IV sect. 1-5(Bruder),《伦理学》(*Ethics*)IV praef. ;洛克(Loche),《政治论文集》(*Essay*)III 11. 15。
② 另参见《尼各马可伦理学》1181b12-23。

分。然而,在第三卷开头,他所呈现的城邦的组成部分并不是其他联合,甚至也不是人类个体,而是公民。① "公民"似乎与"政制"、与政治秩序相关:一个人如果是民主制下的公民,那他就不一定是寡头制下的公民,如此等等,不一而足。认为城邦的"组成部分"是自然联合,这样的考虑大体上依旧保持着政治中立的态度,而认为城邦的"组成部分"是公民,这样的考虑就必然会牵涉一个众说纷纭的政治问题:提出公民是什么这一问题,亚里士多德便接近了最高政治问题的核心。真正的公民便是真正的好公民,因为公民的行为或工作与好公民的行为或工作属于同一类:②"好公民"与"好人"不同,它同"政制"极为相关。[46]政制是城邦的"形式",城邦的"形式"不同于城邦的"质料",城邦的"质料"主要是由居住在城邦中的人组成,只要这些人被认为不是由任何政制所塑造。公民作为公民,他并不属于质料,因为谁是公民、谁不是公民,这已经由形式决定。③ 形式要比质料更高贵,因为它直接同"目的"相关联:只有当我们知道了一个既定城邦中占主导地位的组成部分是何种人,也即这些人致力于何种目的时,我们才能弄清这一城邦的特色。

很显然,亚里士多德得出了如下结论,即政制的改变会使得一个既定的城邦转变成另一种城邦。这一结论似乎自相矛盾,甚至荒谬:且不管政制的全盘改变,它似乎否定了城邦具有明显的连续性。这是因为,说之前是君主专制的法国和之后变成了民主制的法国是同一个法国,岂不显然要比说民主制法国是一个不同于君主制法国的国家更好? 或者,一般说来,说同一个"实质"(substance)先后呈现出不同的"形式",即相较于"实质"而言的"纯粹"形式,这岂不是更好? 毋庸讳言,亚里士多德并没有对不同于"形

---

① 《政治学》1252a7—23,1253a8—10,1274b38—41。
② 《尼各马可伦理学》1098a8—11。
③ 《政治学》1274b38,1275a7—8。

式"之不连续性的"质料"之连续性视而不见;他没有说城邦的同一性完全取决于政制的同一性,因为若是这样,那么,比如,就只能有一种民主制城邦;他只是说城邦的同一性主要取决于政制的同一性。① 然而,亚里士多德所言仍然同我们的观念相抵触。不过它同我们的经验并不抵触。为了明白这一点,就要比平时更加紧跟他的描述。他从一种经验出发。在城邦变成民主制之后,民主派人士有时会说某种行为(比如,某种履行契约责任的行为)并不是城邦的行为,而是被废黜的寡头们或僭主的行为。民主派人士,也即民主制的拥护者,暗示了没有民主制便没有城邦。毫不意外,亚里士多德谈到的民主派人士的说法不同于寡头派人士的说法;在寡头制转变为民主制之后,寡头派人士或许只会说,城邦即将瓦解,这使得我们[47]怀疑,即将瓦解的城邦是否仍然可以被说成是完全存在的。因此,我们可以说,对于无论哪种政制的拥护者来说,只有当城邦呈现为他所赞成的政制时,城邦才"存在"(is)。另外还有一些节制、清醒的人,他们反对这种极端观点,因而他们会说,政制变革是表面事件,它完全不会影响到城邦的存在。他们还会说,尽管公民可能与政制相关,但好公民却是这样的人,即无论在何种政制下,他们都能很好地为城邦服务。让我们称这些人为爱国者。但党派人士却会称他们为叛徒。② 亚里士多德既不同意那些党派人士也不同意那些爱国者。他说,政制变革要比爱国者所认为的更根本,但是不如党派人士所主张的那样根本;通过政制变革,城邦并不会消失,但却变成了另一种城邦——在某个特定的方面,但确实是最重要的方面;因为通过政制变革,政治共同体便会致力于一个截然不同于先前的目的。在作出这一显然有些奇怪的断言时,亚里士多德想到了城邦能够去致力于的那一最高目的,

---

① 《政治学》1276b3-11。
② 亚里士多德,《雅典政制》(*Resp. Ath.*)28.5;参见色诺芬,《希腊志》(*Hellenica*)Ⅱ 3.30-31。

即人类的卓越（excellence）：城邦所能够经历的任何变革有比从高贵转为卑贱或从卑贱转为高贵更为紧要的吗？或许我们可以说，他的这一视角不是爱国者的视角，也不是一般党派人士的视角，而是卓越之拥护者的视角。他并没有说，通过政制变革，城邦在所有方面都会变成另一种城邦。例如，在关于先前政制所承担的责任方面，它将仍然是同一个城邦。亚里士多德没有回答关于这些责任的问题，这不是因为他不能够回答，而是因为这一问题并不是一个严格意义上的政治问题，它毋宁是一个法律问题。① 但若是他回答这一法律问题的话，那我们也很容易就能识别出他在回答时所可能遵循的原则，因为他是个通情达理之人：如果被废黜的僭主所承担的责任对城邦有益，那城邦就应当重视这些责任；但如果他承担这些责任仅仅是为了营私肥己，那城邦就没有义务重视它们。

为了理解亚里士多德断言政制至上的论点，人们只需考虑现在被称为忠诚的现象。忠诚要求每一位公民不仅要忠诚于空泛的国家，即同政制无关的国家，[48]而且还要忠诚于呈现为政制、呈现为宪法的国家。一个法西斯主义者有可能会宣称他暗中破坏美国宪法是出于对美国的忠诚，因为在他看来，这种宪法对美国人民来说是糟糕的；但要是他声称自己是一位忠诚的公民，这就不会得到承认。或许有人会说，这种宪法可能会被实质性（constitutionally）修改，如此一来，该政制就有可能不再是自由民主制，而变成法西斯制度，从而就可以指望所有美国公民都忠诚于法西斯主义；但是，没有一个忠诚于自由民主制并且知道自己正在做什么的人会教导这一学说，因为它很容易破坏对自由民主制的忠诚。只有当一种政制处于衰亡状态时，它向另一种政制的转变才能够得到公开辩护。我们已经区分过合法性（legality）与正当性（legitimacy）：在一个既定的社会中，任何合法的事物，

---

① 《政治学》1276b10-15；参见 1286a2-4。

其最终的正当性（legitimation）都来源于一切法律——普通法或宪法——的源头，都来源于正当性原则（legitimating principle），它可以是人民主权、国王的神圣权利或别的什么。正当性原则不是单纯的正义，因为存在着各种各样的正当性原则。正当性原则也不是自然法，因为自然法本身在民主制、贵族制和君主制之间是中立的。在每一种情况下，正当性原则都是一种特殊的正义概念：民主制所理解的正义、寡头制所理解的正义、贵族制所理解的正义，如此等等，不一而足。这也就是说，每一种政治社会，其特征都来源于一种特殊的公共道德或政治道德，都来源于它认为可为之进行公开辩护的东西，而这也就意味是来源于社会中占主导地位的部分（不一定是多数人）认为是正义的东西。一个既定的社会，其特征可能在于极端的放任，但这种放任本身却需要被确立、被保护，它必定有其限度：一个放任的社会若是同时许可其成员的任何一种不放任的行为，那么它很快便不再是放任的社会；它将从地球表面消失。不要按照政制的多样性来看待城邦，这意味着不要像政治人（political man）那样来看待城邦，也就是不要像关注某种特殊的公共道德的人那样来看待城邦。特殊的公共道德或政制的多样性必定会引起最好政制的问题，因为每一种政制都声称自己是最好的政制。因此，亚里士多德《政治学》的指导性问题[49]便是关于最好政制的问题。但这一主题最好在另一场合再讨论。

关于《政治学》的最高主题，亚里士多德本人的说法貌似自相矛盾，让我们对此做些评论来结束本章。亚里士多德将其关于最好政制的主题讨论建立在如下原则上，即人的最高目的，也就是幸福，对个人和城邦来说都是一样的。正如他所表明的那样，这一原则会被所有人接受。困难产生于如下这一事实，即个人的最高目的是沉思。通过断言城邦和个人一样也能够过沉思的生活，他似乎解决了这一困难。然而，很显然，城邦至多只能过类似于沉思生活的生活。只有通过明确抽离关于个人最好生活的完整意义,①亚里士多德才能得出上述那一明显的结论,这种抽离适合严格意义上以及狭义上的政治探究;在这样的探究中,超政治的、高于政治的事物——截然不同于政治生活的理智生活——开始出现,不过它仅仅是作为政治的界限。人要大于公民或城邦。只有通过其身上最好的部分,人才能超越城邦。这反映在如下事实上,即存在着最卓越之人的例子,然而却并不存在最卓越之城邦也即最好政制的例子——最卓越的人(柏拉图和亚里士多德),人们知道他们确实存在过(lived in deed),然而最好的政制,人们只知道它必定"存在"于言辞中(lives in speech)。在断言人超越城邦时,亚里士多德和现代的自由主义完全一致。然而,他不同于现代自由主义的地方在于,他将这种超越性限定在人身上最高的部分。只有通过追求真正的幸福,而不是通过追求无论如何理解的幸福,人才能超越城邦。

---

① 《政治学》1323b40-1325b32;尤其参见 1324a19-23。然而,另参见托马斯,《〈政治学〉注疏》(Commentary on Politics) VII, lectio 2。

第二章 论柏拉图《理想国》

[50]一般说来,只有通过某个人的口头言辞或写下的言辞,我们才能知道他的思想。我们能够知道亚里士多德的政治哲学是通过他的《政治学》。不过,柏拉图的《理想国》与《政治学》不同,它不是一篇论文,而是一篇柏拉图并没有参与其中的对话。在阅读《政治学》时,我们一直都在聆听亚里士多德,但在阅读《理想国》时,我们根本就听不到柏拉图的声音。在柏拉图的所有对话中,他本人从来就没有说过些什么。因此,我们不可能从这些对话中辨别出哪些内容是柏拉图的思想。如果有人从对话中援引某个段落来证明柏拉图持有如此这般的观点,那他这么做的合理程度,就类似于他要断言:莎士比亚认为,生活是一个愚人所讲的故事,充满了喧哗和骚动,没有一点意义。然而,如下这一评论是愚蠢的:所有人都知道,柏拉图的确不是通过他笔下的普罗塔戈拉、卡里克勒斯(Callicles)、美诺(Meno)、希琵阿斯(Hippias)和色拉叙马霍斯(Thrasymachus)来说话,但他确实是通过他笔下的苏格拉底、埃利亚外邦人(Eleatic stranger)、蒂迈欧和雅典外邦人来说话。柏拉图借由他的代言人之口来说话。但是,为什么他要使用多个代言人?为什么他要使得他笔下的苏格拉底在面对蒂迈欧和埃利亚外邦人的发言时成为一个沉默的聆听者?对此,柏拉图没有告诉

我们什么;因而没有人知道个中缘由;那些声称知道的人是误把猜想当成了知识。只要我们不知道这一缘由,我们就不知道柏拉图的代言人意味着什么;我们甚至不知道是否存在柏拉图的代言人这回事。然而,如下这一评论更加愚蠢:所有小孩都知道,柏拉图的典型代言人就是他尊敬的老师或朋友苏格拉底,他将自己的教导全部或部分地委托给了后者。我们并不希望自己显得比所有小孩还要无知,因此,我们应该像小孩一样顺从地反复说,柏拉图的典型代言人是苏格拉底。但是,苏格拉底的特性之一就在于,他是一位反讽大师(a master of irony)。于是我们回到了起点:通过一位以反讽而著称的人来说话,[51]似乎就等于什么都没断言。然而,难道柏拉图真的就像他笔下的苏格拉底这位无知之知的大师一样,根本就没断言什么,也即根本就没教导什么?

那么,让我们如此假设:柏拉图对话并没有传达教导,但是,作为苏格拉底的纪念碑,它们将苏格拉底的生活方式呈现为一种典范。然而,它们不可能是在告诉我们:像苏格拉底那样来生活。因为,苏格拉底的生活之所以可能,乃是因为他拥有"精灵般的"(demonic)天赋,而我们并不拥有这样的天赋。因此,那些对话必定是在告诉我们:像苏格拉底告诉你的那样来生活;像苏格拉底教导你的那样来生活。那种认为柏拉图对话并没有传达教导的假设是荒谬的。

这似乎在很大程度上——不能说全部——取决于苏格拉底式反讽是什么?反讽是一种掩饰(dissimulation),或者伪装(untruthfulness)。因此,亚里士多德把反讽的习惯主要视为一种恶习。然而,反讽并不是对恶的行为或恶习的掩饰,而毋宁是对善的行为或美德的掩饰;反讽的人与自吹自擂的人正相反,他会贬低自己的价值。如果反讽是一种恶习,那它也是一种优雅的恶习。如果使用得当,那它根本就不是恶习:认为自己配得上伟大事物而且事实上也配得上伟大事物的那种慷慨大度之人是真诚的、坦率的,

第二章 论柏拉图《理想国》

因为他习惯于俯视,然而,在和多数人(the many)交往时,他却是反讽的。① 因此,反讽是对某人的价值、某人的优越性的一种高贵的掩饰。或许我们可以说,反讽是专属于优越之人的人性特征(humanity):通过隐藏自己的优越性,优越之人就可以照顾到低劣于他的人的感受。最高形式的优越是智慧方面的优越。因此,最高意义上的反讽将是对某人的智慧的掩饰,也就是对某人的聪明想法的掩饰。这可以采取如下两种方式:要么,在一个"智慧的"话题上,某人表达出不比自己的想法更加智慧的那种想法(例如,那种被普遍接受的想法);要么,在涉及"智慧的"话题时,某人避免表达任何想法,理由是关于这一话题,他一无所知,因此,他只能提出问题,而不能给出任何答案。如果反讽在本质上和如下事实有关,即人与人之间存在着自然的等级秩序,那么就可以得出如下结论:反讽就在于对不同类型的人说不同的话。②

毫无疑问,苏格拉底以其反讽而著称,[52]但同样可以毫不夸张地说,反讽及其同源词,"都是苏格拉底的对手用来描述苏格拉底的,而且总是带有贬损的意味"。③ 对此,人们可以回答说,有烟之处必有火,或者可以更确切地说,公然声明自己是在反讽,这是荒谬的。但是,不管怎样,我们肯定必须要回到起点。如果人们不知道柏拉图对话是什么,那他们就不可能理解柏拉图意在传达的教导。对于柏拉图的教导的理解和对于呈现教导的形式的理解不能割裂开来。人们必须同等地关注"如何"(the How)和"什么"(the What)。无论如何,比起"实质"来,人们首先甚至必须更加关注"形式",因为"实质"的意义取决于"形式"。人们必须推迟关注那些最严肃的问题(哲学问题),以便专心致志于研究纯粹的文学问题。不过,文学问题和哲

---

① 亚里士多德,《尼各马可伦理学》1108a19-22;1124b29-31;1127a20-26,b22-31。
② 柏拉图,《情敌》(*Rivals*)133d8-e1;参见 134c1-6。
③ 伯内特(Burnet)注柏拉图《苏格拉底的申辩》38a1。参见《会饮》(*Symposion*) 218d6-7 和亚里士多德,《尼各马可伦理学》1127b25-26。

学问题之间还是存在着某种关联。文学问题,也就是呈现的问题,与某种交流有关。交流或许是共同生活的一种手段;最高形式的交流就是共同生活。因此,对于文学问题的研究是社会研究的一个重要组成部分。此外,对于真理的探究必定是——即便不是在所有方面——一种共同的探究,一种通过交流而产生的探究。因此,对于文学问题的研究就是对于哲学是什么的研究的一个重要组成部分。正确理解的文学问题是社会与哲学之间的关系问题。

在《斐德若》(Phaedrus)中,柏拉图笔下的苏格拉底讨论了文学问题——关于写作(writings)的问题。他说,文字(writing)是一项价值可疑的发明。这使我们得以明白苏格拉底为何不写下言辞或著作。但是,柏拉图写下了对话。或许我们可以假设,柏拉图式对话是一种可以摆脱写作之本质缺陷的文字。写作在本质上是有缺陷的,因为它们可以同等地被所有能够阅读的人阅读,又或者,因为它们不知道对哪些人说话、对哪些人保持沉默,亦或者,因为它们对所有人都说同样的话。或许我们可以推断,柏拉图式对话对不同的人说不同的话——不像其他写作那样充满偶然,[53]而是通过如此精心的设计,以便可以对不同的人说不同的话,或者说,柏拉图式对话在根本上就是反讽的。如果阅读恰当,柏拉图式对话就会显示出自己拥有着口头交流的灵活性或适应性。在《斐德若》中,当苏格拉底描述好的书写作品的特征时,他暗示了何谓恰当地阅读一部好的书写作品。如果一部书写作品符合"逻各斯的必然"(logographic necessity),那它就是好的,这种必然性应当支配着写下的言辞;对整体来说,写下之言辞的每一个部分都必须是必要的;每个部分都应该出现在它必然出现的地方;简言之,好的书写作品必须像健康的动物一样,能够很好地行使其适当功能(proper work)。① 书写作品的适当功能就在于对某些读者说话,

---

① 《斐德若》275d4–276a7 和 264b7–c5。

对另一些读者保持沉默。但是,每一部书写作品不诚然都在对所有读者说话吗?

由于柏拉图笔下的苏格拉底并没有为我们解决这一难题,因此让我们求助于色诺芬笔下的苏格拉底。在色诺芬看来,苏格拉底的交谈技术是双重的。当有人在任何一点上反驳他的时候,他就会通过提出他们所争论的主题"是什么"这一问题,以及通过一步一步地回答,从而退回到整个争论所暗含的预设;通过这种方式,真理就会向那些反驳者显现出来。但是,当他主动讨论某一主题时,也就是当他对某个仅仅在聆听的人说话时,他就会沿着普遍公认的意见进行,并最终达成相当一致的意见。这后一种导致一致意见而不是明显真理的交谈技术,就是荷马归之于足智多谋的奥德修斯的那种技术,荷马称其为"稳妥的演说者"(a safe speaker)。苏格拉底对待那些反驳者的态度要比对待那种顺从之人更好,这似乎显得有些奇怪。但通过色诺芬的另一报道,就可以消除这一奇怪之处。我们被告知,苏格拉底并不以同样的方式来对待所有人。对于那些拥有好的自然因而天然就能吸引他的人,和对于那些各种各样缺乏好的自然的人,他的接触方式是不同的。拥有好的自然的人是指那些有天赋的人:他们敏于学习,记忆力好,对所有值得学习的科目都有热情。如果苏格拉底曾试图引导那些能够思考的人朝向真理,同时又试图引导其他人对有益的意见达成一致或[54]试图使他们确认这些意见,这一点都不奇怪。色诺芬笔下的苏格拉底只和自己的朋友,更确切地说是"好朋友",一起从事最幸福的事业。这是因为,正如柏拉图笔下的苏格拉底所说,在明智的朋友们之间说真话是安全的。① 如果我们把这一信息和《斐德若》中的信息结合起来,就会得出如下结论:书写作品的适当

---

① 《回忆录》I 6.14,IV 1.2-2.1;比较 IV 6.13-15 和《会饮》(*Symposion*)4.56-60;柏拉图,《理想国》450d10-e1。

功能就在于,向某些人说真话或揭示出真理,同时把另一些人引向有益的意见;书写作品的适当功能会激发起那些天然就适合它的人们的思考。如果读者细致入微地考虑到书写作品中每一个部分——无论这一部分是多么渺小或貌似微不足道——的"逻各斯的必然",那么好的书写作品就能达到自己的目的。

但是,"好的书写作品"仅仅是柏拉图对话这个种(species)所属的属(genus)。好的书写作品的原型是好的口头交谈。然而,书和口头交谈之间存在着本质区别:在书中,作者向众多他完全不了解的人说话,而在口头交谈中,发言人向一个或多个他或多或少有所了解的人说话。如果好的书写作品必须摹仿好的口头交谈,那么,它最初面向的似乎必定是作者有所了解的一个或多个人;因此,最初的受众很可能代表着作者最希望获得的那类读者。但那类读者不一定非得是拥有最好的自然的人。柏拉图对话呈现的是这样一种口头交谈,在其中,某人同一个或多个他或多或少有所了解的人交谈,因此,他能够使他的谈话内容适应于谈话对象的能力、性格乃至情绪。但是,柏拉图对话又不同于它呈现的口头交谈,因为它可以使得柏拉图完全不了解而且根本没向他们说话的那些大众也能够接触到这一交谈。不过另一方面,比起书信(Epistle Dedicatory)来,柏拉图对话能够更清楚地向我们表明:主要发言人采取何种方式才能使书写作品所传达的教导适应于他的特定听众,以及,如何重述这一教导,才能保证它在离开那一特定的交谈情境时依然有效。因为在柏拉图对话中,主要发言人的交谈对象没有一个拥有完美的自然。这也是柏拉图要使用[55]多个代言人的原因之一:柏拉图没有呈现苏格拉底和埃利亚外邦人或蒂迈欧之间的交谈,借此他是在暗示,不存在发生在同等人或可能被认为是同等人之间的柏拉图式对话。

有人可能会反驳上述观察,理由是这些观察也主要或至多是基于柏拉图笔下人物所言,而不是基于柏拉图本人所言。因此,让

第二章 论柏拉图《理想国》

我们再次返回到表面。让我们放弃一切自称知道的东西。让我们承认如下事实,即柏拉图对话是一个谜——是某种令人迷惑、令人惊讶的事物。柏拉图对话是一个巨大的问号。黑板上白色粉笔所写的一个问号完全没有启发性。但两个这样的问号却可以告诉我们某些东西;它们会提醒我们注意数字2。我们所知道的柏拉图对话的篇数是35。其中有些对话如今普遍被认为是伪作;但去伪(atheteses)最终要取决于如下信念,即我们知道柏拉图的教导或想法是什么或他可能会写下的东西是什么,或者我们已经穷尽了柏拉图的可能性。不管怎样,我们都要面对许多相同种类的个体:我们能够比较;我们能够指出相似之处和不同之处;我们能够将"柏拉图对话"这个属划分成种;我们能够推理。让我们将35篇对话看作是某种奇怪事物、某种奇怪动物的不同个体。让我们像动物学家一样继续探讨。让我们首先来给那些个体进行分类,看我们是否能够通过柏拉图作品的最表面来听到他本人的声音,而不是他笔下人物的声音。即便我们做一最笨拙但恰巧也是最小心的假设,即据我们所知,柏拉图对话有可能是口头交谈的实录,但选择那35次独特的交谈也依然是柏拉图的行为;因为柏拉图必定知道,苏格拉底实际的交谈比柏拉图对话所呈现的苏格拉底的交谈要多得多:苏格拉底必定和柏拉图本人有过一些交谈,然而并不存在展现苏格拉底和柏拉图交谈的柏拉图对话。①

虽然柏拉图对话中所说的任何话都是柏拉图笔下人物所说,但柏拉图本人要对对话的标题负全责。只有4篇对话其标题表明了主题:《理想国》《法义》《智术师》《治邦者》。[56]不存在柏拉图的《自然》(*Nature*)或《真理》(*Truth*)。由标题所揭示的对话主题清一色都是政治主题。这一暗示通过如下观察可以得到加强,即在柏拉图笔下的苏格拉底看来,最大的智术师是政治上的大众。②

---

① 参考《理想国》505a2-3。
② 《理想国》492a8-494a6。

有25篇对话其标题表明了某个人的姓名,这个人以这种或那种方式参与到了对话所记录的交谈中;这个人一定是苏格拉底的一位同时代人而且是男性;这些对话的标题没有透露或几乎没有透露对话的主题,就像《安娜·卡列尼娜》(*Anna Karenina*)或《包法利夫人》(*Madame Bovary*)的标题一样。只有3篇对话(《蒂迈欧》、《克里提阿》[*Critias*]、《巴门尼德》[*Parmenides*])其标题明确表明了对话中的主要人物。有2篇对话(《希帕库斯》[*Hipparchus*]和《米诺斯》[*Minos*])其标题所包含的人名并不是对话参与者的姓名,而是一个过去人物的姓名,对话中仅仅只提到了他;这些标题让我们想到了悲剧的标题。苏格拉底的姓名仅仅出现在《苏格拉底的申辩》的标题中。或许可以说,有7篇对话其标题表明了对话的主题:《理想国》《法义》《智术师》《治邦者》《希帕库斯》《米诺斯》以及《苏格拉底的申辩》;这些由标题所揭示的对话主题清一色都是政治主题。

苏格拉底的姓名只出现在《苏格拉底的申辩》中,这一事实绝非偶然。色诺芬有四部献给苏格拉底的作品;他只在其《苏格拉底的申辩》的标题中提到了苏格拉底;他献给苏格拉底的最广博的作品叫作《回忆录》(*Recollections*),而不——像人们从它的内容中所期待的那样——是《回忆苏格拉底》。色诺芬和柏拉图一样,极为小心地避免在著作标题中提到苏格拉底,除非和"申辩"并提。在柏拉图《苏格拉底的申辩》中,苏格拉底对自己的生活方式给出了一个正式而庄重的说明,这一说明是在他被指控犯了死罪而不得不为自己辩护时提供给雅典城邦的。苏格拉底称这一说明是一次交谈。① 这是苏格拉底和雅典城邦的唯一一次交谈,而且它只是一次初步的交谈:它是单方面的交谈。在这一正式的说明中,苏格拉底着重提到了他常常与之交谈的那种人。他似乎在公共场合、在市场上的

---

① 37a6-7;参见39e1-5以及《高尔吉亚》455a2-6。

[57]钱庄柜台边与众多雅典邦民交谈。他的独特"使命"(business)促使他去质疑自己的同胞邦民,这一"使命"就在于审查他们自称所拥有的智慧。他审查所有那些被认为拥有知识的人。但在他的详细叙述中,他只提到了三种人:政治家、诗人和匠人。的确,在一处简短的复述中,他把演说家加到了那三种人中,而就在这一复述之前不久,他说他会审查任何一个他认为有智慧的雅典人或外邦人。① 但不可否认的是,依照《苏格拉底的申辩》中的说法,人们可以期望看到柏拉图对话呈现更多的应该是苏格拉底和雅典普通人,尤其是和雅典政治家、匠人以及诗人的交谈,而不是苏格拉底和外邦智术师、修辞家等等的交谈。柏拉图笔下的苏格拉底因谈论鞋匠之流而著称或被嘲笑;但我们从没见到或听到他向鞋匠之流说话。事实上(区别于他唯一一次公共演说中的自我声称),他只和并不普通的人交谈,这些人是某种意义上的精英,但绝不是或几乎不是最高意义上的精英。在《回忆录》(Memorabilia)中,色诺芬花了一整章篇幅——但只有这一章——来证明,当苏格拉底碰巧和匠人们交谈时,他对他们来说是多么有用。在接下来的那章,色诺芬记录了苏格拉底和一位访问雅典的轻佻美女之间的交谈。② 在柏拉图对话中,我们发现苏格拉底有两次讲述了他和著名女人(第俄提玛[Diotima]和阿斯帕西娅[Aspasia])之间的交谈,但在舞台上,我们只看到以及听到过一个女人,并且只看到以及听到过她一次:苏格拉底的妻子克珊提帕(Xanthippe)。总之,柏拉图没有呈现苏格拉底和普通民众尤其是匠人之间的交谈;他只呈现了一次苏格拉底和诗人之间的交谈,以及他很少呈现苏格拉底和其时在任或已退休的政治家这样的邦民之间的交谈,这些人不同于有前途的年轻人。最重要的是,除去标题而外,通过对于

---

① 比较 17c8-9,19d2-3,21e6-22a1(及上下文)和 23b5-6 以及 23e3-24a1。
② III 10-11。

交谈的选择,我们也可以听到柏拉图本人的声音,这不同于他笔下人物的声音。

[58]柏拉图对话接下来还有一个明显的划分,即26篇表演式对话(performed dialogues)和9篇叙述式对话(narrated dialogues)。在叙述式对话中,要么是由苏格拉底叙述(6篇),要么是由某个有名姓的人叙述(3篇),而且它们要么是叙述给某个有名姓的人(2篇),要么是叙述给某个匿名的同伴(2篇),要么就是叙述给某个不确定的听众(5篇)。表演式对话《苏格拉底的申辩》中提到了柏拉图的在场,叙述式对话《斐多》中提到了柏拉图的缺席。但人们不能就此推论说,必须认为在所有表演式对话中柏拉图都在场,在所有叙述式对话中柏拉图都缺席。人们毋宁应该说,柏拉图不通过其笔下人物而直接向我们说话,这也是因为,他将大多数对话呈现为表演式的,将其他对话呈现为叙述式的。这两种形式各有其独特的益处。表演式对话不必无数次重复"他说"和"我说"。另一方面,在叙述式对话中,参加交谈的人可以直接或间接地给没有参加的人,因而也可以给我们一个说明,而表演式对话中的人物和读者之间则没有这样一座桥梁;在叙述式对话中,苏格拉底可能会告诉我们一些他不便告诉其谈话对象的事情,比如他为什么在交谈中做出了某种举动,或者他对谈话对象的看法是什么;因此,他能够向我们揭示他的一些秘密。柏拉图本人并没有告诉我们他把自己的对话划分为表演式对话和叙述式对话的用意是什么,也没有告诉我们为什么某篇对话是叙述式的或表演式的。但他允许我们一瞥其创作方式:他使我们亲眼看到一篇叙述式对话转变成了表演式对话。苏格拉底向麦加拉人欧几里得(Megarian Euclides)叙述了他和泰阿泰德(Theaetetus)之间的交谈;欧几里得显然不像柏拉图笔下的其他人物那样拥有良好的记忆力,于是他写下了他从苏格拉底那里听到的内容,不是逐字逐句地记录下苏格拉底的叙述,而是"略去了……谈话中间的叙述用语",诸如苏

格拉底所说的"我说"和"泰阿泰德同意";①欧几里得将一篇叙述式对话转变成了表演式对话。欧几里得所用的表达方式也被《理想国》中的苏格拉底所采用。他在那里说得清楚又详细:如果一位作者说话时就好像他是自己笔下的某个人物,也就是如果他"略去了"[59]笔下人物"谈话中间的用语"("a 说"和"b 答曰"),那么这位作者就完全隐藏了自己,那么他的作品便是戏剧。② 很显然,当这位作者并没有略去"谈话中间的用语"但却将叙述交给自己笔下的某个人物时,他也可以完全隐藏自己。根据柏拉图笔下苏格拉底的说法,因而我们不得不说,柏拉图在自己的对话中完全隐藏了自己。这并不意味着柏拉图隐藏了自己的姓名;大家一直都知道,柏拉图是柏拉图对话的作者。这意味着柏拉图隐藏了自己的观点。或许我们可以进一步得出如下结论,即柏拉图对话是戏剧,即便是散文化的戏剧。因此,阅读它们必须像阅读戏剧一样。我们不能轻易就将柏拉图笔下任何人物的任何发言归之于柏拉图。我们可用如下例子来阐明这点,即为了知晓莎士比亚——而不是他笔下的麦克白——对生活的看法,人们必须参照整部剧作来思考麦克白的发言;这样一来,或许我们就会发现,从整部剧作来看,生活并不是毫无意义,只是对于那些违反了神圣的生活法则的人而言,它才变得毫无意义,或者是会发现,神圣秩序可以自我恢复,或违反生活法则会导致自我毁灭;但是,由于那一自我毁灭是由麦克白这一特殊人物类型所展现出来的,因而人们不得不怀疑这部剧作的显白教诲是不是对所有人来说都是真实的或者是不是普遍为真的;由于如下这一事实,即麦克白违反生活法则至少部分可归咎于超自然存在,因而人们也不得不考虑,看上去是自然法的东西是否真的是自然法。同样,我们必须参照"行为"(deeds)来理解柏拉

---

① 《泰阿泰德》142c8-143c5。

② 《理想国》392c1-394c6。

图笔下所有人物的"言辞"(speeches)。"行为"首先是指单篇对话中的场景和情节(action):苏格拉底与之交谈的人是何种类型的人?他的年龄、性格、才能、社会地位以及外貌是怎样的?对话是在何时何地发生的?苏格拉底的意图实现了吗?苏格拉底的交谈行为是自愿的还是被迫的?或许苏格拉底根本不想教授某种学说,而只想教育人——使他们变得更好、更正义或更文雅、更能意识到自身的局限。因为在人们能够真正地聆听某种教导之前,他们必须愿意聆听;他们必须意识到自己需要聆听;他们必须摆脱[60]那些让他们变得迟钝的魅惑;而要成功摆脱,与其说是靠言辞,不如说是靠沉默和行为——靠苏格拉底的沉默行为,这不同于他的言辞。但"行为"也包括某些相关"事实"(facts),"言辞"中虽没有提及这些"事实",但苏格拉底或柏拉图知道它们;苏格拉底某一完全说服了其听众的言辞,可能并不符合他所知道的"事实"。我们被引向这些"事实",部分是靠偏离主题的细节,部分是靠看似随意的评论。理解对话中人物的言辞相对来说容易些:每一位听众或读者都能领会这些言辞。但要领会在某种意义上没有说什么、所说的话如何被说出,这就较为困难。这些言辞处理的是一般事物或普遍事物(例如正义),但它们被放置在一个特定的或个别的场景中:这些人和那些人在某时某地就普遍的主题进行交谈;要参照行为来理解言辞,这意味着要看到对哲学主题的哲学式处理是如何由于特定情况或个别情况而作出相应调整的,或这种哲学式处理是如何转变成修辞式处理或诗歌式处理的,或者是要从表面的修辞式处理或诗歌式处理中恢复暗含着的哲学式处理。换句话说,通过参照行为来理解言辞,人们就可以将二维事物转变成三维事物,或者更确切地说,人们就可以恢复原初的三维维度。总之,对于逻各斯的必然这一法则,再怎么重视也不为过。柏拉图对话中没有偶然;一切事物在其出现的地方都是必然的。对话外部的一切偶然事物到了对话内部就会变得有意义。在所有实际的交谈中，偶然（chance）扮演着相当重要的角色：所有柏拉图对话在根本上都是虚构的。柏拉图对话建立在一个根本的谎言、一个美丽的或美化过的谎言上，也就是建立在对偶然的否定上。

在《理想国》中，当苏格拉底解释不同于其他诗歌的戏剧是什么时，严肃的阿得曼托斯（Adeimantus）只想到了悲剧。同样，柏拉图对话的严肃读者——柏拉图对其读者所做的第一件事就是使他们变得严肃——也会将柏拉图对话理解为一种新悲剧，或许是一种最美且最好的悲剧。不过，当阿得曼托斯提到悲剧时，苏格拉底还加上了两个词："与喜剧"。① 在这点上，我们不得不求助于柏拉图以外的一位作家，[61]也不得不求助于一位柏拉图不可能知道的作家，因为他生活在柏拉图殁后好几个世纪。其理由如下。之前我们进入柏拉图主要是通过柏拉图传统，各种解释、翻译和版本都要归功于这一传统。柏拉图传统在好几个世纪中都是基督教柏拉图主义传统。我们受益于这一传统，但我们决不能无视如下事实，即基督教柏拉图主义和最初的柏拉图主义之间存在着差别。毫不奇怪，最能帮助我们看清这一差别的或许应该是一位基督教圣徒。我想到的是托马斯·莫尔（Thomas More）。他的《乌托邦》（*Utopia*）是对柏拉图《理想国》的自由摹仿。莫尔的完美共和国（commonwealth）没有柏拉图的美好城邦那么严肃。由于莫尔深知言辞和行为之间的关系，因而他能够表达出自己的完美共和国和柏拉图的美好城邦之间的区别：他把对自己的完美共和国的阐释放在了晚饭后，而对柏拉图的美好城邦的阐述则占据了晚饭时间。在其《安逸和苦难的对话》（*Dialogue of Comfort against Tribulation*）第十三章中，莫尔说：

> 为了证明此生无欢笑，只有悲泣，于是我们发现我们的拯

---

① 《理想国》394b6-c2。

救者本人哭过两三次,但我们从未发现他笑过一次。我不会发誓说他从未笑过,但这样说至少是明智的,即我们的确没有看到他笑过。不过另一方面,我们确实看到他哭过。

莫尔必定知道,柏拉图笔下或色诺芬笔下的苏格拉底,其情况刚好相反:我们的确没有看到苏格拉底哭过,但另一方面,我们确实看到他笑过。① 哭和笑的关系就类似于悲剧和喜剧的关系。因此,或许我们可以说,苏格拉底的交谈,因而还有柏拉图的对话,更接近喜剧而不是悲剧。这种亲缘关系在柏拉图《理想国》中也极为显著,《理想国》显然更接近阿里斯托芬的《公民大会妇女》(Assembly of Women)。②

柏拉图的著作包含着诸多对话,因为它是在摹仿存在的多面性、多样性以及异质性。这诸多[62]对话构成了一个世界(kosmos),它们以某种神秘的方式来摹仿神秘的世界。柏拉图的世界摹仿或重现了其原型,为的是让我们意识到这一原型的奥秘,为的是帮助我们表达出这种奥秘。存在着诸多对话,这是因为整体包含着诸多部分。但单篇对话并不是哲学百科全书的一章,也不是哲学体系的一个环节,更不是柏拉图思想发展的一个阶段。每篇对话都会处理一个部分;它会揭示出关于这个部分的真理。但关于部分的真理是片面的、局部的真理。我们可以大胆推测,每篇对话都会抽掉对于对话主题来说最为重要的某些内容。如果情况是这样,那么严格来说,对话中所呈现出的主题便是不可能的。但如

---

① 《斐多》115c5;色诺芬,《苏格拉底的申辩》28。
② 比较《公民大会妇女》558–567,590–591,594–598,606,611–614,635–643,655–661,673–674,1029 和《理想国》442d10–443a7,416d3–5,417a6–7,464b8–c3,372b–c,420a4–5,457c10–d3,461c8–d2,465b1–4,464d7–e7,416d6–7,493d6。比较《理想国》451c2 和《地母节妇女》(Thesmophoriazusae)151,《理想国》452b6–c2 和《吕西斯特拉特》(Lysistrata)676–678,《理想国》473d5 和《吕西斯特拉特》772。另参考《理想国》420e1–421b3。

果不可能——或某种不可能——被当作可能来处理,那便会导致最高意义上的荒谬或——如我们常说的——可笑。阿里斯托芬每部喜剧的核心都在于它所表明的那种不可能的事物。可以这么认为,通过阿里斯托芬的完善,柏拉图对话才达成圆满。——

《理想国》是柏拉图最为著名的政治著作,也是一切时代最为著名的政治著作,它是一篇叙述式对话,其主题是正义。虽然交谈的地点很清楚,但时间也即年代却不清楚。因此,那次关于政治原则的交谈发生在什么样的政治背景下,对此我们没有确切的知识。但在这点上我们也不是全然无知。在《理想国》中,苏格拉底讲了一个下降的故事。前一天,他和格劳孔(Glaucon)一起从雅典下到比雷埃夫斯港(Piraeus),比雷埃夫斯港是雅典海军和商业基地、民主派大本营。他下到比雷埃夫斯港不是为了到那里去谈论正义,而是为了向女神——或许对雅典来说,这是一位新奇的女神——祈祷,同时也因为他想去那观看一个新节日,在那个节日里,不仅有本地的游行队伍,而且还有外邦的游行队伍。当往回赶的时候,他和他的同伴被几个熟人给截住了,那些熟人引诱他俩跟随他们去其中一个熟人,一位富裕的客籍民家中,而且他们本打算晚饭后一起去看新奇的、献给女神的火炬赛马以及夜间的节日表演。在那位客籍民家中,他们又见到了其他一些人。出场人物(synontes)——在那一场合和苏格拉底在一起且被提到名字的人——总共十人,[63]其中雅典人只有五位,还有四位客籍民和一位来自外邦的著名修辞术教师。(这十人中只有六位参加了交谈。)显然,我们看到的是古老的雅典、祖传政体或马拉松战士的雅典的对立面。我们嗅到了新奇的气息——衰败的气息。不管怎样,从后文可以看出,苏格拉底以及他的主要谈话对象格劳孔和阿得曼托斯极为担心这种衰败,他们很想恢复政治健康。民主制是崇尚新奇的新潮政体,有史以来对它最严厉的指控出现在《理想国》中,而且《理想国》中没有只言片语为它辩护。此外,苏格拉底提出的非常激进的改革建议也没有遭到严重阻碍。在那次交谈后若干年，苏格拉底和柏拉图的一些亲戚或朋友谋划了一次政治复辟，试图推翻民主制，重建一个致力于美德和正义的贵族政体。除其他举措外，他们还建立了一个被称作"比雷埃夫斯十人团"(the Ten in the Piraeus)的统治集团。不过《理想国》中的人物不同于这些政治人物。《理想国》中有些人物——例如玻勒马霍斯(Polemarchus)、吕西阿斯(Lysias)和尼克拉托斯(Niceratus)——恰恰遭到了这些政治人物和所谓的"三十僭主"(Thirty Tyrants)的迫害。这种情况非常类似于如下情况：在《拉克斯》(Laches)中，苏格拉底和战败的或即将战败的将军讨论勇敢；在《卡尔米德》(Charmides)中，苏格拉底和未来的僭主讨论节制。在《理想国》中，苏格拉底当着一些受害者的面讨论正义，这些人遭到了一些试图恢复正义但最终失败的最不正义之人的迫害。① 因此，我们准备好了这样一种可能性，即《理想国》中所谋划的复辟不会在政治层面发生。

苏格拉底式复辟的特征在交谈之前的情节中就已显露出来。那场关于正义的谈话并不是完全出于自愿。当苏格拉底和格劳孔往回赶的时候，玻勒马霍斯(名字意为战争领袖)在远处看见了他们，于是便命令自己的家奴追上他们并命令他们等他。不是苏格拉底，而是格劳孔答复家奴说，他们会等着。不久，玻勒马霍斯在一些人的陪同下出现了，[64]那群人包括阿得曼托斯、尼克拉托斯以及其他一些没有被提及名字的人；阿得曼托斯这一名字出现在中间，他是这群人中最重要的人物。玻勒马霍斯表明了自己这群人的数量优势因而也就是力量优势，要求苏格拉底和格劳孔待

---

① 吕西阿斯，《反埃拉托色尼》(Against Eratosthenes) 4－23；色诺芬，《希腊志》II 3.39, 4.19, 38；柏拉图，《书信七》(Seventh Letter) 324c5；亚里士多德，《政治学》1303b10－12 和《雅典政制》(Constitution of the Athenians) 35.1。执政官玻勒马霍斯(Polemarchus)是负责涉及客籍民的法律诉讼的雅典地方法官(亚里士多德，《雅典政制》68)。(此处《雅典政制》"68"似应为"58"——译者注。)

第二章 论柏拉图《理想国》

在比雷埃夫斯港。苏格拉底回答说，或许他们可以用说服来阻止强制。不过玻勒马霍斯答曰，他们这群人恐怕不会听劝，因而也就不会被说服。于是格劳孔——而不是苏格拉底——承认了暴力。幸运的是，在苏格拉底很可能也不得不承认暴力之前，阿得曼托斯开始进行劝说；他允诺说，如果苏格拉底和格劳孔留下来，就会看到一个新奇的表演：献给女神的火炬赛马，它是如此令人兴奋，不是因为女神，而是因为马。阿得曼托斯说完，玻勒马霍斯又接着允诺说，晚饭后还有另一个表演，而且同样吸引人。于是格劳孔——不是苏格拉底——做出了决定，这是他的第三个决定："看来我们不得不留下来了。"现在投票几乎一致赞成苏格拉底和格劳孔留在比雷埃夫斯港；苏格拉底没得选择，只能接受绝大多数人所做的决定。选票代替了子弹：只有记住子弹，选票才有说服力。因此，我们可以将这次关于正义的交谈归因于一种强迫和说服的混合。承认这样的混合或某种这样的混合是一种正义的行为。正义本身、义务以及责任都是某种强迫和说服的混合或强制和说理的混合。

然而主动权很快就转到了苏格拉底那里。由于苏格拉底获得了主动权，于是所有的观光甚至晚饭都被遗忘殆尽，取而代之的是关于正义的交谈，这场交谈必定从下午一直持续到第二天早晨。尤其是这场交谈的中间部分必定是在没有自然阳光的情况下进行的，或许其时有着人工的灯光(参见卷五开头)。由此可见，《理想国》的情节(action)是一种节制或自制的行为(act)，这种节制或自制是针对身体方面的快乐乃至需求，也是针对观光的快乐或好奇心得到满足的快乐。这一情节也揭示出苏格拉底式复辟的特征：满足心灵(mind)取代了满足身体和感官。然而，不正是观光的欲求才诱使苏格拉底下到比雷埃夫斯港，以及因此才导致他自己被迫留在比雷埃夫斯港并从而进行关于正义的交谈吗？苏格拉底是因为自我放纵的行为才遭到其他人或自己的惩罚？[65]正如留在比雷埃夫斯港是由于某种强迫和说服的混合，同样，苏格拉底下到那里是由于某种虔敬和好奇的混合。他下降到比雷埃夫斯港的原因似乎仍然是个谜,除非我们可以假设,他是被自己的虔敬所驱使,虔敬不同于任何欲望。然而,我们务必记住,他是和格劳孔一起下降。因而我们不能排除如下可能性,即他下到比雷埃夫斯港是为了格劳孔,而且是由于格劳孔的请求。毕竟,就我们所能观察到的而言,在正式交谈开始之前,所有的决定都是由格劳孔做出的。色诺芬告诉我们,①为了柏拉图和卡尔米德的缘故,苏格拉底很善意地关怀格劳孔,并且治愈了他的极端的政治野心。为了治疗成功,苏格拉底首先得满足他,以便使他愿意听从他。柏拉图笔下的苏格拉底陪同急于下降的格劳孔一起下降到比雷埃夫斯港,很可能是为了暗中寻找机会来治愈他那极端的政治野心。可以肯定的是,《理想国》给有史以来所有形式的政治野心都提供了最彻底的治疗。

　　正式交谈开始前,处在核心位置的是玻勒马霍斯以及另外两位人物的年迈的父亲克法洛斯(Cephalus)。克法洛斯是完全意义上的父亲,原因之一就在于他很富有;财富巩固了父亲的地位。他代表的似乎是最自然的权威。他有着老年人特有的尊严,因此他展现出了基于敬老的秩序,古老的秩序和如今的衰败形成了鲜明对照。我们很可能轻易就会认为,旧秩序要优于任何形式的复辟。尽管克法洛斯是言辞的爱好者,但当关于正义的交谈刚刚开始的时候,他就离场了,为的是去行使一项虔敬的行为,而且他再没有返场:他的正义不需要言辞或理性。他离开后,苏格拉底处在了核心位置。无论克法洛斯的正义多么高尚,它也是源自传统的正义观念,而且这种传统观念有着根本性的缺陷(366d-e)。旧秩序是有缺陷的,因为如今的混乱正是根源于它:克法洛斯是玻勒马霍斯的父亲。况且,客籍民克法洛斯也确实不是旧秩序或雅典旧秩序的合适代表。好的不等于就是父亲的或祖先的。哲学取代了虔敬。

---

① 《回忆录》III 6。

第二章 论柏拉图《理想国》

由于这场关于正义的交谈并不是事先计划好的,因而人们必须[66]弄清楚它是如何发生的。交谈始于苏格拉底向克法洛斯提出的一个问题。这一问题是礼貌的典型。它给克法洛斯提供了一次机会来谈谈自己所拥有的所有好处、来炫耀自己所谓的幸福,而且它涉及唯一一个一般性的主题,关于这一主题,苏格拉底或许能从他身上学到点什么:晚年有着怎样的感受。的确,苏格拉底很少遇见克法洛斯这般年纪的人(参见《苏格拉底的申辩》23c2),而且即使遇见,他们也不会像克法洛斯那样给他提供好机会来向他们提问。另一方面,克法洛斯通常只和自己年纪相当的人交谈,而且他们通常只谈论晚年。克法洛斯不赞同他的大多数同伴,而只赞同年迈的诗人索福克勒斯。索福克勒斯之所以称赞晚年,尤其是因为如下这一事实,即老年人摆脱了性欲,就像摆脱了一个疯狂野蛮的主人。很显然,和苏格拉底不同,克法洛斯还不是太年迈的时候,在那位主人的统治下遭受了不少痛苦;而且他和索福克勒斯也不同,索福克勒斯是在别人无礼追问他在性方面的状况时才如此严厉地谈论性欲,而克法洛斯在被问及晚年的一般状况时,却主动提出了性欲这一主题(参见 328d2-4,这里已经提及)。《理想国》中苏格拉底的第一个交谈对象指出的第一个要点涉及爱欲(eros)的坏处。因此,晚年值得称赞乃是因为它摆脱了性欲,或是因为它带来了节制(moderation)。但克法洛斯立刻纠正了自己的说法:和人的幸福有关的不是年龄而是性格;对于性格好的人来说,甚至年迈也只是一个适度的(moderately)负担——这暗示了年迈时当然要比年轻时难捱。人们可能会想到记忆力衰退或视力衰退,但克法洛斯并没有提及这方面的衰弱。如果年轻时的罪魁祸首即性欲是如此大的一个祸患,那么克法洛斯对于晚年的最终评判怎么可能会是正确的呢?这不大容易看出来。难怪苏格拉底会对克法洛斯的说法表示惊讶。因为想要克法洛斯更充分地展示自己,苏格拉底提出了如下可能性,即克法洛斯晚年负担较轻,不是由于他的好性格,而是由于他的巨大财富。克法洛斯并不否认财富是晚年负担较轻的一个必要条件(因此,他无意中是在建议贫穷的苏格拉底不要变老),但他否认它是一个充分条件:最重要的条件是好性格。苏格拉底给克法洛斯提供了一次机会来谈谈他的节制的另一个方面——这一方面不用非得等到晚年[67]才会出现——即他在获取财富方面的节制;很显然,毫无疑问,克法洛斯在这方面的节制是真实的。苏格拉底还有一个问题(这是正义问题出现之前他的第三个也是最后一个问题)要问克法洛斯:在你看来,你从自己的财富中所获得的最大好处是什么?克法洛斯并不认为自己的回答会非常令人信服。要能领会他的回答,人们需要有晚年的体验,或者至少要有类似的体验,而除他之外,在场的其他人都没有这种体验(参见《斐多》64a4—6):人们必须近乎相信,他们正在走向死亡。一旦人们处于这种状态,他们便开始担心关于哈得斯的种种故事有可能是真实的:在这里行不义的人到了那里很可能一定会遭到惩罚,于是人们开始扪心自问,自己是否曾在某些事情上对什么人行过不义。在这种惴惴不安的细致反思中,人们可能会想起自己曾并非出于自愿地欺骗过别人或对他说谎,或者可能会想起自己还欠神祭品或欠人钱。只有拥有财富,人们才能及时还清这些债务。因此,这便是克法洛斯从自己的财富中所获得的最大好处,因为他已经开始相信自己正走向死亡。我们注意到,这最后一点和第一点一样,涉及的只是克法洛斯目前的状态:只有中间那点(他在获取财富方面的节制)涉及的才是他的整个一生。

克法洛斯的回答可能还会催生出许多进一步的问题:克法洛斯中年时和年轻时,他从其财富中所获得的最大好处是什么?关于死后惩罚的故事有多可信?非自愿的欺骗是不正义的行为吗?在财富方面像克法洛斯那样节制的人有可能会行过不义吗?苏格拉底没有提出诸如此类的问题,因为这些问题最终都会回到他所提出的如下问题:克法洛斯的回答中所暗含的正义观是正确的吗？正义就在于说真话以及归还从别人那里拿来或收到的东西吗？苏格拉底似乎不正当地窄化了虔敬的商人克法洛斯的正义观,因为后者说的是归还欠神或欠人的东西;苏格拉底似乎完全略掉了克法洛斯所提到的欠神的祭品那一项。他难道不曾想到,由于我们所拥有的所有好处都来自神(379c 及以下),因而献祭即意味着人们归还从神那里得到的东西？人们不能这么说,即当我们面临死亡时这种归还自然而然就会发生,因为[68]如果情况是这样,那么克法洛斯就没有理由担心自己欠神什么,更不用说事实上克法洛斯会将自己所拥有的一切留给子女;但这一事实同时也表明,献祭并不是一种特殊形式的归还——归还人们收到或拿来的东西。因此,让我们这么假设,即苏格拉底认为献祭是一种虔敬的行为,虔敬不同于正义(比较 331a4 和《高尔吉亚》507b1 - 3),或者苏格拉底把交谈限制在了正义这一主题上,正义不同于虔敬。

苏格拉底轻而易举就证明了克法洛斯的正义观站不住脚:假设某人从一个心智正常的人那里拿来或收到一件武器,而后者疯了之后又要回来,如果那人归还,那么他便是在行不义;同样,如果某人决意对一个疯子说真话,那么他也是在行不义。克法洛斯似乎快要承认自己的失败,这时他的儿子兼继承人玻勒马霍斯插入进来代替其父进行交谈,他表现得像个孝子,因为他为父亲进行辩护。但他所辩护的观点和他父亲的观点并不完全一致;借用苏格拉底的一句玩笑话,或许我们可以说,玻勒马霍斯只继承了其父一半的理智财产,甚至还不到一半。玻勒马霍斯不再主张正义无条件地要求说真话。因此,无意中他已经定下了《理想国》中的一条教导原则。正如后面我们会看到,在一个秩序良好的社会中,必须对儿童乃至成年人说某种谎言。这个例子揭示出了《理想国》卷一中的讨论的特征。在卷一中,苏格拉底驳斥了一系列关于正义的错误意见。然而这卷否定性或破坏性的对话其自身却包含着后面主体对话中肯定性或建设性的主张。让我们根据这点来思考卷一中所讨论的三种正义观（opinions）。

克法洛斯的观点，正如他虔敬地、微笑地离开后由他儿子玻勒马霍斯所继承的观点一样，其大意是，正义就在于归还所欠。只有克法洛斯特有的关切才能证明这种极为特殊的正义观的正当性。他所琢磨的完整观点无非是传统的正义定义中的说法：正义就在于归还、留给或给予每个人他有权拥有的东西、属于他的东西。[①] 在和克法洛斯的讨论中，苏格拉底所不同意的正是这种正义观。[69] 在驳斥这种观点时，苏格拉底又暗中诉诸另一种正义观，这种正义观也为克法洛斯所默认，即正义是好的，不仅对给予者（他因正义而得到奖赏）来说是好的，而且对接受者来说也是好的。上述两种正义观并不完全互相兼容。在某些情形中，给予某人原本属于他的东西对他来说是有害的。并不是所有人都能很好地或明智地利用属于自己的东西或自己的财产。如果我们严格来判定，那么可能就不得不这么说，即只有少数人才能明智地使用自己的财产。如果正义是好的或有利的，那么人们可能就不得不要求每个人都只拥有"适合"他的东西，[②] 只拥有对他来说是好的且对他来说只能为好的东西。那么我们可能就不得不要求废除私有财产或引入共产制。由于私有财产和家庭在一定程度上存在着关联，于是人们甚至不得不进一步要求废除家庭或引入绝对的共产制，也就是共产、共妻、共有儿童。最重要的是，很少有人能够准确地判定，对每一个个人来说，或者至少是所有个人来说，使用什么东西以及使用多少东西才是好的；只有拥有超凡智慧的人才能做到这一点。因此，我们将不得不要求社会应该由配备绝对权力的绝对智慧之人或严格意义上的哲人来统治。因此，苏格拉底对克法

---

① 托马斯·阿奎那，《神学大全》2 2 q. 58. a. 1。参见西塞罗，《论法律》(Laws) I 19 和 45。
② 参见 332c2，以及色诺芬，《居鲁士的教育》(Cyropaedia) I 3. 17。

洛斯的正义观的驳斥中包含着可以证明绝对共产之必要性以及哲人的绝对统治之必要性的证据。几乎没有必要说,这一证据建立在对诸多最重要事物的忽略或抽离这一基础上;它是极端的"抽象"(abstract)。如果读者想要理解《理想国》,那么他就必须尽力查明那些被忽略的事物是什么以及它们为什么被忽略。如果正确阅读的话,就会发现《理想国》本身其实已经为这些问题提供了答案。

虽然第一种正义观只暗含在克法洛斯的发言中,是苏格拉底将它表述了出来(甚至只表述了一部分),但第二种正义观则是由玻勒马霍斯表述出来,尽管是在苏格拉底的帮助下。一开始,玻勒马霍斯的论点似乎与克法洛斯的论点一致:在苏格拉底驳斥之前,当克法洛斯还在场的时候,玻勒马霍斯接过了其父的论点,为了支持这一论点,他援引了另外一位权威即诗人西蒙尼德(Simonides)的说法。只有[70]当克法洛斯离开后,以及当苏格拉底重复了一遍对于克法洛斯的论点的驳斥后,玻勒马霍斯才承认,第一种正义观是错误的,以及西蒙尼德的观点不同于克法洛斯的观点:西蒙尼德的观点没有遭到苏格拉底的强力反驳。玻勒马霍斯所理解的西蒙尼德的论点其大意是,正义不在于给予每个人原本属于他的东西,而在于给予每个人对他来说为好的东西。更准确地来说,由于记得苏格拉底驳斥克法洛斯的观点时曾提到过属于朋友的东西(331c6),于是玻勒马霍斯便假借西蒙尼德的名义说,正义就在于对朋友做好事。只有当苏格拉底问他正义要求对敌人做什么时,玻勒马霍斯才回答说,正义也要求人们伤害其敌人。根据上述观点,那么正义就在于助友损敌;《理想国》卷一中讨论了三种正义观,可以说只有在讨论这种正义观时,才以苏格拉底称赞诗人为智慧之人作为开头和结尾。根据克勒托丰(Clitophon)的说法(410a6-b1)——在柏拉图作品的传统编排上,《克勒托丰》和《理想国》一前一后紧挨着——这种正义观也是苏格拉底本人唯一的正义观。因此，这么理解的正义显然不仅对那些善待给予者的接受者来说是好的，而且正由于这一原因，它对给予者来说也是好的。它不像克法洛斯所理解的正义那样需要神的赏罚来支撑；因此，神圣的因果报应观念被玻勒马霍斯抛弃了，在这方面色拉叙马霍斯紧接其后。然而，玻勒马霍斯的观点也面临着其内在的困难。困难并不在于：玻勒马霍斯所理解的正义是指"以牙还牙"，这种意义上的正义仅仅只是反应性的（reactive），或者它并不包括那些最初使人们获得朋友或敌人的行为，因为无论如何理解的正义都预设了某些其自身既非正义也非不正义的事物。例如，人们可能会说，每个人自出生起就有朋友，也就是他的父母（330c4-6），于是也就有敌人，即他家庭的敌人：成为人就意味着有朋友和敌人。困难毋宁是在如下几个方面。如果认为正义就在于给予其他人原本属于他们的东西，那么正义之人唯一必须知道的事情便是，属于他要与之打交道的每个人的东西是什么，或者可能仅仅只是，的确属于他自己以及的确不属于他自己的东西是什么。这种知识由法律提供，原则上来说，每个人只须听从就能轻易获得。但如果正义在于给予某人的朋友原本属于那些朋友的东西，那么[71]正义之人就必须自己做出判断；他自己必须知道，对每一位朋友来说为好的东西是什么；他自己必须能够正确地辨别自己的朋友和敌人。正义必须包含高级的知识。至少可以这么说，正义必须是一种类似于医术的技术，借助医术，人们可以知道并且生产出对人体来说为好的东西，而且因此也可以知道并且生产出对人体来说为坏的东西。然而这意味着，最擅长治疗生病的朋友以及给敌人下毒的人并不是正义之人而是医生；但医生也最擅长给朋友下毒。面对这些困难，玻勒马霍斯无法确定哪种技术或知识与正义有关，或者哪种技术或知识是正义。对他的驳斥分为三个阶段。在中间那段，苏格拉底向他指出，辨认朋友和敌人其实很困难。一个人很可能会错误地认为某人是他的朋友，或者错误地认为那人曾帮助过他；

而他帮助那人，实际上很可能就是在帮助敌人。一个人也很可能会伤害一个没有伤害过任何人的人，也即正义之人或好人。因此，这么说似乎更好，即正义就在于帮助正义之人以及伤害不正义之人，或者说，由于没有理由去帮助一个不可能帮到自己的人，也没有理由去伤害一个可能伤害了别人但不可能伤害到自己的人，因此，正义就在于帮助好人，如果他们是自己的朋友，①以及伤害坏人，如果他们是自己的敌人。很显然，这样理解的正义就在于帮助那些帮到自己的人，这种正义对双方来说都是有利的。但是，伤害那些曾伤害到自己的人是有利的吗？在他和玻勒马霍斯交谈的第三个阶段，苏格拉底讨论了这一问题。伤害人（human being），正如伤害狗和马，会使得他们变得更坏。因此，明智之人或正义之人不会去伤害任何人，正如不会去伤害马或狗（参见《苏格拉底的申辩》25c3-e3 和《游叙弗伦》13a12-c3）。在这一阶段，苏格拉底使用了如下预设，即正义是一种技术，这一预设在第一个阶段讨论过，但第二个阶段则没有提及它。

我们记得，玻勒马霍斯本该说说正义是何种技术。由于正义关系到朋友和敌人，因而它必定类似于战争技术（332e4-6）：正义是这样一种技术，它能使得人们集结成一支战斗队伍，每个成员都会互相帮助，这样他们便能共同击败敌人，并对那些敌人造成任何他们认为是好的伤害。然而，苏格拉底却诱使[72]玻勒马霍斯承认，正义在和平时也有用，比如在和平时的交易以及钱的事情上，但这种有用确实无关乎钱财的使用，而关乎钱财或其他事物的保管；因此，正义将会是一种保管的技术；但这种技术又被证明为可等同于偷窃的技术：保管所需的知识就等同于偷窃所需的知识；因此，正义之人就被证明为可等同于小偷也即明显不正义之人。这一论证不是在驳斥玻勒马霍斯的论点，而是在驳斥正义是技术这

---

① 比较 450d10-e1 和《高尔吉亚》487a。

一预设；如果只考虑到和他们工作相关的知识也即理智部分，而没有考虑到他们正相对立的道德意图，那必然就会得出诚实的保管者就等同于小偷这一结论。不过玻勒马霍斯的论点完全是非道德的（amoral）——这也是他为什么无法区分真正的朋友和仅仅貌似的朋友的原因；因此他得到了他应得的。他父亲那里不存在这一困难，因为在他父亲看来，正义和神有关，而神知道一切。然而，这一解释是不够的，因为苏格拉底并不知道道德美德本身：美德即知识。换句话说，人们必定会提出如下问题：不同于知识的意图或意愿是什么？好的意图难道不是基于某种知识才有别于坏的意图吗？好的意图难道不可能等同于某种知识吗？好的意图是基于某种意见才不同于坏的意图。但关于某一主题的任何一种意见似乎都指向着关于这一主题的知识。在探讨前，我们甚至都无法知道正义是否是一种类似于医术的技术，也即治疗灵魂的医术或哲学。在交谈中，玻勒马霍斯的第一个错误在于他没有坚持认为正义就是战争技术："和平"时的正义是联合起来的个人的中立行为；不存在完全的和平。第二，只有在如下前提下苏格拉底对玻勒马霍斯的驳斥才是有效的，即正义和偷窃互不相容，但至少在他和玻勒马霍斯父亲的交谈中，正义和说谎之间的可相容性已经得到确立，而且希腊语"偷窃"一词同时也可意指欺骗以及偷偷做某事。不过到目前为止最重要的一点在于，对玻勒马霍斯的全面驳斥以如下论点作结，即正义在于帮助朋友中的好人以及不伤害任何人：这一驳斥没有以如下论点作结，即正义在于帮助所有人，甚至也没有以这一论点作结，即正义在于帮助[73]所有好人。① 正义不是慈善。或许苏格拉底的意思是，他根本无法帮助某些人：对于蠢人，只有消极正义（避免伤害他们）才是可能的；正义在于帮助智慧之人以及不伤害任何人。按照玻勒马霍斯的最初说法，他的论点等同于

---

① 参见西塞罗，《论共和国》I 28。参见色诺芬，《回忆录》IV 8.11 和 I 6.5。

他父亲的论点,记住这一点,人们可能会说,正义就在于通过说真话以及给予他们原本属于他们的东西来帮助智慧之人,而对于蠢人、疯子则不这么做。不管这多么有可能,但苏格拉底无疑还意指另一件更重要的事。玻勒马霍斯的论点反映了那种最强有力的正义观——按照那种观点,正义是指公共精神或关注共善,献身于某人所属的城邦(这一特定的城邦是其他城邦的潜在敌人),或者是爱国主义。如此理解的正义确实就在于帮助朋友也即同胞邦民,以及憎恨敌人也即外邦人。任何城邦,不论它多么正义,都不能缺少如此理解的正义,因为即便最正义的城邦也是一个城邦,是一个特定的、封闭的或排他性的社会。因此,苏格拉底本人后面要求(375b-376e),城邦护卫者天生要对自己人友善,对外邦人严厉或憎恶他们。他同时还要求把那些对城邦来说是大恶的、不朴素的诗人赶到别的城邦去(398a5-b1)。最重要的是,他要求正义城邦的邦民们不要把全人类都当成自己的兄弟,而要把兄弟般的情谊和行为仅放在自己的同胞邦民身上(414d-e)。如果正确理解玻勒马霍斯的正义观的话,那么可以看出,在《理想国》卷一所讨论的众所周知的正义观中,它是唯一一个完整保留在这部对话的肯定性或建设性部分中的观点。再重复一次,这一观点的大意是,正义是指完全献身于共善;它要求人们不拿自己城邦的任何东西;因此,它本身要求绝对的共产。

《理想国》卷一中讨论的第三种也是最后一种正义观由色拉叙马霍斯提出。到目前为止,和他的讨论占据了卷一的大部分篇幅,但这一讨论不是卷一的中心部分。不过在某种意义上,它是整部《理想国》的中心部分。如果我们按照苏格拉底谈话对象的转换来划分整部对话,那么可分为:(1)克法洛斯—玻勒马霍斯[74](父子),(2)色拉叙马霍斯,(3)格劳孔—阿得曼托斯(兄弟);与苏格拉底一样,色拉叙马霍斯是孤立的,但他的孤立性非常类似于不虔敬的库克洛普斯(Cyclops)的孤立性。在这部对话中,只有色拉叙马霍斯公然表现出愤怒以及无礼甚至野蛮的行为:他插进辩论时被苏格拉底这样的绅士描述为,像一头野兽一样猛扑向他和玻勒马霍斯,似乎要将他们撕成碎片——人们可能会说,色拉叙马霍斯表现得像是一个粗野的憎恶言辞者,他唯一的武器便是暴力和野蛮(336b5-6;参见411e1及上下文)。似乎这么说是完全合适的,即最野蛮的人出场后将会提出最野蛮的正义观。色拉叙马霍斯声称,正义是强者的利益,是他人的善,也就是说,正义仅仅对接受者来说为好,对给予者来说则为坏;正义远不是一种技术,它是一种愚蠢;因此,他盛赞不正义。他在言行方面是无法无天、不知羞耻的;他脸红仅仅是因为天热。而且,或许根本不用说,他贪图金钱和名声。人们可能会说,他是柏拉图版本的不义之辞(the Unjust Speech),与柏拉图版本的正义之辞(the Just Speech)即苏格拉底正相对立,而且可以这么理解,即《云》(Clouds)中的不义之辞在言辞方面获得了胜利,但在《理想国》中,在言辞方面获胜的则是正义之辞。人们可能还会进一步说,如果愿意承认玻勒马霍斯代表的是民主派(327c7)以及克法洛斯代表的是寡头派,那么色拉叙马霍斯代表的则是不正义的化身也即僭主。但如果是这样,那人们就不得不解释,一位僭主为何要像色拉叙马霍斯那样迫不及待地教授僭主制的原则呢?这不是在培养自己的竞争对手吗?此外,如果人们对照一下色拉叙马霍斯部分的开头和结尾(354a12-13),那么就会发现,苏格拉底成功驯服了色拉叙马霍斯:苏格拉底没能驯服克里提阿。而温顺则类似于正义(486b10-12):苏格拉底成功使得色拉叙马霍斯变得有点正义。因此,他给他和色拉叙马霍斯之间的友谊奠定了根基,而在形成友谊之前也根本没敌意(498c9-d1)。柏拉图使得我们很容易就会讨厌色拉叙马霍斯:出于所有通常的目的,我们应当厌恶像色拉叙马霍斯那样行事和说话的人,而且决不应当摹仿他的行为,也决不应当按照他的言辞来行事。但还要考虑到其他目的。无论如何,这对于理解《理想国》

来说至关重要，而且更一般地来说，色拉叙马霍斯表现得十分愤怒、狂热或野蛮，但我们不应以他的这种态度来对待他本人。

[75]因此，如果我们不愤怒地看待色拉叙马霍斯的愤怒，那我们就必须承认，他对苏格拉底和玻勒马霍斯之间交谈的剧烈反应在某种程度上也是常识的反应。那一交谈导致了如下结论，即对一个人来说伤害任何人都是不好的，或者正义绝不会伤害任何人，包括那个人自己。由于城邦作为城邦乃是一个时不时必须进行战争的社会，而且战争不可避免地会伤害到无辜之人（471a-b），因此，无条件地谴责伤害人的行为就等于是在谴责城邦甚至最正义的城邦。的确，色拉叙马霍斯没有提出这一反驳，但这暗含在他的论点中。事实证明，他的论点只是某种意见的结果，这种意见不仅显然不野蛮，甚至还是极为可敬的。当色拉叙马霍斯第一次被苏格拉底的推论弄得哑口无言时，玻勒马霍斯趁机表明自己完全同意苏格拉底。于是克勒托丰立即插入进来为色拉叙马霍斯辩护，他和色拉叙马霍斯是一伙，正如玻勒马霍斯和苏格拉底是一伙（另参见336b7和340c2）。这样，便出现了玻勒马霍斯和克勒托丰之间的一次简短对话，这一对话共七句。在这一插曲的中间部分，我们发现克勒托丰认为，按照色拉叙马霍斯的说法，正义就在于服从统治者。但服从统治者首先意味着服从统治者制定的法律（338d5-e6）。因此，色拉叙马霍斯的论点其实是，正义就在于服从法律，或者是，正义的就等同于守法的或合法的，或等同于城邦的习俗或法律所规定的事物。① 值得注意的是，这一最明显的正义观在《理想国》中并没有被明确提及，更不用说得到讨论了。人们可能会说，它是城邦自身的论点：没有哪个城邦会允许按照它的法律来对它进行上诉。因为，即使某个城邦承认存在着某种高

---

① 《理想国》359a4；《高尔吉亚》504d1-3；色诺芬，《回忆录》IV 4.1,12；6.5-6；亚里士多德，《尼各马可伦理学》1129a32-34。

于城邦法律的法律,但是,这种更高的法律必须由合适的权威机构来解释,这一权威机构要么是由城邦所建立,要么就是由联合城邦所设立,而在联邦中,正义的依然是指合法的。因此,如果正义的就等同于合法的,那么正义的源头就是立法者的意志。每个城邦的立法者都是指政制:僭主、平民、贵族,等等。每种政制[76]都会着眼于自己的存活和幸福、自己的利益来制定法律。由此可推出,服从法律或正义并不一定是那些不属于那种政制的人的利益,或者并不一定是被统治者的利益,对被统治者来说,正义很可能是坏的。人们可能会认为,政制有可能会着眼于统治者和被统治者的共善来制定法律。这种共善从本质上来说就是好的,而不仅仅是由于成文法和协议才是好的;它是自然正义的事物;它是正当的事物,这种正当独立于并高于城邦所宣称的正当;如此一来,正义最初以及本质上就不是指合法性——这与城邦的论点截然相反。因此,由于城邦的论点排斥自然的共善,因而它会导致如下结论,即正义或服从法律必定关系到被统治者的利益,但对他们来说是坏的。而对统治者来说,正义则根本不存在;他们是"主权者"(sovereign)。正义是坏的,这是因为它并不以自然的善为目的,而自然的善只能是个人的善。照顾自己的善所需要的知识是明智。明智规定,一个人只要能逃避惩罚,他就可以不服从法律——从这方面来说,明智需要法庭修辞术,或者,那个人可以自己成为僭主,因为只有僭主才能够一心谋求自己的善而毫不顾及他人。色拉叙马霍斯的论点——"法律实证主义"(legal positivism)的论点——无异于城邦的论点,这一论点会破坏自身。

现在,让我们重新思考前两种正义观。在克法洛斯看来,正义就在于给予、留给或归还每个人他有权拥有的东西、属于他的东西。但什么是属于那人的东西是由法律决定的。因此,克法洛斯意义上的正义只不过是色拉叙马霍斯意义上的正义的一个分支。(用亚里士多德的术语来说,特殊的正义蕴含在普遍的正义中。)第一和第三种正义观彼此相连。决定什么是属于某人的东西的法律很可能是不明智的,也就是说,它很可能会分派给某人对他来说并不好的事物;只有区别于法律的智慧才能够实现正义的功能,也就是分派给每个人对他来说真正为好的事物、对他来说自然为好的事物。但这种正义观和社会相容吗?玻勒马霍斯的正义观并没有暗示法律的必要性,它解决了这一困难:正义就在于帮助作为同胞邦民的朋友,献身于共善。但这种正义观和关注每个人自然的善相容吗?[77]《理想国》的肯定性部分将不得不证明这两种相互冲突的正义观——这体现在如下两种观点中,即正义是指合法性或守法,①以及正义是指献身于城邦——是否能够调和或如何可能调和。这里我们只需注意,玻勒马霍斯最终抛弃了其父的论点,同时也转而反对色拉叙马霍斯:在基本层面上,玻勒马霍斯和苏格拉底完全一致,他们都是共善的捍卫者。

玻勒马霍斯和克勒托丰之间的简短对话表明,苏格拉底和色拉叙马霍斯之间的对话或者至少这一对话的第一部分具有法律诉讼的特征。苏格拉底是被告:色拉叙马霍斯指控苏格拉底犯有罪行。正义要求"另一方"即色拉叙马霍斯也要得到一次公正的聆听。所有人都听到了苏格拉底告诉我们的关于色拉叙马霍斯的事。但我们也必须注意色拉叙马霍斯对苏格拉底的看法。苏格拉底认为色拉叙马霍斯表现得像一头野兽;而苏格拉底则完全是无辜的以及处于守势的。色拉叙马霍斯之前见过苏格拉底。他之前和苏格拉底某次碰面或几次碰面的经历已经为他这次的恼怒做好了铺垫。他确定苏格拉底是个反讽的家伙,是个掩饰者,表面上装作无知但实际上对事情了如指掌;他确定苏格拉底绝非无知、无辜,而是机灵、狡猾;而且他认为苏格拉底是个忘恩负义之徒。不道德的色拉叙马霍斯充满了道德义愤,而道德的苏格拉底则仅仅

---

① 关于对"法律"和"个人的善"之间关系的理解,参见《米诺斯》317d3 及以下。

感到害怕,或者是装作害怕。无论如何,在色拉叙马霍斯第一次爆发后,苏格拉底为自己和玻勒马霍斯可能犯下的错误做了申辩。接着,色拉叙马霍斯不仅表现得像是一位原告,而且表现得像是一位最高权威。他完全禁止苏格拉底对他的问题给出某种答案。在一个特定的时刻,他问苏格拉底:"你说你该怎么受罚吧?"然后苏格拉底提议了一种惩罚,但这种惩罚对他来说其实是一种获得、一种奖赏。再然后色拉叙马霍斯要求苏格拉底必须罚钱。当苏格拉底回答说他没钱时,格劳孔插入进来并且宣称:"我们所有人都愿意替苏格拉底分担。"这一场景非常类似于苏格拉底受审那天的场景,当时雅典城邦指控他给出了一个"被禁止的答案"——被雅典城邦禁止的答案,[78]而且当时格劳孔的兄弟柏拉图以及其他人都说要替苏格拉底交罚金。色拉叙马霍斯像城邦一样行事,他类似于城邦,而且这意味着,根据苏格拉底和色拉叙马霍斯都能接受的那一推论方式(350c7-8),色拉叙马霍斯就是城邦。正是由于他就是城邦,因而他提出了城邦关于正义的论点,因而他对苏格拉底感到愤怒,因为苏格拉底暗中反对城邦的论点。但很显然,色拉叙马霍斯又不是城邦,他只是一幅关于城邦的讽刺漫画,一幅扭曲的城邦画像,一种仿制的城邦:他在摹仿城邦,他在扮演城邦。他能够扮演城邦是因为他和城邦有着共同之处。作为一名修辞家,他类似于智术师,而最大的智术师便是城邦(492a 及以下;《高尔吉亚》465c4-5)。色拉叙马霍斯的修辞术尤为关注唤起和平息大众的愤怒激情,攻击某人的品格及回击这样的攻击,以及作为修辞要素之一的表演。① 《理想国》中色拉叙马霍斯出场时,他是在扮演愤怒的城邦。在《理想国》的后面部分,我们将清楚地看到,愤怒并不是城邦最低劣的成分。

色拉叙马霍斯的愤怒或激情并不是他本人的核心,而是从属

---

① 《斐德若》267c7-d2;亚里士多德,《修辞学》(*Rhetoric*)1404a13。

于他的技术,这一点在他和苏格拉底进行交谈时会变得很清楚。苏格拉底引导他注意如下事实所引起的困难,即只着眼于自身利益来制定法律的统治者有可能会犯错。在这种情况下,他们就会规定一些对自己有害而对被统治者有利的行为;由于行事正义也就是遵守法律,因而那些被统治者就会获益,或者正义就会是好的。换句话说,基于色拉叙马霍斯的假设,那么被统治者的幸福就完全取决于统治者的愚蠢。当这一困难向他指出时,由于领悟力迟缓,犹豫一阵后色拉叙马霍斯才宣称,如果统治者犯错,那他便不再是统治者:严格意义上的统治者是不会犯错的,正如其他拥有知识的人也即严格意义上的匠人和智慧之人一样,他们是不会犯错的。色拉叙马霍斯的"严格意义上的知道者(knower)"这一概念在苏格拉底的帮助下转变成了"严格意义上的匠人",苏格拉底正是极为巧妙地运用它来反驳色拉叙马霍斯。因为经证明,严格意义上的匠人[79]并不关注自己的利益,而只关注他为之服务的其他人的利益:鞋匠做鞋是为了他人,为自己纯属意外;医生开处方是着眼于病人的利益;因此,如果统治如色拉叙马霍斯所承认的那样类似于一种技术,那么统治者便是为被统治者服务的,也就是说,统治是为了被统治者的利益。严格意义上的匠人是不会犯错的,也即他能做好其本职工作,而且他只关注他人的幸福。然而,这意味着严格来理解的技术便是正义——行为方面的正义,而不仅仅是意图层面的正义,就像守法一样。"技术即正义"——这一命题体现了苏格拉底的断言:美德即知识。苏格拉底和色拉叙马霍斯的讨论所衍生出的暗示会导致如下结论,即正义的城邦将会是一个由严格意义上的匠人所组成的联合体,是一个匠人城邦或工匠城邦,每个男人(以及女人)都单干一行,他们会做得很好,而且会全身心投入,也就是说,他们不关注自己的利益,而只关注他人的善或共善。这一结论弥漫在《理想国》的整体教导中。后面建造的标准城邦基于如下原则:"一人一工作"或"每个人都应该关注自己的事"。城邦中的军人是城邦自由的"工匠"(395c);城邦中的哲人是一切公共道德的"工匠"(500d);还有着制造天的"工匠"(530a);甚至神都被描述为匠人——制造永恒理念的工匠(507c,597)。正义城邦中的公民权就是某种技能,而且工艺或技术的所在位置是灵魂而不是身体,正是由于这,两性之间的差别便失去了其重要性,或者两性平等就建立了起来(452c–455a;参见 452a)。最好的城邦是匠人联合体:它不是绅士联合体——绅士的"关注自己的事情"是指过退休生活或私人生活(496d6),也不是父亲联合体。

如果色拉叙马霍斯从常识角度来考虑,承认统治者当然会犯错(340c1–5),或者如果他说,所有法律都是由统治者设计,但他们设计时只着眼于自己的表面(并不一定是真正的)利益,那他本可避免失败。然而,由于他就是城邦,或者由于他在扮演城邦,因而他不可避免地会选择对他来说极为致命的那一说法。如果正义的就是指合法的,如果不存在对法律和统治者的上诉,那么统治者就必须是不会犯错的;[80]如果法律对被统治者来说为坏,以及如果法律对统治者来说也不为好,那么法律就会颜面扫地。然而这意味着,法律的尊严要归功于某种技术;这种技术甚至可以使法律变得多余,正如如下事实所暗示,即按照色拉叙马霍斯的说法,"立法者"(lawgiver)可能是一个僭主,也即一个按照共识(common view)来统治而无需法律的统治者,以及正如这一事实所暗示,即由技术来执行的统治是绝对统治(《治邦者》293a6–c4)。技术而非法律才产生正义。技术取代了法律。然而,色拉叙马霍斯能够扮演城邦的时机已经过去了。此外,由于我们知道他并不是一个高贵的人,因而我们有权怀疑他是出于自己利益才做出那一致命的选择。他是一位著名的修辞术教师。因此,顺带提一句,他是《理想国》中唯一一位拥有技术的发言人。要说服统治者尤其是统治团体相信或至少表面上相信他们真正的利益,劝说的技术必不可少。甚至统治者本人也需要劝说的技术,以说服被统治者们相信,那些专为统治者的利益而制定的法律,其实是为被统治者们的利益服务的。色拉叙马霍斯本人的技术其成败皆系于如下观点,即对统治来说,明智最重要。这一观点最为清晰地表达在如下命题中,即犯了错误的统治者根本不是统治者。盛赞技术有利于色拉叙马霍斯私人的善。

如果本质上是服务于他人的技术是正义的,以及如果色拉叙马霍斯是在场的唯一一位匠人,那么便可推出,苏格拉底已经彻底击败了色拉叙马霍斯,但又必须暗地里承认,色拉叙马霍斯其实违背了自己的意愿,而且他不知道自己其实是在场的最正义的人。因此,让我们更仔细地思索一下他的失败。人们可能会说,这一失败并不是由严格的反驳所造成,也不是由他本人偶然的失误而造成,而是要归因于他对正义的贬低和他的技术的意涵之间的冲突:技术即正义这一观点有几分道理(truth)。针对这一说法,人们可能会说——而且事实上色拉叙马霍斯本人也说——苏格拉底的结论太天真,因为它认为统治者或其他匠人从不会考虑自己的利益。通常的匠人当然会考虑从自己的工作中获得补偿。确实存在着如下可能,即在一定程度上,医生会关注所谓的酬劳,他不是在行使医术,而是在行使挣钱术;但是,由于医生的情况和鞋匠[81]以及所有其他匠人一样,因而人们不得不说,唯一的普遍技术、伴随着一切技术的技术或技术中的技术便是挣钱术;因此,人们必须进一步说,匠人(给予者)只有通过运用挣钱术,为他人服务或成为正义之人对他来说才为好,或者必须说,没有人会为了正义而成为正义之人,或者必须说,没有人喜欢正义本身。换句话说,苏格拉底和玻勒马霍斯寻求那种叫作正义的技术是徒劳的;与此同时我们已经看到,技术本身就是正义的;正义不是诸多技术中的一种,它遍布在所有技术中;但是,唯一遍布在所有技术中的技术乃是挣钱术;事实上,我们称某种匠人是正义的,与其说这是着眼于他行使他的那门技术,还不如说这是着眼于他要求从自己的工作中得到补偿的行为。但区别于通常技术的挣钱术本质上确实不是正义的:许多精于挣钱的人都不是正义之人;因此,本质上正义的技术最终都要服务于那本质上并不正义的技术。色拉叙马霍斯的观点胜出,因为它认为私人的善是至高无上的。

但对苏格拉底最具毁灭性的驳斥是由技术提供的,统治者使用这种技术显然是为了对被统治者进行最无情、最精明的剥削。这种技术便是牧羊术——色拉叙马霍斯选择这种技术来摧毁苏格拉底的论证非常聪明,这尤其是因为自古以来国王以及其他统治者都被比作牧羊人。牧羊人确实关注自己羊群的幸福——这样羊群就能给人们提供最肥美的羊肉。如果我们不被牧羊人寻找一只迷失的羔羊或照顾一只生病的羔羊这样的感人画面所迷惑,那我们就会发现,归根结底,牧羊人其实只关注他们主人和他们自己的利益(343b)。但是——在这里,色拉叙马霍斯的胜利似乎转变成了最终的失败——主人和牧羊人显然有区别:最肥美的羊肉是提供给主人而不是牧羊人的,除非牧羊人不诚实。现在,色拉叙马霍斯或任何他那样的人相对于统治者和被统治者而言所处的位置,正相当于牧羊人相对于主人和羊群而言所处的位置:色拉叙马霍斯可以从他的技术中获益,从他给予统治者(无论是僭主、平民还是贵族)的帮助中获益,但必须是在这一前提下,即他忠诚于统治者,他为统治者做了很好的工作,他只拿自己那部分收益,[82]他是正义的。和他的主张正相反,他不得不承认,一个人的正义是有利的,不仅对其他人尤其是统治者有利,而且对他自己也有利。对统治者的助手来说是真实的东西,对统治者本人以及所有其他那些需要他人帮助以成就其事业(无论那一事业多么不正义)的人(包括僭主和匪徒)来说也同样真实。如果哪个团体不在其成员间推行正义,那它便不能维持下去(351c7-d3)。然而这等于承认,正义很可能只是不正义的一种手段,即便是一种必不可少的手段:

为的是剪羊毛、吃羊肉。正义就在于帮助朋友、伤害敌人。城邦的共善和匪帮的共善没有根本区别。技术中的技术不是挣钱术而是战争术。至于色拉叙马霍斯的技术，他本人不能把它看作技术中的技术，或者他本人不能把自己看作是僭主式的或非僭主式的统治者(344c7-8)。然而，事实证明，玻勒马霍斯的观点在色拉叙马霍斯的基础上得到了修缮：共善乃是通过计算私人的善而得来。不是色拉叙马霍斯的原则而是他的推论被证明为有缺陷。

在回应色拉叙马霍斯基于牧羊术例子的论证时，苏格拉底再次诉诸"严格意义上的技术"这一概念。现在他对技术的无错性保持沉默，但比之前(341d5)更加强调如下事实，即要想通常的技术变得对匠人有利，那他只好同时运用挣钱术，苏格拉底现在称之为挣报酬的技术或商业技术。在否认色拉叙马霍斯认为统治者喜欢统治的说法时，苏格拉底声称，如果色拉叙马霍斯的说法正确，那么统治者就不会像他们所做的那样要求从统治中得到报酬，因为统治人即意味着为他人服务，也即关注他人的善，而每一个明智之人都宁愿从他人那里受益，也不愿助益他人以及因此而遭受不便(346e9,347d2-8)。在此之前，正义之友苏格拉底似乎赞成为共善而牺牲私人的善(包括个人的便利)。但现在，他似乎接受了色拉叙马霍斯的原则：没有人喜欢为他人服务或帮助他人，或者没有人喜欢行正义，除非这对他有利；智慧之人谋求的只是自己的善，而不是他人的善；正义本身是坏的。这里让我们回顾一下如下事实，即苏格拉底从未说过正义在于帮助每一个人，不管那人是朋友还是敌人，也不管[83]那人是好人还是坏人。因此，色拉叙马霍斯和苏格拉底之间的区别仅仅在于：在色拉叙马霍斯看来，正义是一种不必要的恶，而在苏格拉底看来，正义是一种必要的恶。这一可怕的结论绝没有被此时发生的苏格拉底和格劳孔之间的对话充分抵消掉。事实上，苏格拉底对格劳孔所说的话既驳斥了这一结论但又暗示了它。因此，苏格拉底有必要立即证明正义是好的。

他分三段论证向色拉叙马霍斯证明了这一点。这些论证远不能让人信服。它们是有缺陷的,因为它们所遵循的程序是由苏格拉底提出,得到格劳孔批准,然后强加给色拉叙马霍斯的。这一程序要求,不要基于"计算和衡量",而应该基于他们一致同意的前提来进行辩论,特别是如下前提,即如果某物类似于 X,那么它就是 X(348a7-b7;350c7-8,d4-5;476c6-7)。更不用说如下事实,即苏格拉底在驳斥色拉叙马霍斯的主张时说没有人喜欢统治,这一驳斥还有待改进(347b8-e2)。唯一一段不同类型的、不那么"单纯"的论证(351a6-7)是中间那段,它得出结论说,如果哪个社会(无论它多么不正义)不在其成员间推行正义,那它便不能维持下去。当苏格拉底完成了对于正义的好处的证明时,他坦承,这些证明根本不充分:他还不知道正义是什么就已经证明了正义是好的。表面上看来,这意味着克法洛斯、玻勒马霍斯、色拉叙马霍斯先后提出的三种正义观都被一一驳倒了,以及没有其他观点被检验过甚至是被提出过。但是,通过对这三种观点的驳斥以及通过对于它们的反思,我们已经很清楚地意识到,或许关键不在于正义是什么,而在于正义的疑难(problem)是什么。正义已经被证明是一种技术,一方面,它会分派给每个邦民对他的灵魂来说为好的东西,另一方面,它又会确定城邦的共善。因此,苏格拉底在还没有确定正义是什么时就试图证明正义是好的,这其实并不荒谬,因为已经确定下来,正义就是上述提到的两种事物之一。如果人们能够确定,共善等同于所有个人的善或者至少与之相和谐,那就不存在什么困难。正是由于我们尚不能确定这种和谐,因而我们还不能确定地说,正义是好的。正是这种正义内部的紧张才导致如下问题,即正义是好的还是坏的——[84]首先要考虑的是共善还是个人自己的善。

当色拉叙马霍斯开始说话时,按照苏格拉底的生动描述,他表现得像是一头暴怒的野兽;但到卷一末尾,他已经变得非常温顺。

他已经被苏格拉底驯服:卷一中的情节就在于苏格拉底获得了一次令人震惊的胜利。正如我们已经看到,这一情节同时也意味着正义捍卫者苏格拉底的一次不光彩的失败。几乎不用说,色拉叙马霍斯肯定没有被苏格拉底说服而相信正义的好处。这非常有助于解释色拉叙马霍斯的驯服:虽然他的推论被证明是糟糕的,但他的原则依然获得了胜利。他必定从如下观察中获得了不少安慰,即苏格拉底的推论从整体上看并不比他的推论高明,尽管他必定对如下两点印象深刻,一是苏格拉底故意狡辩时非常机智,二是苏格拉底最后承认自己论证薄弱时极为坦率。然而,所有这些都暗示了苏格拉底已经完美地压制住色拉叙马霍斯;从现在开始,色拉叙马霍斯不仅不再试图去教导——他甚至都不再是发言人,而且另一方面,在接下来好几个小时内,他一直待在那里而没有去观光或吃喝,更不用说满足虚荣了(344d1),这一事实表明,他成了一个自愿的听众,成了苏格拉底的侍从。从一开始,他就认为自己的技术可以为统治者效劳,因此,他认为自己是大臣。他的技术就在于能够满足统治者,尤其是帮助他们统治大众。他最初摹仿城邦的发言显示出他是一个乐于满足城邦也能够满足城邦的人。他逐渐认识到,他无法以满足政治上的大众的方式来满足聚在玻勒马霍斯家里的众人。至少这里的大多数人显然都站在苏格拉底一边。① 虽然色拉叙马霍斯要比《高尔吉亚》中的波洛斯(Polus)更坦率以及更不容易被驯服,但他不如卡里克勒斯大胆和坦率,而这确实和如下事实有关,即他不是雅典邦民。② 从某一时刻开始,他就表现出一种奇怪的犹豫,迟迟不愿认同自己提出的论点。如果这是一种勉强,[85]那他和苏格拉底之间的讨论在某种意义上就是一个笑话(349a6-b1)。或许我们可以说,苏格拉底和色拉叙马

---

① 337d10,345a1-2。比较 350e6;351c6,d7;352b4;354a10-11 和《高尔吉亚》462d5。
② 比较 348e5-349a2 和《高尔吉亚》474c4-d2,482d7-e5 以及 487a7-b1。

霍斯交谈时,他们是以一种戏谑的方式因而也就是不正义的方式来对待正义的。这毫不奇怪,因为色拉叙马霍斯不同于《游叙弗伦》和《拉克斯》等对话中的人物,他没有严肃对待所讨论的美德;他严肃对待的是他的技术。在所有这些事情中,我们绝不能忘记,苏格拉底在描述色拉叙马霍斯时使用了修辞术;我们很容易就会参照这一描述来阅读他和色拉叙马霍斯之间的讨论。这一描述的强大效果完美展示了叙述式对话的优点。

苏格拉底在色拉叙马霍斯部分所做的事情如果不是为了激起格劳孔的强烈反应——他描述说这一反应完全出乎意料,那么它将是不可原谅的。按照苏格拉底的描述,格劳孔是他留在(更不用说下到)比雷埃夫斯港的原因,现在,格劳孔又成了《理想国》主体部分对话也即细致描述最好城邦的原因。随着格劳孔的插入以及随后他的兄弟阿得曼托斯的插入,对话人物彻底转换了。现在全都是雅典人。不同于卷一中苏格拉底与之交谈的三个非雅典人,格劳孔和阿得曼托斯没有丝毫礼貌方面的欠缺。他们相当符合亚里士多德在其《伦理学》中所规定的讨论高贵事物的参与者所必须符合的条件。比起卷一中那些分别属于寡头制、民主制和僭主制的人物,他们天生就属于一种更加高贵的政体。他们至少属于荣誉制,一种崇尚荣誉的政制。作为一个有头脑的爱正义者,格劳孔完全不满意苏格拉底只是表面上驳倒了色拉叙马霍斯的如下说法,即不正义要比正义更好,或者正义本身是一种恶,尽管是一种必要的恶;苏格拉底仅仅只是迷惑了色拉叙马霍斯。作为一个勇敢的、高尚的人,格劳孔厌恶的正是这种关于计算过的以及精于算计的正义的说法,他希望听到苏格拉底赞扬如下这种正义,即它值得选择是因为其自身而不是因为其后果或目的。因此,虽然苏格拉底是如下这一事实的原因,即交谈的主题是正义,但格劳孔才是讨论正义所采取的方式的原因。为了能够听到一种对于正义本身的坚实的赞扬,格劳孔提供了一种对于正义的坚实的谴责,这种谴

第二章 论柏拉图《理想国》

责可以作为赞扬的模板。[86]很显然,他不仅不满意苏格拉底对色拉叙马霍斯的驳斥,而且也不满意色拉叙马霍斯关于不正义的说法。如果他不完全熟悉色拉叙马霍斯所提出的观点,那他便不可能超越色拉叙马霍斯;那一观点并不专属于色拉叙马霍斯,而是属于"多数人"、"无数其他人"。格劳孔相信正义;这在某种程度上使得他有权以最猛烈的方式来攻击正义。因为不正义之人不会去攻击正义;他更希望其他人保持对正义的愚蠢信念,这样他们就有可能成为他的愚弄对象。另一方面,正义之人从不会攻击正义,除非是为了激起对于正义的颂扬。格劳孔不满意色拉叙马霍斯对于正义的攻击是有道理的。色拉叙马霍斯是从既定的法律和城邦出发;他认为它们是理所当然的。他停留在"意见"的范围内。他没有追溯到"自然"。这是因为他关注自己的技术因而也关注技术本身。当进一步推进色拉叙马霍斯的"严格来理解的技术"这一概念时,苏格拉底提到色拉叙马霍斯完全认可技术或所有技术的自足性,这种自足性和技术所关注的对象的不自足性恰成对照;例如,他对比了医术的好和身体的坏;他也说到,医术之于身体就类似于视觉之于眼睛。在详细阐述色拉叙马霍斯的说法时,苏格拉底几乎是在对比技术的好和自然的坏(比较 341c4-342d7 和 373d1-2,405a 及以下,以及《普罗塔戈拉》321c-e)。而另一方面,格劳孔在赞扬不正义时则追溯到了作为善的自然。但他是怎么知道不正义是什么以及因此而知道正义是什么的呢?他假设,通过回答正义是如何产生的这一问题,他就能够回答正义是什么这一问题:正义的本质(What)或正义的自然就等同于正义的生成。然而,正义的起源被证明是行不义所带来的好加上遭受不义所带来的坏。要想克服这一困难,人们可以说,在自然上每个人都只关注自己的善以及完全不关注他人的善,因而他会毫不犹豫地采取任何方式去伤害同胞以便有利于自己的善。由于所有人都会按照自然来行动,因而这就会造成一种大多数人都无法忍受的状况;于是大多数人也就是弱者便想到,如果他们彼此同意不去互相伤害,那么这对他们每个人就都是好的。因此,他们[87]开始制定法律;因此,正义就产生了。然而,大多数人的真实情况对于那种能够保护好自己的"真正的男人"来说则未必真实,"真正的男人"如果不服从法律或契约,那么这对他来说更好。而且即便对于其他人来说,服从法律和正义^{*}①也违背他们的自然;他们之所以服从,乃是由于害怕不正义所带来的恶果,害怕那种会被发觉的不正义所带来的后果。因此,完美的不正义之人,其不正义完全保持在隐蔽状态,因而他可以获得完全正义的名声,过上最幸福的生活;而完美的正义之人,其正义完全不为人所知,他有着完全不正义的名声,过着最悲惨的生活。(这暗示了色拉叙马霍斯并非完全不正义之人。)因此,由于正如格劳孔所期待的,正义值得选择是因为其自身,所以他要求苏格拉底证明,虽然正义之人生前死后都极度悲惨以及臭名昭著,而不正义之人生前死后都非常幸福以及风光体面,但前者的生活还是要好于后者的生活。

因此,格劳孔同意色拉叙马霍斯的观点,即正义就是合法。但他更精确地表述了这一观点:正义尊重法律规定的平等,这种平等取代了会造成冲突的自然上的不平等。因此,格劳孔否认正义是强者的利益;在他看来,正义是弱者的利益。① 在宣称正义是强者的利益时,色拉叙马霍斯并没有想到自然的强者(他不关注自然而只关注技术),他想到的是事实上的强者,而且正如他所知道的,在自然上是弱者的多数人联合起来可能就会强过那些自然的强者(《高尔吉亚》488c-e)。因此,或许我们可以说,色拉叙马霍斯的观点要比格劳孔的观点更真实、更清醒或者是更平庸。同样,这也是格劳孔和色拉叙马霍斯之间最重要的区别。格劳孔否认任何人是

---

* 此处原文为 injustice[不正义],似误,遂改成"正义"。——译者注
① 347d8-e2;阿得曼托斯和色拉叙马霍斯一致,参见 367c2-5。

真正正义的,而色拉叙马霍斯则毫不怀疑存在着许多正义之人,他视他们为傻瓜。格劳孔关注真正的正义,而色拉叙马霍斯则满足于外在行为。格劳孔关注内心,如果有人要说一个人无法看到所有人的内心,那我们只好加以限定:格劳孔看到了自己的内心,他在那里发现不正义在和他的良好教养进行着激烈的斗争[88](参见619b7-d1)。他在寻找真正正义的人。为了认清自己,或是为了证明没有人是真正正义的,他不得不利用基于神话的虚构(359d5-8);他不得不假设不可能之事是可能的。为了理解真正的完全正义之人和真正的完全不正义之人之间的关系,他不得不成为一位"摹仿"艺术家(361d4-6),这种匠人会把自然上不可能的事物呈现为可能的。所有这些都是必要的,为的是给苏格拉底赞扬那种因其自身而值得选择的正义提供一个模板。从这我们也可以看出,格劳孔最为根本地背离了色拉叙马霍斯。在和色拉叙马霍斯的讨论中,所讨论的问题某种程度上被如下说法弄得模糊不清,即正义和技术之间存在着亲缘关系。格劳孔使这一问题变得明朗,他做到这一点是通过把完美的不正义之人比作一种完美的匠人,这种匠人清楚地知道,对于他的技术来说,什么是可能的,什么是不可能的;至于完美的正义之人,格劳孔认为他是一个头脑简单的人,除了正义而外,他没有别的品质;格劳孔又进一步援引埃斯库罗斯的诗句——但这一诗句是将正义和虔敬之人描述为精明的、有着肥沃心田的人——来描述完美的不正义之人。① 或许格劳孔认为这一重述会使自己的想法更加符合马拉松战士埃斯库罗斯的精神。格劳孔所描述的完美的正义之人既脱离技术也脱离自然:他完全是一个虚构。

和色拉叙马霍斯的观点一样,格劳孔所提出的观点也暗示了

---

① 360e7-361a1;361b2-6,c3;362a8-b1,b7-8;埃斯库罗斯,《七雄攻忒拜》(*Seven Against Thebes*)590-610。

个人的善和共善之间存在着一种无法调和的冲突。从一个类似的前提出发,霍布斯(Hobbes)却得出了截然相反的结论,这是因为他否认任何个人所可能享有的善和在没有社会、和平或共善的情况下所威胁到他的恶一样大。和色拉叙马霍斯不同,格劳孔指出了这一考虑(358e4-5),但他同时也提到了为霍布斯所否认的那一根本性区别,即天生虚弱的多数人和天生强大的少数人之间的区别。因此,格劳孔又站到了色拉叙马霍斯一边:好的生活是指僭主式的生活,是指或多或少暗中利用社会或习俗来谋求某人自己的善,也就是仅仅谋求自然的善。[89]为了驳斥这一不正义之辞,霍布斯试图①基于自然的平等,而苏格拉底则试图基于自然的不平等:正是自然的不平等——如果理解正确的话——才有助于驳斥僭主式的生活。然而,霍布斯没能一直坚持僭主和君王之间的区别。至于格劳孔暗中反对色拉叙马霍斯而提出的那一观点,它不能不使我们想起康德(Kant)的观点——康德生动地描述了那种单纯的人,除了善良意志这唯一具有绝对价值的品质外,那种人毫无其他品质。在《道德形而上学的奠基》(*Foundations of the Metaphysics of Morals*)中,康德开宗明义:他所理解的道德(morality)更接近于正义而非其他美德。康德所理解的道德就和格劳孔所说的正义一样脱离技术和自然:道德律令既不是自然法则也不是技术准则。《理想国》中格劳孔这一观点的命运预示了康德道德哲学的命运。然而,格劳孔的意图更好地体现在"荣誉"而不是"善良意志"上。当《独立宣言》(Declaration of Independence)的署名人说,"我们彼此宣誓,以我们的生命、我们的财产以及我们神圣的荣誉",他们的意思是,他们决心抛弃自己的生命和财产,但是要维护自己的荣誉:当其他一切都为荣誉而牺牲掉——包括《独立宣言》中所提到的第一项自然权利即生命——时,荣誉就最为闪耀。

---

① 《利维坦》(Leviathan)第十五章(p. 94 Blackwell's Political Texts ed.)。

虽然荣誉或正义都要以生命为前提以及它们都是为生命服务的，但它们的地位却高于生命。① 在格劳孔对于完美的正义之人的描述中，吸引我们注意的正是这一看似的悖论。在《理想国》中，"严格意义上的技术"这一概念，也即技术和匠人利益的分离以及对自然的暗中贬低，已经为这一思想做好了准备。

格劳孔对苏格拉底的要求得到了他的兄弟阿得曼托斯的大力支持。从阿得曼托斯的发言中我们可以清楚地看出，格劳孔的观点，即正义必须完全因其自身而值得选择，完全是新颖的：正义的衰败就和人类一样古老。格劳孔对于正义的谴责不知不觉就转成了对于正义的颂扬。阿得曼托斯发现[90]格劳孔漏掉了最重要的一点。阿得曼托斯的发言与其说是在谴责正义，还不如说是在谴责对于正义的通常的或普遍的颂扬，这种颂扬方式只赞扬正义的后果，以及因此它认为正义本质上是坏的。在阿得曼托斯看来，格劳孔并没有充分强调对于正义的通常的颂扬尤其是诗人的颂扬中诉诸神的做法：正义是好的，这是因为神会奖励它，不正义是坏的，这是因为神会惩罚它。因此，阿得曼托斯要求，对于正义的真正颂扬要排除神的奖惩；对于正义的真正颂扬确实要求逐出诗人。然而，还存在着另一种关于正义和不义的言辞，私底下以及诗人们都会提到它。节制和正义确实被普遍称颂为高贵的，但它们也被认为是困难的、艰辛的，也就是在习俗上高贵，但在自然上却是痛苦的因而是坏的。因此，阿得曼托斯要求，对于正义的真正颂扬要把正义呈现为本质上是快乐的、轻松的（364a2-4，c6-d3；参见357b5-8和358a）。然而，上述第二种言辞的最奇怪之处在于里面有些地方提到，神会把苦难派给诸多好人，而把幸福派给诸多坏人，这也就是说，神是正义的艰辛特征和不正义的轻松特征的原因。因此，阿得曼托斯要求，对于正义的真正颂扬不仅要排除掉神

---

① 西塞罗，《论道德目的》III 20—22。

的奖惩,而且要排除掉神加之于人的行为;如果经证明很难断言神知道人但并不作用于人,那么对于正义的真正颂扬就要排除掉关于人类事物的神圣知识。无论如何,如果不正义能够成功地将自己伪装成正义,那么迄今为止对于正义的普遍颂扬就只不过是在最强烈地鼓吹不正义。这样的不正义并非一件轻松的事;它就和古老观念中的正义一样艰难;没有技术或修辞术,它便是不可能的;但它是通向幸福的唯一途径(比较365c7—d6和364a2—4)。正是基于这种仍被普遍持有或几乎被普遍持有的信念,关于不正义的论证才如此有力,以至于仅有两种人自愿成为正义之人:一种人是因为具有神圣的自然,他们对行不义感到厌恶,另一种人是因为获得了知识,他们能够避免行不义;这两种人都不会对不正义之人感到愤怒,尽管第一种人一想到自己能够行不义就会感到厌恶(366c3—d3)。

两兄弟的发言都合乎各自的性格。格劳孔的特点在于勇敢和急躁,而不是节制[91]和沉静,("无畏之人")阿得曼托斯正相反。因此,格劳孔在正义的艰辛中看到了它的辉煌,而阿得曼托斯则看到了它的快乐、安逸以及免于愤怒的自由。格劳孔的正义之人是完全正义的——除了正义而外这种人没有别的品质,尤其是技术;格劳孔丝毫没有想到哲人。另一方面,阿得曼托斯的正义之人则可能是一个有知识的人。阿得曼托斯要比格劳孔更清醒。格劳孔的发言利用了诗歌;而阿得曼托斯的发言只能说是在指控诗歌。为了发现正义是什么,苏格拉底将不得不把勇敢和节制结合起来,把专门针对格劳孔的建议和专门针对阿得曼托斯的建议结合起来。他能够做到这一点在某种程度上是因为那两兄弟的共同点要多于他们的不同点。他们一致要求苏格拉底赞扬那种因其自身而值得选择的正义,或是因其自身让人感到愉快,甚或因其自身足以使一个人在通常被认为是最极端的苦难中也完全感到幸福。在提出这一要求时,他们建立了一个标准,我们必须按照这一标准来评判苏格拉底对于正义的颂扬；因此，他们强迫我们去考查《理想国》中的苏格拉底是否以及在多大程度上证明了正义具有上述这些特征。

苏格拉底宣称，面对两兄弟的攻击，他没有能力为正义辩护（368b4-7，362d7-9），但很显然，他作出了极为详尽的回应。他至少必须证明，为什么他不能完全遵照格劳孔的要求。为了理解苏格拉底的步骤，我们必须再次提醒自己注意卷一的结论。正义被视为这样一种技术，它能够分派给每个人对其灵魂来说为好的事物，以及它能够识别并带来共善。如此理解的正义在任何城邦中都找不到；因此，有必要缔造这么一种城邦，在其中，可以推行如此定义的正义。困难在于，分派给每个人对他来说为好的事物是否就等于是带来了共善，或者至少是与之相容。如果共善就等同于每个人私人的善，那么这一困难就会消失；以及如果城邦与个人之间不存在本质区别而只存在量的区别，或者如果城邦与个人之间存在着严格的类似，那么就有可能出现上述情况。在假设存在着这样一种类似后，苏格拉底首先转而去考查城邦中的正义，特别是[92]城邦的生成——与此相伴随的则是城邦的正义和不正义的生成，也即特别是由前政治的个人所组成的城邦的生成。这一步骤可以说是由格劳孔强加给他的。格劳孔前面将正义的存在或本质等同于正义的生成；契约和法律似乎先于正义，因而城邦似乎也先于正义，于是相应地，由每个只关注自己利益的个人所组成的团体就似乎先于正义。而苏格拉底也应当从只关注自己好处的个人出发，直接根据卷一的结论也可以理解这一点。

然而，人们还是禁不住想知道苏格拉底为什么关注正义的生成，或者他为什么不限定自己只去把握正义的存在、本质或理念；因为苏格拉底的确不同于格劳孔，他不会把事物的存在等同于它的生成。正义的理念当然是始终如一的，不论某个人分沾它还是某个城邦分沾它，正如相同的理念是始终如一的，不论两块石头相同还是两座山相同，如果只探讨正义的理念，那苏格拉底本可避免许多麻烦。在其他对话中探讨其他美德时,苏格拉底甚至都没有想过要去探讨分沾在那些美德中的存在的生成。苏格拉底从"城邦中的正义出发"而不是从"个人身上的正义"出发,这是因为书写前者的字比书写后者的字更大。但由于城邦还拥有勇敢、节制和智慧,因此苏格拉底的探讨本应该从讨论这些美德的对话出发并把这些美德也视作城邦的美德。难道这就是《游叙弗伦》《拉克斯》《卡尔米德》等对话中的探讨没有得出肯定性结论的原因吗?《理想国》中苏格拉底的步骤或许可以这么解释:正义和城邦之间存在着一种特殊的紧密关联,以及虽然确实存在着正义的理念,但并不存在城邦的理念。因为不存在"一切事物"的理念。永恒的、不变的理念不同于特殊的生灭事物以及通过分沾理念才得以存在的事物;因此,特殊的事物中包含着某种无法追溯到理念的东西,这可以说明为什么它们属于生成领域而不是存在领域,而且尤其可以说明为什么它们[93]只是分沾理念而不就是理念。或许城邦在根本上就属于生成领域,因而不可能存在城邦的理念。亚里士多德说,柏拉图只承认自然事物的理念。① 或许柏拉图并没有把城邦视作自然事物。然而,如果城邦与个人之间存在着严格的类似,那么城邦似乎就有可能是自然事物。的确,通过断言这种类似,苏格拉底得以反驳格劳孔的论点,这一论点的大意可以说是,城邦违背自然。另一方面,通过如此强调城邦的生成,苏格拉底迫使我们再次提出这一问题。

城邦的生成不像自然事物的生成;它是由苏格拉底和格劳孔、阿得曼托斯一起缔造的(369a5-6,c9-10)。但是,不同于所有其他已知的城邦,这种城邦是按照自然缔造的。在缔造城邦前,格劳孔和阿得曼托斯一直站在不正义那边。从开始缔造城邦的那一刻起,他们站到了正义一边。这一彻底的改变、这一转变并不是由于苏格拉底施

---

① 《形而上学》991b6-7,1070a18-20。

展了什么诱惑或迷惑,它也并不构成一种真正的转向(conversion)。站在不正义一边意味着赞扬和选择僭主式的生活、成为僭主、只致力于为自己谋求最大的权力和荣誉。但是,比起城邦缔造者的荣誉来,僭主的荣誉就显得卑微暗淡,僭主不过是在剥削他人缔造的城邦,而城邦缔造者即便只是为了自己的荣耀,他也必须致力于缔造一个最完美的城邦,或者是必须全心全意为城邦服务。不正义的"逻辑"从窃钩之徒开始,借由僭主并最终通向永垂不朽的缔造者。配合苏格拉底缔造最好城邦的格劳孔和阿得曼托斯让我们想起了《法义》中提到的那位年轻的僭主(709e6-710b3,参见《理想国》487a),他不具有正义的美德,但他可以和智慧的立法者合作。

缔造好的城邦分三个阶段:缔造健康的城邦,这一城邦又被称作猪的城邦;缔造净化的城邦或兵营式城邦;缔造美好城邦或由哲人统治的城邦。

城邦根源于人类的需求:每个人无论正义与否都需要许多事物,而且至少由于这一原因,[94]他就需要其他人。从每个人的自我利益出发,我们看到了城邦的必要性,随后又看到共善是为了每个人自己的善(369c7,370a3-4)。通过某种程度上将这一问题等同于城邦问题,以及通过将城邦追溯到人的需求,苏格拉底暗示了,如果不考虑正义的功能或效果,那便无法赞扬正义。最根本的现象不是——如格劳孔所断言的那样——欲求比别人拥有更多,而是欲求生活必需品;欲求拥有更多是次要的。健康的城邦适当地满足了基本需求、身体的需求。这种适当的满足要求每个人只为自己的生活而工作,并且采取这样的方式,即每个人只从事一种技术。这符合自然:人与人在自然上互不相同或者是不同的人有不同的天赋,以及所要从事的工作性质要求这种"专业化"。当每个人都只致力于一种技术时,格劳孔和阿得曼托斯关于正义之人的相互冲突的观点就可以得到调和:正义之人是单纯的,正义之人也是有知识的(397e)。因此,每个人几乎都是在为他人而工作,而他人也是在为他工作。所有人都会相互交换各自的产品：存在着私有财产；通过为他人的利益而工作，每个人也就是在为自己的利益而工作；由于每个人都会从事最适合自己天性的技术，因此每个人的负担都会较小。健康的城邦是幸福的城邦；它不知道贫穷、强制或统治、战争以及吃肉。它之所以幸福是因为它的每一个成员都是幸福的：它不需要政府，因为每个人给出的服务和得到的报酬非常和谐；没有人会侵犯其他人。它不需要政府，因为每个人都会自己选择最适合自己的技术：每个人都有适合自己的特定专长，就像鸭子适合水一样；自然天赋和个人偏好之间存在着完美的和谐。对个人来说为好的事物(他选择最适合自己天性的技术)和对城邦来说为好的事物之间也存在着完美的和谐：自然把事物安排得如此井井有条，以至于既不多一个铁匠也不缺一个鞋匠。健康的城邦是幸福的，因为它是正义的，健康的城邦是正义的，因为它是幸福的。健康的城邦是正义的，但城邦中没有人关注正义；健康的城邦天然就是正义的。健康的城邦完全是自然的；它几乎不需要医术，因为在健康的城邦中，身体不像[95]在和色拉叙马霍斯的交谈中所说的那样糟糕(341e4-6，373d1-3)。在健康的城邦中，正义没有自我牺牲的色彩：正义是轻松的和快乐的。正义是轻松的和快乐的，这是因为没有人关注共善、献身于共善；唯一看起来像是在关注共善的行为是限制儿童的数量(372b8-c1)，但这会有效实施，因为每个人都会认为这是为了自己的善。健康的城邦符合阿得曼托斯的要求。在某种程度上它也符合阿得曼托斯的性格。① 它是阿得曼托斯的城邦。但他的兄弟完全不能接受这一城邦。它不能满足格劳孔的奢侈需求，而且首先是吃肉的需求。(他没有得到先前允诺的晚餐。)但如果我们相信他，那我们就有可能极大地低估他。他当然没有说

---

① 参照阿得曼托斯在这段对话中最长的回答(371c5-d3：需要店主)以及苏格拉底的回应(e5-6："我相信")。

谎,但他没有完全意识到是什么诱使他反对这种城邦。健康的城邦在某种意义上是正义的,但它确实缺乏美德或卓越(比较372b7-8和607a4):它所拥有的那种正义并不是美德。格劳孔的特点体现在如下事实中,即他无法区别自己对于晚餐的欲求和自己对于美德的欲求。(他称健康的城邦为猪的城邦。但在这点上,他也并不完全知道自己在说什么。事实上,健康的城邦中并没有猪。参见370d-e和373c。)没有艰辛,没有努力,没有对自己身上恶的压制,便不可能有美德。在健康的城邦中,恶仅仅是潜在的。只有当从健康的城邦到下一阶段的过渡已经开始时,死亡才被提及(372d)。由于在健康的城邦中美德是不可能的,因此健康的城邦也是不可能的。如果人能够保持天真状态,那么健康的城邦以及任何其他形式的无政府主义社会才是有可能的;但天真的本质就在于天真很容易丢失;人只有借助知识才能成为正义之人。"自我实现"在本质上和社会性并不和谐。

苏格拉底称健康的城邦为真实的城邦或简朴城邦(372e6-7,374a5,433a2-6)。它之所以是典型的城邦,原因不止一个,其中一个原因在于,它展现了最好城邦的基本特征。当苏格拉底谈论使得人们聚集在一起的基本需求时,他提到了食物、住房和穿衣,但却对生育保持沉默。他仅仅提到了一些可以通过技术来满足的自然需求,这些需求不同于[96]那些通过自然方式就可以得到满足的自然需求。他抽掉了生育,以便能够将城邦理解为一种匠人联合体,或者是以便尽可能使城邦与技术达成一致。城邦和技术连在一起。在这点上,苏格拉底似乎和《圣经》一致,因为《圣经》将城市和技术追溯到了同一个起源。① 无论如何,我们不得不重新思考健康城邦的自然特

---

① 另比较索福克勒斯,《安提戈涅》332及以下和786及以下。

征。在关于健康城邦的描述中,将对人的关心归之于自然,这远远超出了自然所能提供的。因而只能归之于神。毫不奇怪,健康城邦中的邦民们会歌唱颂神诗。更值得注意的是,苏格拉底和阿得曼托斯对于健康城邦中神的功效都保持沉默。

在净化的城邦得以出现或建立之前,健康的城邦必定已经衰败。之所以会造成衰败,这是因为对不必要的事物——也就是对身体健康来说并无必要的事物——的欲望得到了解放。因此,奢侈的城邦或发烧的城邦出现了,这种城邦的特征在于无止境地追求财富。人们可能会料想,在这样的城邦中,个人将不再只从事一种适合其天性的技术,而是会从事任何一种最能赚钱的技术,无论是真的还是假的,或者会同时从事各种最能赚钱的技术,人们也可能会料想,服务和报酬之间将不再存在严格的对应关系;因此,将会出现不满和冲突,因此,就需要能够恢复正义的政府;因此,这里将需要健康城邦中完全阙如的一些事物,至少是对于统治者的教育,尤其是关于正义的教育。正义将不再自然生效。这体现在交谈中:在描述健康的城邦时,苏格拉底和他的谈话对象都是城邦的生成的旁观者,但现在,他们必须成为缔造者,人成了正义生效的原因(比较 374e6-9 和 369c9-10;378e7-379a1)。此外,还需要更多的领土,因此,将会爆发战争,爆发侵略战争。根据"一人一技术"这一原则,苏格拉底要求军队由只从事战争技术的人组成。军人或护卫者的技术在地位上似乎远远高于其他技术。在此之前,似乎所有技术都处在同等地位,唯一[97]普遍的技术或唯一伴随着所有技术的技术是挣钱术(342a-c,346c)。现在,我们第一次看到真正的技术秩序:这一秩序是等级制的;普遍的技术是最高的技术,是指导所有其他技术的技术,除了最高的实践者,其他的技术实践者都不能从事这一技术;特别是从事挣钱术的人一概不能从事这一技术。技术中的技术将被证明是哲学。就目前而言,我们仅仅被告知,军人必须拥有一种独特的天性,这种天性就类似于哲学式的动物即狗的天性。军人一方面必须是充满激情的因而也是暴躁和严厉的，但另一方面又必须是温和的，因为他们必须不偏不倚地憎恶外邦人以及不偏不倚地喜爱自己的同胞邦民。拥有这些特殊天性的人还需要接受特殊的教育。考虑到他们的工作，他们需要接受战争技术或护卫城邦的技术方面的训练。但这不是苏格拉底最关注的教育。我们记得，经证明，保管者的技术等同于窃贼的技术。对于护卫者的教育必须确保他们不会去从事偷窃之类的行当，除非可能是针对外邦敌人。军人必须天生就是最好的战士，而且他们将是唯一配备武装且受过军事训练的人；他们必定将成为唯一拥有政治权力的人。此外，天真的时代已经一去不复返，恶将会在城邦中蔓延，因而也将会在军人中蔓延。因此，军人比任何人都迫切需要的教育便是邦民美德的教育。这一点再次体现在交谈中。反对健康城邦的正是格劳孔；他之所以反对是因为他欲求奢侈、欲求"拥有更多"以及欲求战争和毁灭的刺激(参见 471b6-c1)。现在，苏格拉底迫使他认可军人职业和一切奢侈与获利完全脱离(374a3)；奢侈和获利的精神被纪律和无私奉献的精神所取代。格劳孔在这点上所受的教育是整部《理想国》记录的交谈所实现的整个节制教育的一部分。

军人的邦民美德方面的教育是"音乐"教育，是诗教和乐教。并非所有诗歌和音乐都能使人成为一般的好邦民，特别是优秀的军人。因此，无助于养成美德的诗歌和音乐必须被逐出城邦。[98]只有当诗歌有助于培养高贵之人和高贵品格时，它所提供的独特快乐才是可以容忍的。这一要求的严肃性完全契合阿得曼托斯，他现在再次成了苏格拉底的交谈对象。而苏格拉底本人则把这一要求视作临时性的；这整个一段讨论都带有神话的特征。① 首先是虔敬方面的教育。虔敬要求只能讲那种正确的关

---

① 376d9,387b3-4,388e2-4,389a7,390a5,396c10,397d6-e2,398a8。

于诸神的故事,而不是那种最伟大的诗人所讲的故事。为了表明何谓正确的种类,苏格拉底就阿得曼托斯所谓的"神学"(theology)制定了两条法则。要想正确地理解这一神学,人们必须考虑到那一语境。神学被当作那种讲给小孩们听的假故事的模型(377c7-d1 和 a)。正如我们所知,假故事不仅对小孩来说是必要的,而且对好城邦中的成年邦民来说也是如此,最好是尽早就把那些故事灌输给他们。猪的城邦不需要假故事。这或许便是苏格拉底称它为"真实的城邦"也即说真话的城邦的原因之一。不管怎样,苏格拉底和阿得曼托斯之间关于神学的交谈不知不觉地就从需要关于诸神的高贵谎言转到了需要关于诸神的真理。两位发言人是从如下这一隐含的前提出发的,即存在着诸神或存在着一位神,而且他们知道神是什么。可以举个例子来说明这一困难。苏格拉底问阿得曼托斯,神是否会因为对古代事物一无所知而说谎或说假话,阿得曼托斯答曰,这么说是很荒谬的(382d6-8)。但为什么在阿得曼托斯看来这很荒谬呢? 是因为诸神必定最了解自己的事情,正如蒂迈欧所表明的那样(《蒂迈欧》40d3-41a5)? 的确,蒂迈欧区分了那些显然在旋转的可见的诸神和那些可以选择让自己显现的诸神,也即区分了宇宙神和奥林波斯神,但《理想国》中的神学没有作出这样的区分,它只提到了奥林波斯神。但这一事实恰恰表明了这一神学的"神话"特征,或者是表明了没能提出并回答"神是什么"或"神是谁"这一问题的严重性。苏格拉底的其他发言或许能够帮助人们弄清苏格拉底的答案,但它们无助于弄清阿得曼托斯的答案,因而也无助于估量苏格拉底和阿得曼托斯之间达成的一致程度究竟有多深。他们确实在如下这点上达成了一致,[99]即诸神是超越于人的存在,他们具有超越于人的善或完美(381c1-3)。神本身(the god)是好的,这甚至是第一条神学法则的论点。由此可推出,神本身不是所有事物的原因,而是好的事物的原因。这等于说神是正义的:适用于神本身的第一条神学法则也是同玻勒马霍斯的交谈所得出的结论,根据那一结论,正义就在于帮助朋友也即明智之人、不伤害任何人。① 明显的困难只涉及另一条神学法则,这条法则断言了神本身的单纯性,而且这条法则某种程度上只是第一条法则的必然结果。第二条法则具有两层意涵:(1)神本身不会改变自己的外表或形相(eidos 或 idea),也就是说,他不会呈现出各种各样的形象,也不会改变自己的形相;(2)诸神不会欺骗或说谎。和第一条法则不同,第二条法则对阿得曼托斯来说并不是一目了然的;尤其第二层意涵更是如此(380a7,381e11,382a3)。阿得曼托斯显然没有看出,同时认为诸神是好的和诸神会说谎,这有什么困难:诸神拥有一切美德,因此他们也拥有正义,而且正义有时需要说谎;正如苏格拉底部分地在这一段落、部分地在随后的段落所表明的那样,②为了被统治者的利益,统治者必须说谎;如果诸神是正义的或如果他们是统治者,那他们似乎必须说谎。因此,阿得曼托斯之所以反对乃是因为他关注正义而不是爱真理(382a4-10)或哲学。他反对那一认为神具有单纯性的信条,因为他要比他的兄弟更愿意承认,正义类似于知识或技术,而非本质上具有单纯性。他的反对和卷二开头他的长篇发言的涵义并不完全协调。③ 这并不奇怪:他还有很多东西要学。毕竟,他还不知道正义是什么。在稍后的交谈中苏格拉底暗示,正义是一种专属于人的美德(392a3-c3),这或许是因为正义根源于如下事实,即每个人都缺乏自足性,因而他们不得不趋向于城邦(369b5-7),以及因此,人在本质上是"充满爱欲的"(erotic),而诸神则是[100]自足的,因而他们能够摆脱爱欲。因此,爱欲和正义

---

① 382d11-e3,378b2-3,380b1。玻勒马霍斯和阿得曼托斯一起出场:327c1;参见 449b1-7。
② 382c6 及以下,389b2-d6;参见 389b2-4 处的条件句和部分韵律从句。
③ 困难的核心在 366c7 处已经得到暗示,如果读者考虑到诸神自己必定拥有神圣的自然这一事实,那么他就会看出来。

似乎有着共同的根源。

苏格拉底所设想的军人教育几乎涉及所有美德。虔敬、勇敢、节制以及正义都显而易见是这种教育的目的,而智慧则被说真话和杜绝爱笑所取代。关于如何教育军人变得正义的讨论被推迟了,其理由是交谈对象们还不知道正义是什么。① 这一理由相当似是而非,因为也很难说他们知道其他美德是什么。当我们注意到如下这一事实时,我们就能发现真正的理由,即当交谈转到严格意义上的音乐这一主题时,懂音乐的、充满爱欲的格劳孔大笑着再次插入进来,取代了他的兄弟(398c7,e1;402e2)。一般来说,在《理想国》中,每当讨论到最高主题时,格劳孔就成为了苏格拉底的交谈对象。正是在和格劳孔的一次交谈中,苏格拉底表明了军人教育的最终目的。这一最终目的被证明是对美的事物或高贵事物的爱欲。这种爱欲尤其和勇敢有关,以及最重要的是和节制或适度有关。② 狭义上的正义可以说是来自节制或来自节制和勇敢的恰当结合。因此,苏格拉底暗中表明了匪帮和好城邦之间的区别:这两种社会从本质上来说截然不同,因为好城邦中的武装团体和统治团体,受着对一切美好事物和优雅事物的爱欲所驱使。这一区别并不体现在如下事实中,即好城邦在处理自己和其他城邦——无论是希腊城邦还是蛮族城邦——之间的关系时,是以关于正义的考虑为指导原则的:好城邦的领土大小由城邦自身的适度需求来决定,而不是由其他因素来决定(423a5-c1;参见 422d1-7);好城邦和其他城邦之间的关系属于智慧的范畴,而不是正义的范畴(428d2-3);好城邦并不是城邦联盟共同体的一份子,或者它并不致力于这种共同体的共善,或者它并不为其他城邦服务。因此,如果城邦和个人之间的类比要得以维持,那人们就至少必须试

---

① 比较 395c4-5 以及 427e10-11 和 386a1-6;388e5;389b2,d7;392a8-c5。
② 399c3,e11;401a5-8;402c2-4;403c4-8;410a8-9;e10;411c4 及以下。(376e2-10);416d8-e1。

着按照除了正义以外的美德来理解个人的美德。这和如下这一尝试有关,即对美好事物的爱欲[101]暂时取代了正义。人们可能会说,在这一阶段,好城邦中的情况和健康城邦中的情况正好相反。

虽然城邦和个人之间的类比就是这样暗中建立起来的,但是暗中它又遭到了质疑。为了变得尽可能的好,城邦必须尽可能统一起来或"是一个",因此,个人也必须尽可能"是一个":每一位邦民都必须只专心致志于一种技术(423d3-6)。正义便是单纯。因此,教育必须是简单的:简单的体育和简单的音乐要好过混合的、"精巧的"、复杂的形式(404b5,7,e4-5;410a8-9)。但人是双重的存在,他由身体和灵魂组成:为了成为一个有教养的军人,因此必须从事体育和音乐这两种技术(411e4)。① 这种双重性体现在这一段落中所讨论的医生即治疗身体者和法官即治疗灵魂者之间的根本区别上。不用说,音乐本身也包含着两种技术,即诗歌和狭义上的音乐,更不用说还有阅读技术和书写技术(402b3)。如果阿斯克勒皮奥斯(Asclepius)的子孙们混合了医术和战争术这两种不同的技术(408a1-2),那人们便会怀疑将致力于战争术的人和所有其他匠人严格分离开来(374a3-d6)是不是苏格拉底的最后定论。或许同一个人既是好的喜剧诗人也是好的悲剧诗人,这也不像苏格拉底这里所说的那样不可能,尤其是因为我们从这一段落中得知,高贵的单纯之人,为了这种单纯,他绝不会摹仿低劣之人,但仍可能会出于开玩笑而这样做:玩笑和严肃这一双重性提醒我们不要过于简单地来理解单纯。不过,最简单地防止这种简单理解的方式就在于回顾一下如下事实,即最好城邦的统治者必须同时从事两种不同的活动,一是哲学活动,另一是君王的活动。

正义和军人教育结尾部分提到的对美好事物的爱欲之间的区

---

① 参见"纯粹的"一词的不同含义:一是410d3和412a4,另一是397d2(参见e1-2)。

别在苏格拉底关于统治者的讨论中出现了。统治者必须从最优秀的军人中选拔出来。除了拥有保卫邦民的技术外,[102]统治者还必须拥有关心城邦或热爱城邦这一品质;这种热爱(philia)不是爱欲。我们记得,保管的技术本身同时也是偷窃的技术。一个人最有可能热爱的是那些他相信其利益和他本人利益相一致的事物,或者是那些他相信其幸福是他本人幸福之条件的事物(412c5-d8)。因此,统治者所需要具备的这种热爱就既不是自发的也不是无私的——好的统治者热爱城邦而丝毫不顾自己利益这种意义上的自发和无私;期待他所具备的热爱是一种有着算计的热爱。致力于共善的正义既不是技术也不是爱欲;它似乎并不因其自身而值得选择。关心自己的城邦是一回事;承担统治城邦的重担也即为城邦服务是另一回事。这解释了苏格拉底为什么要求好的统治者生前死后都应该得到荣誉(414a1-4;参见 347d4-8)。然而这一激励无法影响被统治者。因此,苏格拉底特别关注被统治者,更确切地说是城邦最强大的部分即战士们,正是在这一点上,苏格拉底引入了高贵的谎言;这一高贵的谎言可以使被统治者们最大程度地关心城邦以及关心他们彼此(415d3-4)。因此,如果没有一个根本性的谎言,那么好城邦便是不可能的;好城邦不可能存在于真实或自然中。这一高贵的谎言包含两部分内容。第一个部分旨在使得邦民们忘记他们所受教育的真相,或忘记他们成为邦民的真正特征即他们原本仅仅是人或所谓的自然人。① 的确,它旨在模糊自然和技术的区别以及自然和习俗的区别。它要求邦民们将自己视作同一个母亲兼保姆即大地的孩子们,以及因此将彼此视作兄弟,但如此一来,大地就被等同于某一片土地,尤其是属于某个特定城邦的特定土地或领土;全人类的兄弟情谊就被全体同胞邦民的兄弟情谊取代了。这一高贵谎言的第二个部分旨在通过兄

---

① 参考卢梭,《社会契约论》(*Du Contrat Social*) II 7(Du Législateur)。

弟间根本上的不平等来证明那种限定性的兄弟情谊的合理性；兄弟情谊被追溯到大地，而不平等则被追溯到神。如果神是所有好事物的原因（380c8-9），那么不平等似乎就是一种好事物。然而，神并不是通过任意决定来造成兄弟间的不平等，[103]可以说，他是选择一些人来当统治者以及选择其他人来当被统治者；他只是确认自然差别或者给差别打上戳号。人们可能会料想，神至少会保证自然无法保证的东西，也即统治者生出的只是统治者，战士生出的只是战士，农民和工匠生出的只是农民和工匠；但神只限于要求，高贵的父母所生出的低贱的儿子们要被降级到较低的阶层，反之亦然，这也就是说，他尊重自然秩序而毫不留情。将人类划分为诸多独立自足的城邦，这并不是完全自然的；如果有足够的力量对城邦进行神圣的确认，那么城邦中的等级秩序就会完全是自然的。正是这一高贵谎言的第二部分内容，通过给自然等级加上神圣的确认，从而为战士们提供了必要的激励，使得他们服从统治者，并因此而全心全意为城邦服务。然而，除非人们把原文所不能保证的那一重要性归之于神圣的确认，否则就必须承认，这一激励是不够的。正是由于这一原因，苏格拉底在此引入了共产制：激励正义仍然不够，还必须消除造成不正义的条件。在对财产方面的共产的极为简短的讨论中，重点放在了"住房"上：将不会有隐藏的地方。所有人都被强迫一直生活在公开的地方，即便不是公开的地方，那也要便于检查；或许每个人都可以随意进入他人的住所。通常的工匠会因其服务而获得报酬，但士兵们不会得到任何种类的钱财，而只会得到足够的食物以及其他必需品。在兵营式的城邦中，不存在像巨吉斯（Gyges）的指环那样私密的住宅：没有人能通过不正义而获得幸福，因为不正义要想成功就必需处于隐秘状态，但现在，这一状态再也不可能出现。

因此，在目前为止所描述的好城邦中，正义仍然取决于缺乏造成不正义的条件，正如格劳孔在其长篇发言中所指责的那样；我们尚未遇到真正的正义。因此,按照格劳孔的期待来看,我们尚未遇到真正的幸福。换句话说,随着健康城邦的衰败而丧失掉的那种自我利益和他人利益或城邦利益之间的一致性至少就战士们而言还没有恢复。普通民众是羊群,战士是狗,统治者是牧羊人(416a2-7)。但[104]主人是谁呢?从这整个事业中获利的是谁呢?由此而获得幸福的又是谁呢?毫不奇怪,在卷四开头,沉静的以及有点平庸的阿得曼托斯——他完全无视战争的乐趣,也丝毫不觉得和平时战士们有什么因其本身就值得选择的活动——代表战士即城邦真正的主人对苏格拉底提出了指控(419a2-4)。苏格拉底这样为自己辩护:我们关注的是整个城邦的幸福而不是城邦任一部分的幸福;我们给予每个部分幸福的程度要和这部分对城邦的特定服务或它的正义相匹配;我们给予城邦每个部分幸福的程度应该是这一部分的本质所需要或允许的。但部分由个人组成。目前尚不清楚的是,个人所属的那部分在其政治功能所允许的范围内的幸福是不是个人幸福的充分条件,以及个人的幸福是否和他的全心全意为城邦谋福或他的正义相匹配,或者个人是否能因不正义而获得更高程度的幸福。我们必须看看,等到他们回答幸福需要的是真正的正义还是真正的不正义那一问题时,这是否已经变得清楚了(427d5-7)。

正如前面格劳孔反对健康的城邦是因为其邦民缺少餐桌的快乐而不是因为其邦民缺少美德,这里阿得曼托斯反对兵营式的城邦是因为其邦民缺少财富而不是因为其邦民缺少真正的正义。论证的不完整性和交谈对象的教育的不完整性相匹配。治疗欲求餐桌快乐的方法已在节制那找到。治疗欲求财富的方法则必定会在正义那找到。如果后一种疗法在他们开始回答幸福是否需要真正的正义那一问题前就已经找到,那么找到它就要比找到前一种疗法容易得多。个中原因可能在于,财富要比感官快乐更具有政治色彩:城邦本身不能吃喝,但它可以拥有财产。在苏格拉底针对阿

第二章 论柏拉图《理想国》 113

得曼托斯的指控完成了自己的申辩之后，阿得曼托斯阐述了需要财富的理由，个人可能的确不需要财富，但城邦进行战争则需要财富（422a4-7,b9,d8-e2）。通过驳斥这一理由，苏格拉底完全抵制住了阿得曼托斯对兵营式城邦的反对，从而似乎也完善了真正正义的理由。在苏格拉底看来，[105]有一个替代财富的方法，即好城邦的政策就在于和敌对城邦中的大多数穷人结盟，以此来对抗其中的少数富人（423a3-5；参见471b2）。但这并不是苏格拉底强迫坚定的反民主派分子阿得曼托斯——他尤为厌恶革新（424d3-e4）——所服用的最强烈的药剂。苏格拉底利用目前的机会滑过了关于妇女儿童方面的共产制要求。甚至关于歌曲革新（不同于歌曲种类的革新）（424c1-5）的必要性也是强加给阿得曼托斯的。阿得曼托斯对苏格拉底的指控已经表明，先前所提议的保障措施是不够的，或者说还需要更为彻底地背离习俗：净化发烧的城邦需要完全颠覆掉目前所知的城邦；这需要一种被认为是最不正义的行为（参见426b9-c2）。这一彻底的改变并没有因如下事实而丧失其特征，即这一好城邦最首要、最重大、最崇高的法律规定也即关于拜神仪式的规定，留给了那位祖传的解释者也即那位向全人类解释这类事务的神来决定：留给了德尔斐的阿波罗（the Delphic Apollo）来决定，因为如果阿波罗只是一位希腊神，那么他就不能为一个既是希腊的又是好的城邦来履行这一职能。

在缔造完好城邦后，苏格拉底和他的朋友们转而去探寻如下问题，即这一城邦中什么地方有正义、什么地方有不正义，以及一个人要获得幸福他必须拥有正义还是不正义。他们确实成功说明了正义是什么。这或许是《理想国》中所发生的最奇怪的事情。这部以正义为主题的柏拉图对话，早在一半篇幅结束之前，早在最重要的事实——如果不考虑这些事实，那么就不可能以恰当的方式来确定正义的本质——出现（更不要说已经过适当考虑）之前，就回答了正义是什么这一问题。难怪《理想国》中所得出的正义定义至多只是确定了正义属于哪个属,而并没有确定其种(参见433a3)。人们禁不住会对比《理想国》和其他一些对话,这些对话会提出某种美德是什么这一问题;但这些对话不会回答它们所处理的问题;它们是疑难式的(aporetic)对话。而《理想国》则似乎是一篇教义式的(dogmatic)对话,在其中,真理得到了宣示。但由于这一真理是基于明显不足的证据而被提出的,[106]因而人们不得不说,《理想国》事实上也是疑难式的,就和所谓的疑难式对话一样。柏拉图为什么在处理正义的对话中采取这样一种不同于在处理其他美德的对话中所采取的方式呢?或许我们可以说,正义是普遍的美德,是最明显和城邦有关的美德。《理想国》的主题在多种意义上都是政治性的,迫切的政治问题不容拖延:正义问题必须用尽一切办法来回答,即便一个充分的答案所需的所有证据都还没出现。《拉克斯》以一个要比"正义是什么"这一问题更加实际的问题开始,即某种类型的格斗在实战中是好的还是坏的。由于军事专家们意见不一,因而苏格拉底加入了讨论,并以一种至少在在场的人看来是无可非议的方式表明,在他们知道勇敢是什么之前,那一问题是无法回答的;关于勇敢是什么的讨论并没有得出什么结论,因而对最初的实际问题的回答就被无限期地推迟了,或者更确切地说,最初的实际问题就被完全忽略了。那一问题可以被彻底忘掉,很可能是因为它既不重要也不迫切;要不然就是因为不用等到对勇敢是什么这一问题作出充分回答,相关权威就已经解决了那一问题,而这么做是对的,因为上述两个问题之间并不存在必然的关联。虽然《拉克斯》并没有对勇敢是什么这一问题给出什么答案,但细读对话就会发现,它至少像《理想国》回答正义是什么这一问题一样回答了勇敢是什么。疑难式对话和传达了教导的对话之间的区别只是一个假象。为了摆脱这一假象,人们必须考虑,所有传达了某种教导的对话,而且尤其是那些以苏格拉底为主要发言人的对话,是否都不是在和《理想国》中的压力相当的压力下进

第二章 论柏拉图《理想国》 115

行的。例如,《斐多》中所报告的交谈早就已完成,因为它发生在苏格拉底死亡的那天。至于《会饮》(*Banquet*),千万不要忘记,其中所传达的教导被苏格拉底归之于第俄提玛。

之所以有可能提前去探究正义是什么,这是因为交谈对象们接受了苏格拉底的如下断言,即好城邦已经缔造完了:在提供了最首要、最重大、最崇高的事物,也就是[107]至高无上的事物之后,还会缺少什么东西吗?于是苏格拉底不无正义地要求他们去探寻如下问题,即这一城邦中什么地方有正义、什么地方有不正义。不过格劳孔提醒苏格拉底他曾答应帮助正义,于是强迫他参与而且要领导这次探寻。但谈话对象们并没有注意到苏格拉底其实已经改变了他的承诺或任务的具体条款。他本来是要证明正义值得选择是因其自身而不仅仅是因其后果,但现在他所提出的问题却是,一个人要想幸福,就必须拥有正义还是不正义:正义可能是幸福不可或缺的一个条件,但它并不因其自身就值得选择,而仅仅只是一个必要手段或一种必要的恶。然而,即便是在这种限制性的意义上,正义是不是好的这一问题据说也是完全开放的,苏格拉底随即说道,如果他们在言辞中缔造的城邦是好的,那么它必定拥有一切美德,包括正义。这也就是说,苏格拉底理所当然地认为正义是好的,或者他回避了决定性的问题。这些举措之所以获得成功,乃是因为格劳孔没有明确把握到那一问题;格劳孔是一个拥护正义的人,但他同时也被那些诋毁正义之人的言辞弄得不知所措;他愿意相信正义是最高的事物,但同时又意识到尚有其他一些事物似乎并不亚于正义。因此,当苏格拉底并没有立即去探寻正义而是首先探讨其他美德时,格劳孔对于其他美德的关注便足以阻止他去抗议苏格拉底迂回的步骤(参见 430d4-e1)。如果某人注意到关于正义本身的讨论从一开始就很奇怪,就没那么简单,并且注意到正义似乎就类似于单纯,那么他对任何人就不会是不正义的。

苏格拉底和格劳孔首先去寻找正义之外的三种美德。在按照自然而缔造的城邦中,智慧存在于而且仅仅存在于统治者身上,因为在任何城邦中智慧之人自然总是最少数,而且如果他们不掌管城邦,那么这对城邦来说就不好。在好的城邦中,勇敢存在于军人身上,因为政治层面的勇敢不同于野兽般的无所畏惧,它只有通过教育那些天生就适合这种勇敢的人才能够产生。发现节制则没那么容易。如果它是关于快乐和欲望方面的自制,那么它也存在于统治者和军人身上(431b9-d3)。然而也可以将它理解成天生较好的部分对于天生较坏的部分的控制,[108]也就是说,通过这种控制,整体就能达成和谐,或者可以将它理解成自然上较优秀的部分和自然上较低劣的部分在应该由谁来统治城邦这一问题上达成的一致;如此理解的节制遍布于好城邦中的所有部分。尽管如此,节制也缺乏智慧和勇敢的那种单纯性和单义性。由于控制和被控制是不一样的,因而较高阶层的节制就不同于较低阶层的节制。虽然苏格拉底和格劳孔很轻松就发现了好城邦中的前三种美德,但他们却很难发现好城邦中的正义;正义似乎存在于某个难以进入且布满阴影的地方;然而事实上正义就在他们脚下;他们错过了正义,因为他们在远处寻找它。发现不同于其他美德的正义的困难之处体现在如下这一事实上,即不同于其他美德,关于正义的教育还没有被讨论过。经证明,正义从一开始就是缔造好城邦的指导原则,它在健康的城邦中就已经开始生效,尽管还没完全生效,而且正如我们所知,它在兵营式城邦中也尚未完全生效。正义就在于每个人只做一件适合其自然的、与城邦有关的事情,或者是每个人都只关注自己的事情:正是由于这样的正义,其他三种美德才成为美德(433a-b)。更准确地来说,如果城邦的三个部分(挣钱者、军人和统治者)各自都从事而且仅仅只从事自己的工作,那么城邦便是正义的。因而正义就像节制而不像智慧和勇敢,它不是只存在于某一个部分中,而是存在于每一个部分中。因此,就像节制一样,三个阶层的正义也各有其不同特征。例如,人们必定会假设,智慧的统治者的正义就带有其智慧(更不用说其独特的正义动机)的特征,挣钱者的正义就带有其庸俗的色彩,由于军人的勇敢仅仅只是政治层面或城邦层面的勇敢而不是单纯的勇敢(430c;参见《斐多》82a),因而理所当然的是,军人的正义——肯定不是挣钱者的正义——也不会是单纯的正义。军人的勇敢不是单纯的勇敢乃是因为这种勇敢取决于法律(比较429c7和412e6-8以及413c5-7),或者是因为军人不担负最高的责任。为了发现单纯的正义,就有必要考察个人身上的正义。如果个人身上的正义等同于城邦中的正义,那么这一考察就最容易;[109]而这就会要求个人或他的灵魂就像城邦一样由三种"自然"组成。我们注意到,贯穿好城邦之兴衰的城邦与个人之间的类比要求抽掉身体(参见434d-435c处从个人到灵魂的过渡)。对灵魂的临时考察似乎确立了如下要求:灵魂包括欲望、激情或愤怒(440a5,c2)和理性,正如城邦由挣钱者、军人和统治者组成。因此,或许我们可以推出,如果某人灵魂的三个部分各自都从事而且仅仅只从事自己的工作,也就是如果他的灵魂处在健康状态中,那么他便是正义的。而如果正义就是灵魂的健康,以及与此相反,不正义就是灵魂的疾病,那么很明显,正义就是好的而不正义就是坏的,不管是否知道一个人是正义的或不正义的(444d-445b)。如果某人灵魂的理性部分是智慧的并且处于统治地位(441e),以及如果激情部分服从理性部分的统治,并作为后者的盟友帮助它控制大量的欲望——这些欲望几乎不可避免地会欲求越来越多的金钱,那么那人便是正义的。然而,这意味着只有如下这种人,即在他身上,经过适当培养的理性部分统治着另外两个经过适当培养的部分,也就是智慧的人,才可能是真正正义的(参见442c);如果灵魂的各部分,尤其是最好的部分衰退了,那么灵魂便不可能是健康的。因此,毫不奇怪,最终证明,正义的人就是哲人(580d-583b)。而且哲人可以不是正义城邦的一员但同时却是正义的。挣钱者和军人并不是真正正义的,因为他们的正义仅仅来自某种不同于哲学的习惯;因此,他们灵魂的最深处渴求僭主制,也就是渴求完全的不正义(619b-d)。因此我们可以发现,当苏格拉底期待在好城邦中找到不正义时(427d),他是多么正确。当然,这并不是否认作为好城邦中的成员的非哲人们其行为要比他们作为现实城邦中的成员的行为正义得多。

不同的视角下都会出现并不智慧的人的正义:一方面是在考察城邦中的正义时,另一方面是在考察灵魂中的正义时。这一事实表明,城邦与灵魂之间的类比是误导性的。这一类比是有缺陷的,因为支持它的正义定义本身就有缺陷。据说正义就在于城邦的每一个部分或灵魂的每一个部分都"从事最适合其天性的工作",或者[110]就在于"这种"类似的情况;如果城邦的每一个部分或灵魂的每一个部分都"以某种方式"从事自己的工作或关注自己的事情,那么这些部分就都可以说是正义的。如果人们用"以最好的方式"或仅仅用"以好的方式"来代替"以某种方式"(433a-b,443c4-d7;亚里士多德《尼各马可伦理学》1098a7-12),那么就可以消除不确定性。如果城邦的每一个部分都能很好地从事其工作,以及因此就拥有属于它的美德或各种美德,那么城邦便是智慧的、勇敢的、节制的以及完全好的:这就不再额外需要正义。个人的情况则不一样。即便个人是智慧的、勇敢的、节制的,他也尚不是完全好的;因为个人对同胞行善、愿意帮助同胞、关心同胞或为同胞服务(412d13),这和不愿伤害同胞不同,这并不是因为个人拥有前三种美德。前三种美德对城邦来说是足够的,因为城邦是自足的,而前三种美德对个人来说则是不够的,因为个人不是自足的。正是因为作为一种独特美德的正义在好城邦中是多余的,所以苏格拉底和格劳孔在寻找它时才碰到了困难。

城邦与灵魂之间的类比要求:正如在城邦中军人的地位要高于挣钱者的地位,同样,在灵魂中激情的地位要高于欲望的地位

(440e2-7)。认为比起那些不承担公共责任且没有受过音乐教育的人来,那些对抗内外敌人以保护城邦并且受过音乐教育的人应该享有更大的尊敬,这很有道理。但认为激情本身的地位应该比欲望本身的地位更高,这就很没有道理了。的确,激情包括各种各样的现象,从对不正义、邪恶以及卑劣的高贵义愤,一直到被宠坏的小孩的愤怒——要是被剥夺了任何他想要的东西,无论那一东西是多么有害,他都会感到愤恨(参见441a7-b2)。但显然,欲望的情况也同样如此:其中有一种欲望叫爱欲,健康的爱欲包罗广泛,从通过生儿育女来追求不朽,到通过名声来追求不朽,再到通过知识参与到那些在所有方面都是永恒不变的事物中来追求不朽。因此,断言激情本身要比欲望本身地位更高这是很可疑的。尽管或正是由于格劳孔通过发誓来否认激情会站到欲望一边来反对理性(440b4-8)。我们也不要忘记,尽管存在着哲学式的爱欲,但却不存在[111]哲学式的义愤、愤怒或欲求胜利(参考536b8-c7)。城邦与灵魂之间的类比建立在对于爱欲的刻意抽离上,这种抽离是《理想国》的典型特征。它最为明显地体现在如下两个事实上:当苏格拉底提到造就人类社会的那些基本需求时,他对生育保持沉默,以及当他描述僭主时,他把僭主呈现为爱欲的化身(573b-e,574d-575a)。更不用提如下这一事实,即《理想国》几乎一开场就在诅咒爱欲(329b6-d1)。在关于激情和欲望各自等级地位的主题讨论中,苏格拉底对爱欲保持沉默。① 爱欲和城邦之间,因而爱欲和正义之间,似乎存在着一种紧张:只有通过贬低爱欲,城邦才能实现自身。爱欲服从自身的法律,而不会服从城邦的法律,无论这一法律有多好;爱者也不一定是同胞邦民(或党派成员);在好城邦中,爱欲完全屈从于城邦的需求:只有那些承诺会生育出正

---

① 参见439d6。参见《蒂迈欧》中的类似做法,主张激情高于欲望的论点在如下结论中又得到了重复,即最初的人,当他离开造物主之手时,(恕我直言[sit venia verbo])是一个无性征的男人;比较69d-71a,72e-73a 和91a-d;另参见88a8-b2。

当后代的人才被允许相互结合。废除隐私是对爱欲的致命一击。城邦不再是一个爱欲联合体,尽管在某种程度上它要以爱欲联合体为前提条件。城邦中不会像存在着统治者、军人和挣钱者三阶层一样存在着一个爱欲的阶层。城邦会谋划、进行战争以及拥有财产,但它本身不会生育。爱国主义、献身于共善或正义必定会尽可能地取代爱欲,而且和爱国主义关系更密切的是激情、渴望战斗、"脾气暴躁"、义愤以及愤怒,而不是爱欲。无论爱欲联合体还是政治联合体都是排外的,但它们排外的方式并不一样:爱者隔绝于他人(或"世界")时不必反对或憎恨他人,但没法说城邦能够隔绝于"世界":城邦通过反对或抵制其他城邦从而将自己和其他城邦区别开来;"我们和他们"之间的对立对政治联合体来说至关重要。激情高于欲望似乎体现在如下事实上,即关乎人类激情的每一种行为似乎都包含着一种认为某人正当的意味(440c)。[112]正义的行为中有很大一部分都是惩罚的行为,而且惩罚至少要得到愤怒的帮助。① 愤怒是如此地关注正当,以至于它甚至会把无生命的事物当成好像会做坏事一样来对待;比起欲望来,激情更易于将其对象"拟人化"(参见 440a1-3;469e1-2)。但是,这一事实是否确定了激情完全高于欲望,这取决于我们如何看待"拟人化"的价值。《理想国》为这一主题提供了思考素材,特别是通过格劳孔的表现,他是这部作品中最有激情的发言人,作为激情(Spiritedness)的化身,在缔造正义城邦的过程中,他得到了理性(Reason)的帮助。认为《理想国》中抽掉了爱欲的说法和如下事实并不矛盾,即军人教育的最高目标在于对美好事物的爱欲;这种爱欲指向着哲学式的爱欲,哲学式的爱欲专属于哲人(501d2),它是指追求关于善的理念的知识,善的理念要高于正义的理念。只有当《理想国》抽掉了哲学,它才是无条件地抽掉了爱欲。但哲学和城邦之

---

① 参见《法义》731b3-d5。

间存在着一种紧张；在这种紧张的层面上，又会出现爱欲和正义之间的紧张。《理想国》声称，如果哲人成了王，那么就可以克服哲学和城邦之间的紧张。我们必须考察是否真的克服了。我们已经指出，《理想国》只是有条件地抽掉了爱欲，这一点可以引导我们进行上述考察。

好城邦的首要特征在于，它是由那些最擅长哲学和战争的人来统治（543a5）——那些人最像处女神雅典娜（《蒂迈欧》24c7-d1），另外，雅典娜也不是在子宫中孕育的。因此，好城邦的特征就在于在理性和激情——这不同于最初意义上的爱欲——方面很突出。在哲学出现之前，好城邦的特征在于如下两个事实，即它使得激情的地位高于欲望，以及它是一个匠人的城邦。这两个事实之间存在着关联。技术是非爱欲的。技术之所以是非爱欲的，这是因为它们关注的是生产有用的东西，也即特殊的善（428d12-e1），或者是手段，而爱欲则朝向着完整的善。然而，由于技术具有片面的特征，因而它们只是那种技术中的技术的臣属，它们需要那种技术中的技术。技术中的技术也即[113]哲学，它只关注完整的善、"善的理念"。正如技术一样，爱欲指向着最高形式的技术即哲学。在朝向哲学这方面，最庸俗或最功利的技术和最不功利的爱欲，都明显地趋于一致。而激情也应该朝向哲学这一点，则至少不那么明显。①

好城邦的建立始于如下这一事实，即人们天性各不相同，而这就意味着他们天生不平等。首先，他们在获得美德的能力方面就不平等。这种不平等可归因于自然。不同的教育或习惯以及生活方式（共产制的或非共产制的）——好城邦中不同阶层的人过着不同的生活——又加剧或加深了自然的不平等。结果，好城邦就变得像是一个种姓社会。柏拉图笔下的人物在听到《理想国》中对于

---

① 《法义》末尾对这一困难的描述最令人印象深刻（963e）。另参见前注。

好城邦的描述时会想到古代埃及所建立的种姓制度,尽管很显然,埃及的统治者是祭司而不是哲人(《蒂迈欧》24a-b)。然而,在《理想国》的好城邦中,决定每个人属于哪个阶层的不是他的血统而是他的自然天赋。但这会导致一个困难。过着共产制生活的较高阶层的成员不应该知道他们的亲生父母是谁,因为他们应该把较高阶层中所有上一代的男女都视为自己的父母。另一方面,过着非共产制生活的较低阶层中有天赋的儿童会被转移到较高阶层中(反之亦然);由于他们的较高天赋不一定在他们出生时就能被发现,因而他们可能就会知道自己的亲生父母,甚至会依恋父母;这样一来,似乎就不适合将他们转移到较高阶层。有三种方式可以克服这一困难。第一种方式是通过正确选择父母——当然是指较高阶层的父母——来保证理想的结果,这会使得出生后的选择变得多余:经过恰当选择的父母所生出的小孩都适合属于较高阶层。这种解决方案暗含在苏格拉底对于婚姻数的讨论中(546c6-d3)。第二种方式是将共产制和——考虑到生活方式和教育之间存在着关联——[114]音乐教育扩展到较低阶层(401b-c,421e-422d,460a,543a)。在亚里士多德看来(《政治学》1264a13-17),关于在好城邦中,绝对的共产制只局限于较高阶层还是也扩展到了较低阶层这个问题,苏格拉底并无定论。苏格拉底对此问题无定论和他的如下观点相一致,即他认为较低阶层不那么重要(421a,434a)。换句话说,关于音乐教育的模糊性可归因于音乐教育和最高教育的预期比较,与此相比,对于军人的教育和对于挣钱者的教育之间的差别就变得无足轻重了。然而,从除了最高视角的其他任何角度来看,这一差别当然是非常重要的。人们不能忘记,挣钱者阶层中至少包含着一些虽说缺乏良好天性但仍可治愈因而不必将他们杀死的人(410a1-4,456d8-10)。因此,苏格拉底暗示有必要向那些对美好事物或荣誉无动于衷的人而不是军人讲假故事,也就是有必要向那些人讲恐怖的或描述惩罚的谎言(386c1,387 b4-c3），因为被完全剥夺了政治权力的大众似乎最需要激励，这样他们才能全心全意服从统治者。因此，毫无疑问，苏格拉底希望把共产制和音乐教育局限在较高阶层（398b2-4，415e 及以下，431b4-d3）。因此，为了消除讨论中的困难，苏格拉底几乎不可避免地会使个人成为较高阶层或较低阶层的世袭者，从而就违背了正义最基本的原则之一。除此之外，人们可能会怀疑，是否能够在那些天生适合军人职业的人和那些天生不适合军人职业的人之间划出一条完全清晰的界线，因此，是否能够完全正义地把个人分派到较高阶层或较低阶层，以及因此，好城邦是否有可能是完全正义的（参见 427d）。此外，如果共产制只局限在较高阶层，那么挣钱者阶层和哲人阶层就都会有隐私，因为城邦中很可能只有一位哲人而绝不会有一群或一批哲人：军人阶层是唯一一个完全政治性的、公共性的或完全献身于城邦的阶层；因此，只有军人才最为清晰地——在"正义的"一词的某种意义上——展示了正义的生活。

有必要理解共产制为什么只局限在较高阶层，或者其天然障碍是什么。天生就是私人性的或天生就属于某人自己的事物是身体而且仅仅是［115］身体（464d；参见《法义》739c）。因此，最彻底的共产制要求彻底抽掉身体。要达到近似于《理想国》中所要求的纯粹的共产或我们所称作的绝对共产，那么就要做到近乎彻底抽掉身体。身体的需求或欲望会促使人们尽可能地扩展私人领域或属于每个人自己的领域。要抵消这种最强大的冲动，就得通过能够带来节制的音乐教育，也即通过灵魂方面最严格的训练，似乎只有少数人能够做到这一点。然而，这种教育并不会根除掉每个人对属己事物（以及人）的自然欲望：如果军人们不服从哲人，那么他们就不会接受绝对的共产制。因此，很显然，要抵消那种谋求私人事物的冲动，最终就只能通过哲学，也就是通过寻求真理，因为真理本身不可能是任何人的私有财产。典型的私人事物是身体，而典型的公共事物则是理智，是纯粹的理智，而不是一般而言的灵魂,因为在不同的个人身上,只有纯粹的思想才有可能完全相同以及被认为完全相同。《理想国》中所教导的共产制之于非共产制的优越性只有作为哲学之于非哲学的优越性的体现才是可理解的。然而,尽管哲学是最公共的事物,但正如上一段所指出,它也是最私人的事物。虽然在某一方面,军人的生活是典型的正义生活,但在另一方面,只有哲人的生活才是正义的。在人们理解了《理想国》关于哲学和城邦之间关系的教导前,是不可能弄清楚这两种正义含义之间的区别的。因此,我们必须重新开始。

在卷四末尾,苏格拉底似乎已经完成了格劳孔和阿得曼托斯强加给他的任务,因为他已经证明,正义是指灵魂的健康,它是值得欲求的,不仅是因其后果而值得欲求,而且主要是因其自身而值得欲求。但紧接着在卷五开篇,我们突然遇到了一个新的开端,这一开端和整部对话的开端有着类似的场景。在整部对话的开篇和卷五开篇(其他地方则没有),苏格拉底的同伴都做出了决定,都投了票,而苏格拉底则没有参与表决,他只是服从表决结果(比较449b-450a 和 327c-328b3)。在两个开篇中,苏格拉底的同伴都表现得像是一个城邦(公民[116]大会),即便是尽可能小的城邦(369d11-12)。但是,这两个场景之间存在着一个决定性的差别:在第一个场景中,色拉叙马霍斯缺席,但在第二个场景中,他成了城邦的一员。看来,缔造好城邦时,需要把色拉叙马霍斯变成它的一位邦民。

在卷五开篇,苏格拉底的同伴强迫他讨论妇女儿童方面的共产制这一主题。他们的确没有像卷四开篇阿得曼托斯反对财产方面的共产制那样来反对这一提议本身,因为即便是阿得曼托斯,也不再和以前一样了。他们只是想知道在妇女儿童方面实行共产制的确切方式是什么。苏格拉底用如下两个更尖锐的问题取代了这一问题:(1)这种共产制可能吗?(2)它可欲吗?妇女方面的共产制似乎是两性平等的结果或前提,这种平等关乎男女必须从事的工作：城邦承受不起一半的成年人口被免去工作和战斗，而且在从事各种技术的自然天赋上男女之间并无本质差别。男女平等的要求需要彻底颠覆习俗，这里所描述的颠覆与其说是令人震惊，还不如说是可笑的；这一要求是正当的，其理由是，只有有用的才是美好的或高贵的，以及只有坏的也即违反自然的才是可笑的；习传的男女之间的行为差异被认为是违反自然的因而遭到拒斥，而所提议的革命性变革则旨在带来符合自然的秩序（456c1-3）。因为正义要求每个人都应该从事适合他或她天性的技术，而不必管习俗或传统的规定。苏格拉底首先证明了两性平等是可能的也即两性平等符合两性的自然，因为从实践各种技术的能力来看，男女的自然是一致的，然后苏格拉底又证明了两性平等是可欲的。在证明可能性时，苏格拉底显然抽掉了男女两性在生育方面的差异。我们必须重复一遍，这意味着，从整体来看，《理想国》的论证——按照这一论证，城邦是由男女匠人组成的共同体——尽最大可能地抽掉了对城邦来说是根本性的活动，这一活动"依靠自然"而非[117]"依靠技术"；这同时也意味着，《理想国》的论证抽掉了人类最重要的身体方面的差异，也就是说，它尽可能地抽掉了身体：男女之间的差别被说成就好像是秃顶男人和长发男人之间的差别（454c-e）。随后，苏格拉底转到了妇女儿童方面的共产制，并且证明它是可欲的，因为它会使得城邦更加"是一个"，因此，它就要比由独立的家庭组成的城邦更加完美：城邦应该尽可能地类似于一个人或一个生命体（462c10-d7，464b2），也就是一个自然存在。这种以城邦最大可能的统一性为导向的政治论证遮蔽了那种以城邦的自然性为导向的超政治论证。废除家庭当然并不意味着引入放纵或滥交；它意味着着眼于对城邦有用或共善的需要来对性交进行最严格的管控。人们可能会说，对有用性的考虑取代了对神圣的考虑（458e4）：男人和女人进行交配只是为了生出最好的后代，就像狗、家禽、马的繁殖一样；爱欲的要求完全被压制了；新秩序自然会影响到传统的乱伦禁忌这一最神圣的传统正义法则（参见461b-e）。在这种新规划中，没有人知道自己的亲生父母、子女、兄弟以及姐妹，但每个人都会把所有上一辈的男人和女人视作自己的父亲和母亲，把同辈视作自己的兄弟姐妹，把下一辈视作自己的孩子（463c）。然而，这意味着按照自然来建立的城邦在最重要的方面仍是按照习俗而不是按照自然来生活。正是由于这一原因，我们失望地发现，虽然苏格拉底谈到了妇女儿童方面的共产制是否可能这一问题，但他很快就放弃了（466d6及以下）。看来，就连苏格拉底也无法证明这种可能性，因为事实上人们似乎天生就想拥有自己的孩子（参见330c3-4；467a10-b1）。由于那一制度对好城邦来说必不可少，因此苏格拉底就悬置了好城邦也即正义城邦本身的可能性这一问题。在苏格拉底的听众以及《理想国》的读者为正义做出了最大[118]牺牲——比如牺牲了爱欲和家庭——后，上述情况也会发生在他们身上。

苏格拉底不会一直被允许逃避他的艰巨任务，即回答正义城邦的可能性这一问题。极具男子气概或充满激情的格劳孔强迫他直面这一问题。或许我们应该说，通过明显地逃到战争主题——这一主题本身较为容易，而且比起妇女儿童方面的共产制来，它更吸引格劳孔——却又按照严格的正义要求来对待这一主题，从而剥夺了它的诸多吸引力，苏格拉底就可以迫使格劳孔强迫他回到根本问题上来。或许我们还应该说，苏格拉底转到战争主题并不真的是为了回避妇女儿童方面的共产制或两性平等这一主题，因为据说两性之间唯一相关的差别就在于男人要比女人更强壮（451e1-2，455e1-2，456a10-11，457a9-10），这一差别和作战最为相关，而且对于城邦来说，比起男性战士的死亡，女战士的死亡才是更严重的损失，因为两性在生育方面的功能不同；此外，战争也可以说是为废除家庭做好了准备。尽管如此，他们回到的问题和之前留下的问题其实并不一样。他们之前留下的问题是，好城邦是否有可能符合人的自然。他们回到的问题是,好城邦是否有可能通过改造某个实际的城邦而实现。人们可能会认为,后一个问题要以对第一个问题的肯定回答为先决条件,但这并不完全正确。正如我们目前所知,我们为发现正义是什么(以便我们能够弄清它和幸福的关系)而付出的一切努力都是为了寻求作为一种"范型"(pattern)的"正义本身"。通过寻找作为一种范型的正义,我们暗示了正义之人和正义的城邦都不会是完全正义的,但确实会特别接近于正义本身(472a-b);只有正义本身才是完全正义的(479a;参见538c及以下)。因此,我们得知,甚至好城邦的典型制度(绝对的共产制、两性平等以及哲人统治)也并不是完全正义的。正义本身是不"可能"生成的,因为它永远不可能经历任何变化。正义是一种"形式"或"理念",是诸多"理念"中的一种。理念是唯一严格意义上[119]"存在"(are)的事物,也即理念不掺杂任何非存在(non-being);理念超越一切生成,而无论什么生成都介于存在和非存在之间。由于理念是唯一超越一切变化的事物,因此在某种意义上它们是一切变化的原因。例如,正义的理念是一切变得正义的事物(包括人类、城邦、法律、指示以及行为)的原因。理念是自我持存的存在,它们永远存在。它们最为辉煌(splendor)。例如,正义的理念是完全正义的。但肉眼却看不见这种辉煌。只有理智的眼睛才能"看得见"诸理念,而且理智本身能感知到的也只有诸理念。然而,存在着诸多理念,而且能够感知到诸理念的理智又截然不同于诸理念本身,这些事实表明,必定存在着某种高于诸理念的事物:善的理念,它在某种意义上是所有理念的原因,也是理智能够感知到所有理念的原因(517c1-5)。柏拉图和亚里士多德一致认为,在最高的事物那里,完全的知者和能够完全被知道的事物必定是统一的;不过,在亚里士多德看来,最高的事物是思考着自身的知识或思想,而在柏拉图看来,最高的事物则超越了知者和被知者之间的区分,或者它并不是一种思考着的存在。柏拉图所理解的最高事物是否仍然可以被恰当地称作理念,这很成问题;苏格拉底把"善的理念"和"善本身"当同义词来使用(505a2-b3)。就经过恰当准备的人类而言,只有通过对善本身的感知,好城邦才能够生成并且维持一段时间。

苏格拉底向他的谈话对象所阐述的理念学说非常难以理解;首先,它完全不可思议,更不用说它看起来极为怪诞。到目前为止,我们已经认识到,正义从根本上来说是人的灵魂或城邦也即不能自我持存的事物的一种特征。现在,我们被要求相信正义是自我持存的,正义不同于人类以及所有其他分沾了正义的事物,它似乎处于完全不同的地方(参见 509d1-510a7;《斐德若》247c3)。从来没有人能够成功地对理念学说作出令人满意的或清晰的说明。然而,精确地界定核心难点则是有可能的。"理念"最初意指事物的外表或形相;其后意指一种事物或一类事物,这些事物因如下事实而统一在一起,即它们有着同样的外表、同样的特征、同样的能力或同样的"自然";于是"理念"又意指某类事物的种类特征或自然;[120]当我们试图发现某个事物或某类事物的"本质"(What)或"自然"时,我们要寻求的便是事物的理念。《理想国》中的"理念"和"自然"之间的关系体现在如下事实中,即"正义的理念"被称作"自然正义的事物"(501b2),并且,与不是理念的那些事物不同,理念被说成是"自然的"(597b5-e4)。然而,这并没有解释为什么理念被描述成"独立于"那些分沾了理念的事物,或者换句话说,为什么"狗性"(狗的种类特征)应该是"真正的狗"。似乎有两种现象可以支持苏格拉底的断言。首先,数学事物本身在可感事物中是永远找不到的;画在沙子上或纸上的线段并不是数学家所指的线段。第二也是最重要的,我们所说的正义以及类似的事物,其纯粹和完美的状态并不一定能在人类身上或社会中找到;我们所说的正义似乎超越了人类所能获得的一切;最能清楚意识到自身正义之缺点的人恰恰一直都是那些最正义的人。苏格拉底似乎认为，对数学事物和美德来说明显为真的东西才是普遍为真的东西：存在着床的理念或桌子的理念，就像存在着圆的理念和正义的理念。现在，尽管显然可以合理地说，完美的圆或完美的正义超越了一切可见的事物，但却很难说，完美的床是一种人们根本不能躺上去的事物，或者完美的嚎叫是完全听不见的。尽管如此，格劳孔和阿得曼托斯还是相对容易地接受了理念学说。他们之前肯定多次听说过理念，甚至是善的理念。然而，这并不能保证他们真正理解了这一学说。① 不过他们听说过更多次而且在某种程度上能够理解的是，存在着诸神，比如正义女神狄刻（Dike）（536b3；参见487a6），或者胜利女神尼刻（Nike），尼刻不是这次胜利或那次胜利，也不是这个尼刻雕像或那个尼刻雕像，而是同一个自我持存的存在，在某种意义上它是一切胜利的原因，它无比辉煌。更一般地来说，格劳孔和阿得曼托斯知道存在着诸神——即自我持存的存在，它们是一切好事物的原因，它们无比辉煌，而且它们不能被感官所领会，因为它们从不改变自己的"形相"（form）[121]（参见379a-b和380d及以下）。这并不是否认《理想国》中的神学所理解的诸神和诸理念之间存在着深刻的区别。它仅仅是主张，那些接受了这一神学的人最易于接受理念学说。呈现在《理想国》读者面前的是如下运动，即从作为父亲联合体的城邦走向作为匠人联合体的城邦，父亲们服从法律并最终服从诸神，而匠人们则服从哲人并最终服从理念。

现在，我们必须转到正义城邦的可能性问题。我们已经得知，在生成的意义上，正义是不"可能的"。随即我们又得知，在生成的意义上，不仅正义本身而且正义城邦也是不"可能的"。这并不意味着《理想国》中所意指以及所勾勒的正义城邦是一种像正义本身那样的理念，更不意味着这种正义城邦是一种理想（ideal）："理想"

---

① 505a2-3,507a8-9,509a6-8,532d2-5,533a1-2,596a5-9,597a8-9。

并不是柏拉图的术语。正义城邦并非一种像正义的理念那样可以说存在于天外某个地方的自我持存的存在。它的情况就像一个画中的完美无缺之人,只有通过画家绘画才存在;它就像是格劳孔的两尊雕像:被认为是完全不正义之人的完全正义之人,以及被认为是完全正义之人的完全不正义之人;更确切地说,正义城邦仅仅存在于"言辞中":只有通过一方面着眼于正义本身或自然正当的事物,另一方面着眼于太人性的人类来设计,它才"存在"(is)。尽管正义城邦的等级地位毫无疑问要比正义本身低,但即使作为一种范型的正义城邦也不可能像所设计的那样生成;实际上存在而非仅仅存在于言辞中的城邦只能是这种正义城邦的近似形态(472b1-473b3;比较 500c2-501c9 和 484c6-d3 以及592b2-3)。目前还不清楚这意味着什么。难道这意味着最好的解决办法将会是某种妥协,因而我们必须承认某种程度的私人财产(例如,只要战士活着,我们就必须允许他保留自己的鞋子以及其他类似物品),以及某种程度的两性不平等(例如,某些军事和行政职能仍交由男性战士来担任)? 没有理由认为这就是苏格拉底的意思。从接下来的交谈来看,如下建议似乎是合理的。正义城邦不可能像所设计的那样生成这一说法[122]只是临时性的,或者它为如下说法做好了准备,即正义城邦虽然能够像所设计的那样生成,但不大可能做到这一点。无论如何,在宣称只能期待好城邦的近似形态后,苏格拉底随即提出了如下问题,即实际城邦中做出什么样的可行的改动便足以将自身转变成好城邦。他的答案是,充分和必要的条件是政治权力和哲学的"巧合一致"(coincidence):哲人必须作为君王来统治,或者君王必须真正地、充分地从事哲学。这种巧合一致将会"终止恶",也即会带来个人的幸福和公共的幸福(473c11-e5)。如果要让作为完全献身于城邦的正义因其自身就值得选择,那么至少一定要确保这是可能的;只有当城邦具有完满的善,也即能够带来"人类"的幸福时,才能实现这一状况。人们甚至开始怀疑,哲学和政治权力的巧合一致是否不仅是普遍幸福的必要条件而且也是它的充分条件,也即绝对的共产制和两性平等是否仍然是必要的。苏格拉底的回答一点也不让人感到惊讶。如果正义就在于给予或留给每个人对他的灵魂来说为好的东西,而对灵魂来说为好的东西是美德,那么就会得出如下结论,即如果某人不知道"美德本身"或一般来说的理念,或者如果某人不是哲人,那么他便不可能是真正正义的。

在回答好城邦如何可能这一问题时,苏格拉底引入了《理想国》的主题之一——哲学。这意味着,在《理想国》中,哲学并不是作为人的目的而被引入的,它仅仅只是作为一种手段而被引入,为的是实现正义,因此也为的是实现正义的城邦,这种城邦是兵营式的城邦,其特征在于较高阶层或军人阶层中实行着绝对的共产制和两性平等。由于哲人统治并不是作为正义城邦的一个要素而仅仅是作为实现正义城邦的一种手段而被引入,因此,亚里士多德在他对《理想国》的批判性分析中很正当地忽略了这一制度。哲学是在兵营式城邦的可能性问题——而不是可欲性问题——这一背景下被引入的。可能性问题——什么符合自然尤其是人的自然这一问题——在讨论健康的城邦时并没有出现。可能性问题在卷五开篇才出现,而且是作为玻勒马霍斯的插入所造成的结果。先前两次类似的插入——[123]描述完健康的城邦后格劳孔的插入,以及废除私有财产和隐私后阿得曼托斯的插入——只局限于可欲性问题;对于《理想国》的情节来说,玻勒马霍斯要比人们所期望的更重要。① 他对那两兄弟尤其是格劳孔的行为做了一个必不可少的纠正。作为玻勒马霍斯的行为的一个远程后果,苏格拉底成功地将正义城邦的可能性问题化约为哲学和政治权力巧合一致的可能性问题。这种巧合一致的可能性从一开始就最不可思议:所有人

---

① 参见苏格拉底对玻勒马霍斯的赞扬,《斐德若》257b3-4。

都能看出,在政治上,哲人即使不是有害的,也是根本无用的。苏格拉底——他有着在自己城邦所遭遇的经历,这一经历的顶点是被判处死刑——认为对哲人的指控是有充分根据的,尽管还需要进一步探讨。他把城邦对哲人的敌意首先追溯到城邦:目前的城邦也即不受哲人统治的城邦就像疯子们的集会一样,它们败坏了大多数适合成为哲人的人,而那些克服一切困难成为哲人的人又理所当然地对它们不屑一顾。但苏格拉底远没有完全赦免哲人。只有当城邦和哲人双方都做出彻底改变时,才能实现它们之间的和谐——对它们来说似乎是自然的和谐。更准确地来说,这一改变就在于,城邦愿意被哲人统治,以及哲人愿意统治城邦。哲学和政治权力之间的这种巧合一致非常难以实现,几无可能实现,但不是不可能实现。要给城邦也即非哲人或大众那边带来必要的改变,正确的劝说是必要的也是充分的。正确的劝说由劝说的技术、色拉叙马霍斯的技术来提供,由哲人来指导,并且要服务于哲学。因此,毫不奇怪,在这一情境中苏格拉底宣称,他和色拉叙马霍斯刚刚成了朋友,之前也原非敌人。大多数非哲人们都是和善的,因此是能够被说服的。没有"色拉叙马霍斯",便永远不会有正义的城邦。我们不得不逐出荷马和索福克勒斯,但我们必须请来色拉叙马霍斯。[124]在《理想国》的谈话对象中,色拉叙马霍斯恰好处在中间位置,他前面是父子俩,后面是兄弟俩。苏格拉底和色拉叙马霍斯"刚刚成了朋友",这是因为苏格拉底刚刚说过,为了避免毁灭,城邦必须禁止青年从事哲学,尤其要禁止从事那种和"言辞"有关的哲学,因为这是最严重的"败坏青年";阿得曼托斯认为色拉叙马霍斯会强烈反对这一提议;但苏格拉底更清楚地知道,通过提出这一提议,他已经和作为城邦或扮演城邦的色拉叙马霍斯成了朋友。在成为色拉叙马霍斯的朋友之后,苏格拉底转而去为多数人进行辩护,反对针对他们的如下指控,即无法说服他们相信哲学的价值,或者是转而去驯服多数人(497d8-498d4,499d8-500a8,

501c4—502a4）。然而，他在多数人那里所取得的成功并不是真实的，因为多数人并不在场，或者是因为他所驯服的多数人并不是现实中的多数人而只是言辞中的多数人；苏格拉底缺乏驯服现实中的多数人的技术，这种技术和唤起多数人的愤怒的技术是同一技术的一体两面，这一技术是色拉叙马霍斯的技术。多数人必须由色拉叙马霍斯来处理，而且他已听从苏格拉底，因而将会获得成功。

但如果是这样的话，那为什么从前的哲人，更不用说苏格拉底本人，却没有成功地——直接或通过色拉叙马霍斯这样的中间人——说服大众相信哲学和哲人至高无上，从而实现哲人的统治，并进而给他们的城邦带来拯救和幸福呢？听起来或许很奇怪，在这一段交谈中，说服大众接受哲人的统治要比说服哲人去统治大众更容易：哲人无法被说服，只能强迫他们去统治城邦（499b-c，500d4—5，520a—d，521b7，539e2—3）。只有非哲人们才能够强迫哲人关照城邦。但是，考虑到对哲人的偏见，因而如果哲人不首先说服非哲人们去强迫哲人统治他们，那么上述那种强迫便不会出现，但考虑到哲人不愿去统治，因而那种说服不会出现。因此，我们可以得出如下结论，即正义的城邦是不可能的，因为哲人不愿去统治。

为什么哲人不愿去统治？[125]因为受对于知识这唯一需要的东西的欲望或爱欲所支配，或者是因为知道哲学是最能带来快乐和幸福的财富，所以哲人无暇关注人类事务，更不要说关照它们了。哲人们相信，虽然他们还活着，但他们已经在远离城邦的"福岛"上安顿下来了。因此，只有强迫才能够促使哲人参与正义城邦——即那种把正确培养哲人作为自己最重要的任务的城邦——的公共生活。哲人们已经领略过真正的伟大，因而他们认为人类的事物微不足道。他们的正义——避免冒犯自己的人类同胞——源自他们对非哲人们为之激烈竞争的那些事物的蔑视。他们知道,不献身于哲学的生活,即便是最好的政治生活也像是洞穴中的生活,它们是如此之像,以至于可以把城邦等同于洞穴。① 洞穴居民也即非哲人们只能看到人工器物的阴影(514b-515c)。这也就是说,关于正义的和高贵的事物,无论他们感知到什么,他们都是根据立法者的法令所认可的意见来理解的,也就是根据编造的或传统的意见来理解,而且他们不知道那些他们最珍视的信念其地位并不比意见的地位更高。由于哪怕最好的城邦也一直需要一个根本性的谎言——尽管是高贵的谎言,因而至少可以想见,那些不完美的城邦所依赖的意见或者它们所相信的意见都是不真实的。恰恰是最好的非哲人们也即好邦民们会狂热地依附于那些意见,因而他们会狂热地反对试图超越意见而朝向知识的哲学(517a):大众并不像我们在之前论证中所乐观假设的那样能够被哲人说服。这便是哲学和政治权力极不可能巧合一致的真正原因:哲学和城邦在根本上就背道而驰。

克服城邦和哲学之间的天然紧张存在着困难,这一困难促使苏格拉底从正义城邦是否"有可能"符合人的自然这一问题,转到了正义城邦是否"有可能"通过改造某个实际的城邦而实现这一问题。第一个问题[126]和第二个问题不同,它是指这一问题,即正义城邦是否有可能通过把之前完全没有关联的人们聚集起来而形成。对于这一问题,借由转到正义城邦是否"有可能"通过改造某个实际城邦而实现的问题,苏格拉底暗中给出了一个否定的回答。好城邦不可能产生于还没有经受过任何人性训练的人,不可能产生于残忍的或温和的"原始人"、"愚蠢的动物"或"野蛮人"——好城邦不可能产生于《理想国》中的健康城邦;好城邦的潜在成员必须已经具备了文明生活的基本素质;前政治人变成政治人需要漫长的时间,这一转变过程不可能是好城邦的缔造者或立法者的工

---

① 485b,486a-b,496c6,499c1,501d1-5,517c7-9,519c2-d7,539e。

作,恰恰相反,这一转变过程是他工作的前提(参见 376e2-4)。但另一方面,如果潜在的好城邦必须是一个古老的城邦,那么它的邦民们就完全是由其城邦不完美的法律或习俗所塑造,这些法律或习俗因古老而神圣,那些邦民会狂热地依附于它们。因此,苏格拉底不得不修改他最初的建议,按照那一建议,哲人们进行统治是正义城邦出现的充要条件。虽然苏格拉底最初说,如果哲人们成为王,那么好城邦就会出现,但他最后却说,如果哲人们成为王之后,把所有十岁以上的人都逐出城邦,也即把儿童和他们的父母以及父母的生活方式完全隔离开来,并且用好城邦的全新方式来培养他们(540d-541b;参见 499b;501a,e),那么好城邦就会出现。通过接管一座城邦,哲人们就可以确保其臣民不会是野蛮人;通过逐出所有十岁以上的人,哲人们就可以确保其臣民不会被任何传统文明所奴役。这一解决办法十分优雅,但它让人疑惑,哲人们如何能够迫使所有十岁以上的人服从驱逐和隔离的命令,因为他们还没有训练出绝对服从于他们的军人阶层。这并不是要否认苏格拉底能够说服许多优秀的青年,而不是少数几个老人,不是真的离开城市住到乡下,而是相信大众能够被哲人说服——不是出于被迫——而把自己的城市和自己的孩子交给哲人,自己住到乡下,这样就可以实现正义。

[127]因此,正义的城邦是不可能的。它之所以不可能乃是因为它违背了自然。应该存在着"终止了恶"的地方——这是违背自然的,"因为必定永远存在着一些和善相对立的事物,而且恶必定会徘徊在凡人的本性和此世中"。① 修辞术应该具有归之于它的力量:它应该能够克服根植于人类对属己事物的爱以及最终乃是根植于身体的阻力,这是违背自然的;正如亚里士多德所指出,灵魂只能以专制的方式而不能通过说服来统治身体;为了克服那

---

① 《泰阿泰德》176a5-8;参见《法义》896e4-6。

一阻力,《理想国》又重复了智术师在言辞力量方面所犯的错误。正义的城邦是违背自然的,因为两性平等和绝对的共产制是违背自然的。它对任何人都没有吸引力,除了那些正义爱好者,他们把家庭当作一种本质上是习俗的事物,愿意摧毁家庭,以此换取如下这种社会,在其中,没有人知道并非习俗意义上的父母、子女、兄弟和姐妹。如果上述那种正义爱好者不是实际上最重要的正义观中最突出的那种类型,那么《理想国》就不是它所是的那种作品。或者以一种今天更容易理解的方式来说,《理想国》传达了有史以来对政治理想主义所作的最广泛和最深刻的分析。

《理想国》中讨论哲学的部分是这部著作最重要的部分。因此,它把关于正义问题的答案推到了《理想国》所给出的答案的程度。我们记得,正义之人是这样一种人,在他身上,灵魂的每一个部分都能做好自己的工作。但只有在哲人身上,灵魂的最好部分也即理性才能做好自己的工作,而且如果哲人灵魂的其他两个部分没有做好自己的工作,那么理性部分便不可能做好自己的工作:哲人必定天生就既勇敢又节制(487a2-5)。只有哲人才可能是真正正义的。但哲人最关心的工作是那种本身就有吸引力而且实际上也最快乐的工作,不管它会带来什么样的后果(583a)。因此,只有在哲学中,正义和幸福才是一致的。换句话说,哲人是唯一一种如下这种意义上的正义个人,即他像正义的城邦:他是自足的、真正自由的,或者他的生活很少致力于为他人服务,就像正义的城邦很少致力于为其他城邦服务。但好城邦中的哲人也要具备如下意义上的正义,即他要服务于他的同胞、他的同胞邦民、他的城邦,或者他要服从法律。这也就是说,哲人的正义也要和正义城邦中所有成员的正义一样,而且从某种意义上来说,任何城邦中的所有正义的成员,不管他们是不是哲人,都是正义的。然而,这第二种意义上的正义其本身并没有吸引力或者它并不因其自身而值得选择,只有着眼于它的后果，它才算是好的；或者说，它不是高贵的而是必要的：哲人服务于城邦，即便是好城邦，也和他追求真理不同，追求真理是出于自然的倾向、出于爱欲，而服务于城邦则是出于强迫（519e-520b；540b4-5，e1-2）。第一种意义上的正义可以说是强者的利益，也即最优秀之人的利益，而第二种意义上的正义则可以说是弱者的利益，也即低劣之人的利益。本来没必要说但这里还是有必要补充说一句：自我强迫也是强迫。① 根据一个比苏格拉底的定义中所提到的正义概念还要更普遍的正义概念，正义就在于不伤害他人；这样来理解的正义其最高情形也不过只是哲人伟大灵魂的一个附属物。但是，如果从更大的意义上来理解正义，即正义就在于给予每个人对他的灵魂来说为好的东西，那么人们就必须区分如下两种情形，一是那种给予对给予者本人来说具有内在的吸引力（这将是潜在的哲人的情形），二是那种给予仅仅只是义务或出于被迫。顺带说一句，这一区分也暗含在苏格拉底的自愿交谈（他主动寻求的交谈）和被迫交谈（他无法礼貌地回避的交谈）之间的区别上。如下两种正义之间有着明显的区别，一种是因其自身、完全不管其后果而值得选择的正义，这种正义就等同于哲学，另一种正义仅仅是必要的，这种正义其所能想象的最高情形就等同于哲人的统治，这一明显区别之所以可能乃是因为抽掉了爱欲，抽离爱欲是《理想国》的典型特征——这种抽离在洞穴喻中也起着作用，那一比喻把从洞穴上升到阳光的过程说成是完全被迫的（515c5-516a1）。因为人们很可能会说，哲人没有理由不出于对属己事物的爱也即爱国主义而从事政治活动。②

[129]到卷七末尾，正义已经完全呈现出来。苏格拉底已经

---

① 康德，《道德形而上学》(*Metaphysik der Sitten*)，"德性论导论"(Einleitung zur Tugendlehre) I 和 II。
② 参考《苏格拉底的申辩》30a3-4。

履行了格劳孔和阿得曼托斯加给他的义务,即证明正义因其自身就值得选择,而不管其后果,以及正义绝对要比不正义更可取。然而交谈还在继续,因为我们对正义的清晰了解中似乎并不包含对不正义的清晰了解,但必须辅之以对完全不正义的城邦和完全不正义的人的清晰了解:我们已经看到了完全正义的城邦和完全正义的人,但只有在我们同样清晰地看到完全不正义的城邦和完全不正义的人之后,我们才能下判断,是应该跟随苏格拉底的朋友、选择了不正义的色拉叙马霍斯呢,还是应该跟随选择了正义的苏格拉底本人呢(545a2-b2;参见498c9-d1)。这反过来又要求保持那一关于正义城邦之可能性的虚构。事实上,《理想国》从未抛弃这样一种虚构,即正义的城邦作为一种人类社会——不同于诸神的社会或诸神子孙的社会(《法义》739b-e),它是可能的。当苏格拉底转而去研究不正义时,他甚至有必要比之前任何时候都更有力地重申这一虚构。正义的城邦越有可能,不正义的城邦就越丑陋、越应受到谴责、越应让人感到义愤。如果正义的城邦是不可能的,那么愤怒、义愤(阿得曼托斯最喜欢的情感——比较426e4和366c6-7)、激情就根本不可能实现其自身。或者反过来说,激情地位被抬高是太把乌托邦——相信终止恶是可能的——当真所造成的必然结果;认为所有的恶都是由人类的过错所造成(参见379c5-7和617e4-5),这一信念会使人担负无限的责任;它会导致这样的结论,即不仅不道德的行为而且所有的恶都是自愿的。但是,如果正义的城邦从来没有出现过,那么正义城邦的可能性就仍然是可疑的。因此,苏格拉底现在断言,正义的城邦曾经出现过。更准确地来说,苏格拉底是借缪斯女神之口断言或暗示了这一点。人们可能会说,正义的城邦曾经出现过,它在一开始就出现过,这一断言是神话式的断言,它符合那种神话式的前提,即最好的就是最古老的。因此,苏格拉底借缪斯女神之口断言,好城邦起初——在恶出现之前也即在低劣的城邦出现之前——出现过(547b):低劣的城邦是好城邦的衰败形式,是纯净而完整的城邦的污秽碎片;因此,低劣的城邦在时间上越接近正义的城邦,它就越好,反之亦然。[130]比起称之为好城邦和低劣的城邦,称之为好政制和低劣的政制更为恰当(参见543c7及以下从"城邦"到"政制"的过渡)。按照苏格拉底的说法,有五种值得一提的政制:(1)君主制或贵族制,(2)荣誉制,(3)寡头制,(4)民主制,(5)僭主制。这种政制的下降顺序其原型是赫西俄德笔下的五种人类种族的下降顺序:黄金种族,白银种族,青铜种族,神圣的英雄种族,黑铁种族(546e-547a;赫西俄德《工作与时日》106及以下)。我们一眼看出,赫西俄德笔下的神圣的英雄种族就对应于柏拉图笔下的民主制。我们必须找出这种貌似很奇怪的对应的原因。

《理想国》基于如下这一假设,即城邦和灵魂之间存在着严格的类似。因此,苏格拉底断言,正如存在着五种政制,因而也存在着五种人类品格。在如今的政治科学中曾一度流行的威权型"人格"和民主型"人格"之间的区别——对应于威权社会和民主社会之间的区别,模糊而粗糙地反映了苏格拉底的如下区别,即君主型或贵族型的、荣誉型的、寡头型的、民主型的以及僭主型的灵魂或人之间的区别——对应于贵族制、荣誉制、寡头制、民主制以及僭主制之间的区别。在这一关联上,人们可能会指出,在描述各种政制时,苏格拉底并没有谈论属于它们的"意识形态";他关注的是每一种政制的品质、它们明确而自觉追求的目的以及那些目的的政治理由,这种理由不同于源自宇宙论、神学、形而上学、历史哲学或神话的超政治理由。在对各种低劣政制的研究中,苏格拉底首先审查一种政制,然后再审查与那种政制相对应的个人。他把政制和相对应的个人都描述成是产生于先前的政制和个人。我们这里只考虑苏格拉底对民主制的描述,因为它对《理想国》的论证来说至关重要。民主制产生于寡头制,而寡头制产生于荣誉制。荣誉制的统治者是缺乏音乐教育的军人,他们的典型特征是崇尚激情。寡头制是第一个欲望至上的政制。在寡头制中,统治者欲求财富、金钱,贪得无厌。而寡头型人物则既节俭又勤劳,控制着除对金钱的欲望之外的所有欲望,[131]他缺乏教育,表面上很诚实,这种诚实源自最粗俗的自我利益。寡头制给予每个人无限制的权利去处置自己的财产,允许他认为怎么合适就怎么处置。因此,寡头制不可避免地会导致"雄蜂"的出现,"雄蜂"是指统治阶层中的那些成员,他们要么背负着债务,要么已经破产,因而被剥夺了权力——他们是些乞丐,他们贪图自己被挥霍殆尽的财富,并希望通过改变政制来重获财富和政治权力。此外,那些当权的寡头很富有,但他们不关心美德和荣誉,这就导致他们自己尤其是他们的儿子们变得肥胖、娇惯和软弱。这样一来,他们就被瘦而结实的穷人看不起了。当穷人意识到自己优于富人,并且或许是在一些雄蜂——这些雄蜂是自己阶层的叛徒,他们拥有通常只有统治阶层的成员才拥有的才能——的领导下在适当的时候击败富人,杀死和放逐一些人,允许其余人和他们生活在一起并拥有充分的公民权利,从而使自己成为城邦的主人时,民主制就出现了。民主制本身的典型特征是自由,包括想说什么就说什么、想做什么就做什么的权利:每个人都可以遵循他最喜欢的生活方式。因此,民主制这种政制培育出了最大的多样性:每一种生活方式、每一种政制都可以在民主制中找到。因此,我们必须认识到,除了最好的政制之外,民主制是唯一一种哲人可以在其中采取他独特的生活方式而不受干扰的政制:正是由于这一原因,人们才能略微夸张地把民主制比作赫西俄德笔下的神圣的英雄种族,这一种族要比其他任何种族都更接近黄金时代。柏拉图本人从"三十僭主"的统治回看雅典民主制时,将其称作"黄金般的"(《书信七》324d7-8)。由于和其他三种糟糕的政制不同,民主制既是糟糕的又是放任的,因而在这种政制中可以自由而坦率地探寻最好的政制:《理想国》的情节正是

第二章 论柏拉图《理想国》

发生在民主制下。的确,在民主制中,作为邦民的哲人无需被迫参与政治生活或担任公职。因此,人们不免要问,那苏格拉底为何没把民主制排在各种低劣政制的最高位置,或者为何没把民主制排在所有政制的最高位置——考虑到最好的政制是不可能的。人们可能会说,苏格拉底的行为表明他偏爱民主制:他整个一生都在民主制的雅典度过,在战争中为她而战,最后又遵守她的法律而死。[132] 然而,不管怎样,在苏格拉底的言辞中,比起所有其他政制来,他的确没有更偏爱民主制。其原因在于,作为不止一种意义上的正义之人,苏格拉底并没有只考虑哲人的幸福,他也考虑到了非哲人的幸福,他认为,民主制并不旨在引导非哲人们力图使自己变得尽可能好,因为民主制的目的不是美德而是自由,也即根据某人自己的喜好而高贵或低贱地生活的自由。因此,苏格拉底甚至把民主制排在了寡头制之下,因为寡头制要求某种约束,而民主制则——正如他所描述的——憎恶一切约束。可以说,在谈论这一憎恶约束的政制时,为了适应主题,苏格拉底放弃了所有约束。他宣称,在民主制中,没有人会被迫去统治或被统治,如果他不喜欢的话;当他的城邦处在战争中时,他可以安享和平;死刑判决对犯人丝毫没有影响:他甚至都没被关进监狱;统治者和被统治者的秩序被完全颠倒了:父亲表现得像个孩子,而儿子则既不尊重也不害怕父亲,老师害怕学生,而学生则漠视老师,两性之间也完全平等;甚至马和驴在遇到人时也不再避让。柏拉图这么写就好像雅典民主制没有处死苏格拉底,苏格拉底这么说就好像西西里远征前夕赫尔墨斯神像被破坏时,① 雅典民主制并没有不加区别地疯狂迫害有罪之人和无辜之人。苏格拉底对古典时代民主制的放纵与温和的夸张描述,与他对民主型人物的放纵的几乎同样夸张的描述相匹配。如果他不想偏离他

---

① 修昔底德 VI 27—29,53—61。

在讨论低劣政制时所遵循的步骤,那么他确实无法避免后一种夸张描述。那一步骤——城邦与个人之间类似的结果——就在于要将和某种低劣政制相对应的人理解为和先前那种政制相对应的人的儿子。因此,民主型人物被看作是寡头型父亲的儿子,是一位只关心挣钱的富有父亲的堕落的儿子;民主型人物是一只雄蜂,是肥胖的、软弱的、挥金如土的[133]花花公子,是吃了忘忧果的人(Lotus-eater),他平等地对待一切平等和不平等的事物,他可以今天过完全屈从于最低级欲望的生活,明天又过禁欲的生活,或者借用马克思的理想来说,他"早上打猎,下午捕鱼,傍晚从事放牧,晚上研究哲学",①这也就是说,他总是碰巧喜欢什么就做什么;民主型人物不是节俭的、瘦而结实的农民,也不是只干一行的匠人(参见 564c9-565b1,575c)。苏格拉底故意夸大了对民主制的谴责,不过一旦人们考虑到他这里的直接谈话对象——即严肃的阿得曼托斯,他不苟言笑,而且他是军人教育那部分严肃讨论诗歌时的谈话对象——那么就多少可以理解这一谴责:通过夸大对民主制的谴责,苏格拉底描述出了阿得曼托斯关于民主制的"梦"(比较563d2 和 389a7)。人们也不能忘记,对大众的乐观描述——那一描述是临时所需,为的是证明城邦与哲学之间的和谐——需要加以纠正;对民主制的夸张谴责再次提醒我们注意哲学与民众之间的不和谐。

在苏格拉底呈现出完全不正义的政制和完全不正义的人,然后又比较了完全不正义之人的生活和完全正义之人的生活之后,可以看出,毫无疑问,正义要比不正义更可取。然而,交谈还在继续。苏格拉底突然转到了诗歌的主题,这一主题在军人教育那部分已经详细讨论过,这里又重新开始考虑。我们必须试着理解这一显然动机不明的回归。在讨论僭主制时的一段明显的离题话

---

① 《德意志意识形态》(Berlin:Dietz Verlag,1955)30。

中,苏格拉底已经指出,诗人们颂扬僭主,僭主(还有民主制)也敬重他们,但其他三种较好的政制却不敬重他们(568a8-d4)。僭主制和民主制的特征都在于屈从感官欲望,包括那些最无法无天的感官欲望。僭主是爱欲的化身。而诗人歌颂爱欲。诗人极为关注以及崇敬的那一现象正是《理想国》中的苏格拉底竭力要抽掉的东西。因此,诗人助长了不正义。色拉叙马霍斯也是如此。因此,正如尽管如此苏格拉底依然能够成为色拉叙马霍斯的朋友,同样,他也没有理由[134]不能成为诗人尤其是荷马的朋友。或许在另一个场合,苏格拉底需要诗人来为爱欲恢复尊严:《会饮》——唯一一部展现苏格拉底和诗人交谈的对话——就完全致力于颂扬爱欲。

当我们把《理想国》中色拉叙马霍斯的命运作为打开诗歌真相的钥匙时,我们就会注意到《高尔吉亚》中所暗示的修辞术和诗歌之间的亲缘关系(502b1-d9)。但我们也不能忽略修辞术和诗歌之间的区别。存在着两种修辞术,一种是《斐德若》中所描述的爱欲修辞术,苏格拉底是这种修辞术的大师,而色拉叙马霍斯则肯定不是这种修辞术的代表,但他是另一种修辞术的代表。那另一种修辞术包含有三种形式:法庭辩论式的、协商式的、炫耀辞藻式的(epideictic)。《苏格拉底的申辩》是一篇法庭辩论式的修辞,而在《墨涅克塞诺斯》(*Menexenus*)中,苏格拉底摆弄的则是炫耀辞藻式的修辞术。苏格拉底没有运用过协商式的修辞术也即真正的政治修辞术。在《柏拉图全集》中,最接近协商式修辞术的似乎是《会饮》中泡萨尼阿斯(Pausanias)的讲辞,在其中,他提议对雅典关于爱欲的法律作出一项有利于爱者的改动。

卷十中返回诗歌的基础在刚开始讨论低劣的政制和低劣的灵魂时就奠定了。从最好的政制过渡到低劣的政制是"悲剧性的",这一说法被明确归之于缪斯女神,而从最好的人过渡到低劣的人则实际上有点"喜剧的"特征(545d7-e3,549c2-e2):当从最高的主题——被理解为哲学的正义——下降时,诗歌开始起主导作用。

返回诗歌之前,是对低劣政制和低劣灵魂的描述,返回诗歌这一主题结束之后,是关于"对美德的最大奖赏"——这一奖赏并不是正义或哲学本身所固有的(608c,614a)——的讨论。关于诗歌的第二次讨论构成了《理想国》中最高主题以降这部分交谈的中心。这不足为怪,因为追寻真理的哲学是人类的最高活动,而诗歌则不关心真理。

关于诗歌的第一次讨论之后很久才引入哲学主题,在那次讨论中,可以看出诗歌主要的可取之处就在于它不关心真理,因为当时需要的是谎言(377a1-6)。最优秀的诗人被[135]逐出城邦,这不是因为他们教授谎言,而是因为他们教授错误的谎言。但同时,我们也可以清楚地看到,只有搞哲学的人——并且是在他搞哲学时——的生活才是正义的生活,这种生活不仅根本不需要谎言,而且还会完全拒斥谎言(485c3-d5)。从城邦甚至最好城邦的需求发展到哲人的需求,这似乎是从有条件地接受诗歌到无条件地拒斥诗歌的发展过程。

从哲学的角度来看,诗歌是对真理也即理念的二次摹仿。沉思理念是哲人的活动,摹仿理念是普通匠人的活动,而摹仿匠人作品则是诗人以及其他"摹仿"艺术家的活动。首先,苏格拉底用三个术语描述了等级秩序:理念(例如床的理念)的制作者是神,摹仿作品(例如可以使用的床)的制作者是匠人,二次摹仿作品(例如床的画像)的制作者是摹仿艺术家。然后在重复时,苏格拉底又用如下三个术语来描述等级秩序:首先是使用者,其次是匠人,最后是摹仿艺术家。因此,我们可以说,床的理念存在于使用者那里,使用者会着眼于使用床的目的来决定床的"形式"。因此,使用者拥有最高或最权威的知识:最高的知识根本不是任何普通匠人的知识;而站在使用者对立面的诗人则没有任何知识,甚至没有正确的意见(601c6-602b11)。通常的技术关注的是有用而不是某种纯粹的愉悦,对这种技术的偏爱(389e12-390a5)和好城邦是匠人的城邦这一观念相一致,或者是和抽离爱欲相一致。我们也不应忽略如下事实,即卷十前半部分所提及的等级秩序抽掉了军人:健康的城邦不知道军人或摹仿艺术家(373b5-7),要恢复它似乎就得给它装上自然的脑袋也即哲人。为了理解苏格拉底对诗歌貌似粗暴的评判,人们必须首先识别出那些其作品是诗人摹仿对象的匠人们。诗人的主题主要是人类的美德与邪恶;诗人会按照美德来看待人类事物;但他们所看到的美德却是不完美的甚至是扭曲的美德的影像(598e1-2,599c6-d3,600e4-5)。诗人所摹仿的匠人是不搞哲学的立法者,[136]而立法者本人则是一种不完美的美德摹仿者(参见501b以及514b4-515a3)。特别是,城邦所理解的正义必定是立法者的作品,因为在城邦看来,正义的即合法的。没有人比尼采更为清楚地表达了苏格拉底的建议,他说,"诗人总是某种德性的仆从"。① 但根据"仆从眼里无英雄"这句法国谚语:诗人(至少是那些并不完全愚蠢的诗人)难道没有意识到他们的英雄身上的秘密弱点吗? 在苏格拉底看来,情况确实如此。例如,诗人呈现出了一个人因失去他所爱之人而感受到的悲痛的全部力量——一个受人尊敬的人不会充分表达出这种情感,除非当他独处时,因为当着其他人的面他无法充分表达出,而且表达出来也不合法:诗人呈现出了我们的本性中被法律强行压制住的那些感受(603e3-604b8,606a3-607a9)。作为情感代言人的诗人和作为理性代言人的立法者正相对立。然而,不搞哲学的立法者并非无条件地是理性代言人;他的法律绝非仅仅受理性支配。诗人将人类的生活看作是情感和理性的冲突(390d1-6),关于这点,诗人的视野要比立法者的视野更为开阔;他们表明了法律的限度。但如果是这样的话,如果诗人或许是最了解法律所应压制的那些情感之本质的人,那么诗人就绝非仅仅只是立法者的仆人,他们也应是明

---

① 《快乐的科学》(*The Gay Science*)nr.1。

智的立法者所要学习的对象。从哲人的视角来看,真正的"诗与哲学之争"(607b5-6)关注的不是诗歌本身的价值,而是诗与哲学的等级秩序。在苏格拉底看来,只有作为最高"使用者"或君王(597e7)——也即哲人——的臣属,而且不独立自主(autonomous),诗歌才是正当的。因为独立自主的诗歌会把人类生活描述成是独立自主的,也即并不朝向哲学生活,所以诗歌从不描述哲学生活,除了在喜剧中对它进行扭曲的描述;因此,独立自主的诗歌(不管它是不是戏剧性的)必定是悲剧或喜剧(或二者的某种混合),因为非哲学式的生活要么无法摆脱其根本困难,要么就仅仅只是一种不恰当的生活。但臣属性的诗歌则会把非哲学式的生活描述成是臣属于哲学生活的生活,而且因此[137]最主要的是,它会描述哲学生活本身(参见604e)。臣属性诗歌最伟大的范例便是柏拉图对话。

《理想国》的结尾讨论了对正义的最大奖赏和对不正义的最大惩罚。这一讨论分三个部分:(1)灵魂不朽的证明;(2)人活着的时候,来自神和人的赏罚;(3)死后的赏罚。中间那部分没有提及哲学:活着时奖赏正义、惩罚不正义,对非哲人们来说是必要的,他们的正义并不具备哲人特有的那种正义所固有的吸引力。任何一个认识到正义的双重含义的人,都不可能看不出苏格拉底关于一般而言的正义者所受到的世俗奖赏这一"庸俗"说法的必要性(613d,c4)。苏格拉底熟知格劳孔,他才能更好地判断什么对格劳孔来说为好,在这方面他要胜过任何《理想国》的读者,而且肯定也胜过现代的"理想主义者",这些"理想主义者"一遇到如下想法就毫无男子气概地战战兢兢,即因正直——这种正直的确不能完全脱离能力或技术——而成为稳定社会的顶梁柱的人,他们的社会很可能会给予他们奖赏。这一想法是对格劳孔的长篇演说中关于真正的正义之人所遭受的极端痛苦这一夸张描述的一个必不可少的纠正:格劳孔还不知道真正正义的人是怎样的。对像苏格拉底这样真正正义的人来说,他没有义务[促]使弱者对人类事务中存在着秩序和礼节的可能性感到绝望,[但]至少对所有那些因其倾向、血统和能力而可能负有某些公共责[任的]人来说也是如此。至于格劳孔,他在余生中肯定会记住而且[可能]还会告诉别人:在比雷埃夫斯港的那个令人难以忘怀的夜晚,[为了]他的利益,苏格拉底召唤了许多宏伟而又令人困惑的景象。[对]死后奖赏的描述采取[神]话的形式。这一神话并非毫无根据,[因]为它建立在灵魂[不朽]证明上。如果灵魂是由诸多事物组合[而成],那么它便不[会不]朽,除非这一组合是最完美的。但我们由[此]而得知的[灵魂缺]乏这种完美的和谐。为了找出真相,人们不[得不]通过推理[找]回灵魂的原初本质或真正的本质(611b-612a)。[但《]理想[国》]并没有实现这一推理。这也就是说,苏格拉底在[不知]灵魂本质的情况下证明了灵魂不朽。[138]《理想国》结[尾这]种情况正好对应着卷一末尾的情况,在卷一末尾,苏格拉[底曾]说道,在还不知道正义的本质或自然的情况下,他就已经[证明]了正义是有益的。卷一之后的讨论将正义的本质呈现为正[确的灵]魂秩序,然而,如果人们不知道灵魂的本质,那他怎么可能[知]道[灵]魂的正确秩序呢?这里让我们再次记住如下这一事实,[城]邦[与]灵魂之间的类比——这是《理想国》中所阐述的灵魂学[的][基础]——显然是很成问题的,甚至是站不住脚的。《理想国》[无法]呈现出灵魂的本质,因为它抽掉了身体和爱欲;由于抽掉了身体和爱欲,因而《理想国》实际上也抽掉了灵魂;《理想国》抽掉了自然;如果作为完全献身于某个特定城邦的正义被称赞为因其本身就值得选择,那么这种抽离就是必要的;而为什么这种称赞是必要的,这应该无需论证。如果我们定要找出正义究竟是什么,那我们在研究灵魂时,就必须走上"另一条更加长远的道路",而不是走在《理想国》的道路上(504b;参见506d)。这并不意味着我们从《理想国》中学到的关于正义的说法是不真实的或者完全是临时性的。卷一确实没有教导正义是什么，然而，通过把苏格拉底驯服色拉叙马霍斯描述为一种正义的行为，它让我们看到了正义。《理想国》关于正义的教导尽管并不全面，但它可能是真实的，只要正义的本质决定性地取决于城邦的本质——因为即使超政治的事物也不能按其本身来理解，除非理解了城邦——以及只要城邦是完全可以理解的，因为它的限度可以被完全呈现出来：要看到这些限度，人们无需回答关于整体的问题；只要提出关于整体的问题就足够了。因此，《理想国》的确表明了正义是什么。正如西塞罗所观察到的，《理想国》并没有呈现出最好的政制，而是呈现出了政治事物的本质①——城邦的本质。在《理想国》中，苏格拉底已经表明，为了满足人类的最高需求，城邦必须具备什么样的特征。通过让我们看到按照这一需求而建造的城邦是不可能的，他让我们看到了城邦的根本限度，看到了城邦的本质。

---

① 《论共和国》(*De republica*) II 52。

第三章　论修昔底德《伯罗奔半岛人与雅典人的战争》

1. 政治哲学和政治史学

[139]从亚里士多德和柏拉图转到修昔底德,我们似乎进入了一个完全不同的世界。这个世界不再是政治哲学的世界,它不再探寻最好的政制,这种政制是有可能的,虽然它过去没有、现在没有,甚至将来也不会实现,因为它像是一座光辉显赫、纯净无瑕的神殿,建立在宏伟的高地之上,远离庸俗的喧嚣以及一切不和谐。要是按照最好的政体、真正正义的秩序、正义或哲学来看,政治生活或政治的伟大便会失去其诸多——即便不是全部——魅力;在这些最严格的检验之下,似乎只有城邦缔造者和立法者的伟大魅力幸存下来。当我们翻开修昔底德的著作,我们便会立刻沉浸到最为剧烈的政治生活中,沉浸到城邦内外的血腥战争中,沉浸到生死存亡的斗争中。修昔底德按照政治生活来看待政治生活;他没有超越它;他没有站在动荡之上而恰恰站在其中;他按照政治生活本来的样子来认真对待政治生活;他仅仅知道现实的城邦、现实的政治家、现实的海陆军指挥官、现实的邦民以及不同于缔造者和立法者的民众煽动家;他呈现给我们的是政治生活极为残酷、险

峻乃至肮脏的一面。只需回想一下这点便已足够,即一方面,苏格拉底是如何谈论地米斯托克利(Themistocles)和伯利克勒斯、柏拉图是如何呈现尼基阿斯(Nicias)的,另一方面,修昔底德又是如何谈论地米斯托克利和伯利克勒斯、如何呈现尼基阿斯的。修昔底德同情并且也使得我们同情政治的伟大,这种伟大表现在争取自由的战斗中,表现在帝国的缔造、统治和扩张中。柏拉图对话中所发生的最喧闹的事件是阿尔喀比亚德(Alcibiades)醉后闯入了朋友们的宴会。而修昔底德则让我们听到了[140]西西里远征开始时的狂热希望以及叙拉古石坑中难以形容的痛苦。他看待政治事物不但是以邦民或政治家的眼光来看,而且还局限在这一视野中。然而,他不仅仅只是一个政治人(political man)。我们只需遵照传统,称修昔底德为历史学家,就这一点便足以说明他和政治人之间的区别。

　　无论柏拉图和修昔底德之间的差别有多大,他们的教导却并不一定互不相容;他们或许还十分互补。修昔底德的主题是他所知道的最大的战争、最大的"运动"。《理想国》中(以及《政治学》中)所描述的最好城邦处于静止状态。但在《理想国》的续篇中,苏格拉底表示渴望看到"处于运动中"也即战争中的最好城邦;"处于运动中的最好城邦"是谈论最好城邦的必要的续篇。苏格拉底感到自己不能恰当地赞扬、恰当地呈现处于运动中的城邦。① 哲人谈论最好城邦需要一个哲人所不能提供的补充。描述那种避免了一切偶然事物的最好城邦只需处理一个匿名的城邦,以及一群生活在不确定的地点、不确定的时间的匿名之人(参见《理想国》499c8-d1)。然而战争,只能是在这个特定的城邦和另一些特定的城邦之间,而且是在这些或那些领袖的领导之下,在此时或彼时发生。苏格拉底似乎需要修昔底德这样的人帮助,后者能够补充或

---

① 《蒂迈欧》19b3-d2,20b3。

完善政治哲学。恰巧，苏格拉底的三个对话者之一，克里提阿，在他还是小孩的时候，就已经从他非常年迈的祖父那里听说，而祖父是从其父亲那里听说，祖父的父亲是从他的亲戚和密友梭伦(Solon)那里听说，梭伦则是从一位埃及祭司那里听说：在很古的时候，雅典是一个非常卓越的城邦，它发动了反对亚特兰蒂斯(Atlantis)的战争，亚特兰蒂斯是西方的一个大岛，大到难以置信；亚特兰蒂斯人在他们的国王——这些国王的力量很强大——率领下，企图奴役雅典和希腊其他地区以及地中海沿岸的所有国家；但是雅典，部分地作为希腊人的领袖，部分地又是单独行动，即当其他城邦抛弃她时，她击败了入侵者，将所有的地中海人民从奴役中解救了出来。这是个真实的说法，而非虚构的神话(《蒂迈欧》26e4-5)，它可以补充苏格拉底对最好城邦的描述。它让我们想起了[141]修昔底德的著作，这不仅是因为修昔底德的著作记述了"最大的运动"，也是因为亚特兰蒂斯战争让我们想起了伯罗奔半岛战争，或者更准确地说，让我们想起了伯罗奔半岛战争中的西西里部分；亚特兰蒂斯战争让我们想起了西西里远征，但它要远胜过后者。亚特兰蒂斯战争之所以远胜过西西里远征，这首先是因为亚特兰蒂斯这个西方岛屿以及岛屿主人的武力都极为庞大，但主要是因为它的荣耀：雅典人对西方岛屿的不正义入侵以可耻的失败而结束，而雅典人为了整个希腊以及希腊周边的一切而正义地抵御来自西方岛屿的不正义入侵者，则以最为光荣的胜利而告终。战胜亚特兰蒂斯，无论在规模上还是在荣耀上，都要大大地胜过波斯战争实际所取得的胜利加上西西里远征所期待的胜利。看来，似乎某个克里提阿企图通过言辞来胜过克里提阿的竞争对手阿尔喀比亚德，这一言辞要远胜过阿尔喀比亚德的行动和计划，虽然这些行动和计划本身就已经近乎不可思议。然而，这似乎仅仅符合对柏拉图和修昔底德之间关系的初步印象：伯罗奔半岛战争由这样一个雅典发动，它的政制在修昔底德和柏拉图看来存在着缺陷，以及他们知道它是通过亲眼所见;而亚特兰蒂斯战争则由这样一个雅典发动,它的政制是最好的,以及它为人所知仅仅是通过一位埃及祭司的报告。不过,这两位思想家之间却有着一个并非微不足道的共同点。柏拉图不允许他笔下的克里提阿描述雅典的无上光荣:他不想让一个雅典人来赞美雅典。而历史学家修昔底德虽然确实不得不允许他笔下的伯利克勒斯赞美雅典,但他却尽力阻止伯利克勒斯的葬礼演说被误认为是他自己对雅典的赞美。

无论转向哪里,我们似乎都不得不回到那一庸常的断言,即修昔底德有别于柏拉图是由于如下事实,即他是一位历史学家。将他理解为一位历史学家,对我们来说极为容易,因为我们是历史主义(historicism)时代的儿子。19、20世纪的"科学的史学"和修昔底德的思想之间甚至似乎有着某种极为亲近的关联;事实上,修昔底德已经被称作是"科学的历史学家"。但是,修昔底德和科学的历史学家们之间的差别却是巨大的。首先,修昔底德将自己严格限制在军事史和外交史、至多是政治史的领域;虽然他没有忽略"经济因素",[142]但他对其所言极少;他几乎没有谈及文化、宗教或智识方面的历史。其次,他的著作意在成为一切时代的财富,而科学的历史学家们的著作都并不严肃地声称自己是"终极的"(definitive)。第三,修昔底德并没有仅仅叙述和解释行动、援引官方文件,他还插入了各种角色(actors)的演说辞,这些演说辞由他所撰。不过,或许修昔底德并不是一位现代意义上的历史学家。那么,何谓前现代意义上的历史学家?根据亚里士多德的说法,历史学家呈现已经发生的事情,而诗人则呈现可能发生的事情:"因此,诗要比史学更哲学、更严肃,因为诗描述的毋宁是普遍事物,而史学则描述独特事物。"①诗介于史学和哲学之间:史学和哲学处在相对立的两极;史学完

---

① 《诗学》(*Poetics*)1451a36-b11。

全是非哲学的或前哲学的；它处理个别事物（个别的人，个别的城邦，个别的王国或帝国，个别的同盟）；哲学处理种类（species）本身，而史学则甚至不会像诗那样让我们在个别事物中以及通过个别事物来发现种类。例如，哲学处理战争本身或城邦本身，而修昔底德仅仅处理伯罗奔半岛人和雅典人之间的战争。因此，亚里士多德暗地里表明，哲学和史学之间并无对立，正如哲学和诗之间并无对立。但问题在于，修昔底德是否是亚里士多德意义上的历史学家。有时修昔底德似乎暗示自己是这种意义上的历史学家。与此问题相关的一个段落（I 97.2）所暗示的史学概念或许可以表述如下：我们应该对一切时代的人和城邦的所作所为及其遭遇作一个连续的、可靠的、清晰的记述，对每一时代的记述都应由当时的人来完成，这不仅是可欲的，而且甚至是必要的。然而，修昔底德所暗示的这一史学概念，是为了解释其著作中一段貌似不必要的离题话，或者是为之辩解；当他在陈述自己为何写下这部著作时，他并没有暗示这一概念。从他整部著作的内部语境来看，这一暗示读起来就像是对其整部著作所传达的史学观的否弃。他否弃这一史学观的缘由其实不难识别。当他解释自己为何要写下他对伯罗奔半岛战争的记述时，他强调了这一事件独一无二的重要性。前现代或现代那些流俗的史学概念[143]不会充分考虑到重要事件和不重要事件之间的区别。

最重要的是，在修昔底德所叙述的个别事件中，以及通过这些个别事件，他的确让我们看到了普遍事物：正是由于这一原因，他的著作才会是一切时代的财富。因此，基于亚里士多德的评论，人们不得不说，修昔底德不是一位纯粹的历史学家，而是一位历史学家-诗人；他用散文体来写作诗人们用诗体来写作的东西。然而，他也不是一位历史学家-诗人，正如他不是一位纯粹的历史学家。虽然他明确陈述了他所认为的他的任务是什么，但他并没有明确陈述他所认为的历史学家的任务是什么。事实上,和希罗多德不同,他从没有提及"历史";单单这一事实便足以使人们不愿称他为历史学家。修昔底德的确陈述了他所认为的诗人的特征是什么:诗人们呈现事物时夸大其词(Ⅰ21.1 和 10.1),而修昔底德呈现事物时恰如其分。我们必须放弃按照亚里士多德式的区分来理解修昔底德的企图,其关键原因就在于这一区分要以哲学为前提条件,而我们无权假设哲学出现在了修昔底德的著作中或修昔底德要展示哲学。或许修昔底德"探寻真相"(Ⅰ20.3)在本质上——也即不是在时间上——要先于史学和哲学的区分。他的著作意在成为一切时代的财富,因为它不仅可以保证未来的读者能够知晓关于过去事物——也即伯罗奔半岛战争以及早于它的"古老事物"——的真相(参见Ⅰ1.3 开头),而且也可以保证他们能够知晓关于自己时代事物的真相(Ⅰ22.4);修昔底德在探索关于伯罗奔半岛战争(以及"古老事物")的真相时所投入的辛劳将会免除他的读者们在理解自己时代的事件时所要投入的相应的辛劳;他的著作呈现出了某种探究(或某种"史学")的诸多成果,这种探究使类似的探究变得多余。如果我们可以再次采用亚里士多德式的区分,那么就可以说,修昔底德在他自己时代的"独特事物"(以及"古老事物")中探索到了"普遍事物"。参考一下柏拉图的类似做法并不会完全让人误解:也可以说,柏拉图在一个独特事件中——在苏格拉底独特的一生中——探索到了"普遍事物",因而也可以说,他能够通过呈现一个独特事物来呈现普遍事物。

当源于亚里士多德的传统遭到彻底动摇时,霍布斯从亚里士多德转向了修昔底德。[144]他也把修昔底德理解为一位有别于哲人的历史学家。但他对历史学家和哲人之间关系的理解却不同于亚里士多德。哲人"公开传达训诲(precepts)",而史学则"仅仅叙事"。然而,史学也传达训诲;举个最为重要的例子,在霍布斯看来,修昔底德的著作是在教导:君主制优于任何其他形式的统治,尤其是民主制。无论如何,在好的史学作品中,"叙事在暗中教导读者,这要比训诲所能做到的更为有效"。霍布斯认为修昔底德是在暗中教导读者,为了支持这一断言,他援引了利普修斯(Justus Lipsius)、尤其是马尔凯里努斯(Marcellinus)的评判:"马尔凯里努斯说,他故意沉默不语;因而一般人可能并不理解他;但很可能,智慧之人应当如此写作(虽然其作品的字面意思所有人都能理解),也只有智慧之人会对他称赞有加。"因为修昔底德是"有史以来最为高明的历史编纂家",所以他的读者"可以通过叙事得出针对自己的教导":修昔底德本人并没有说出这些教导。因此,霍布斯发现,历史学家(或者至少是最高明的历史学家)和哲人的典型区别就在于如下事实,即历史学家总是沉默地展示普遍事物。霍布斯理所当然地认为,修昔底德插入的演说辞并没有传达上述那种教导:这些演说辞属于"叙事的环节"。[①] 这暗示了修昔底德笔下人物在其演说辞中所表达的观点就其本身而言不能被归于修昔底德。这一铁律并没有得到界说,而仅仅通过如下推论得到了更为准确的表达:修昔底德笔下某个人物表达了一个既定的观点,这一事实表明,修昔底德本人也熟知这一观点;因此,如果这一观点明显包含在修昔底德的观点中,那么或许就可以用它来完善修昔底德本人所陈述的观点。那些演说辞非但不会打破修昔底德的沉默,反而会增强它。由于他对普遍事物是如此的沉默,而在简洁有力地表达关于普遍事物的陈述方面,那些演说辞又是如此的丰富,因此,他似乎是在诱导读者们把那些陈述看成是在表达他自己的观点。当那些演说者在表达任何智慧之人或正派人似乎都无法反驳的观点时,这一诱惑就会变得几乎不可抗拒。

[①] 霍布斯,《霍布斯英文著作集》(*English Works*, ed. Molesworth) VIII, pp. viii, xvi-xvii, xxii, xxix 和 xxxii。参见《霍布斯拉丁文集》(*Opera Latina*, ed. Molesworth) I, pp. lxxxviii 和 xiii-xiv。

[145]如果修昔底德就像霍布斯那些极富启发性的评论所说的那样沉默,那这很可能会导致我们认为,似乎几无可能给修昔底德的教导建立某种程度的确定性。霍布斯认为,修昔底德,"由于他是君王的后裔,所以他最赞成君主制"。[①] 生活在今天的人们几乎没有谁会同意这一评判。如今,不少人认为,修昔底德非但没有完全反对民主制,而且他还同情伴随着雅典民主制的帝国主义,或者他相信"强权政治"(power politics);因此,他们认定,修昔底德的整个观点在雅典人和米洛斯人(Melians)的对话中得到了阐明。这样的解释确实有可能从修昔底德的沉默得出,从他没有对那一对话作出评判得出。然而,上述的沉默同样可以用来证明截然相反的解释也一样正当。修昔底德的当代解释者们敏锐地观察到,他的思想中存在着超越"强权政治"的东西,即所谓的人性(the human)或人道(the humane)。但是,如果有人问修昔底德如下问题,即强权政治和人道如何协调一致,那他就不可能从他那里得到答案。[②]

当人们从自己的初步印象恢复过来后,就会惊奇地发现,修昔底德以自己名义所作的明确评判究竟有多少以及有多重要。对于理解他的教导来说,这些评判只是一个合理的出发点。

2. 斯巴达的情形:节制和神法

修昔底德的第一个明确评判大意是,伯罗奔半岛人和雅典人之间的战争要比早先的战争更大。为了证明这一断言,他必须展示"古代人的虚弱"。因此,他剥夺了古代的辉煌,这一辉煌似乎是崇古的诗人们的创作。遵循这一路向,即从古代的虚弱到现在的

[①] 《霍布斯英文著作集》VIII, p. xvii.
[②] 卡尔·莱因哈特(Karl Reinhardt),《古代的遗产》(Vermächtnis der Antike, Göttingen, 1960)216-217。

强大,修昔底德概述了这场战争的主角即雅典和斯巴达的出场。雅典国土贫瘠,因而其他人对她无所欲求,于是雅典人保持着和平,因而他们的城邦很早就强盛起来,远远早于斯巴达。雅典人第一个从古代的、野蛮的生活方式中解脱出来,转向了[146]更为奢华的实践。然而,斯巴达人却第一个采用了希腊特有的生活方式,即共和主义的简朴与平等的方式,这种方式处在野蛮的贫穷和野蛮的奢侈之间。于是,从很早的时候起,斯巴达就享有着秩序和自由,而且从未中断;她的政制在前四百年中保持未变;因此,在现在的希腊政制中,她的政制最为古老;她的政制,而非战争,才一直是其强大力量的源泉。斯巴达将希腊从僭主统治下解放了出来,而且最重要的是,在波斯战争中,她是希腊人的领袖。斯巴达的力量要比她"外表"(looks)看上去的样子更强大:她的力量是坚实的力量。在其著作开篇不久,修昔底德就提醒我们注意斯巴达的力量和她的政制之间的关联,在临近末尾,这一关联又最为清楚地体现在他对斯巴达的评价中:斯巴达人——修昔底德所掌握的关于斯巴达人的直接知识要比关于其他人的直接知识更多——能够同时保持着繁荣与节制。雅典人在因惊恐而感到沮丧之时,才变得节制并建立了一种节制的政制,是灾难才导致他们这么做。而斯巴达人则在繁荣中保持着节制,这要归功于他们稳定而又节制的政制,这种政制培育了节制。① 修昔底德的品味和柏拉图、亚里士多德一致。

可能有人会说,斯巴达在共和主义美德、政治稳定性和节制方面的优势,只不过是她在其他方面的劣势的反面,那些其他方面或许更为重要,比如帝国的伟大和辉煌。这一反对意见显然可以从修昔底德对那两个对手的方式的最后评判中得到支持:雅典人在军事方面要优于斯巴达人,因为雅典人迅捷、敢于冒险,而斯巴达

---

① Ⅰ 2.5-6,6.3-5,10.2-3,13.1,15.2,18.1-2,Ⅷ 1,24.4,96-97。

人则迟缓、不敢冒险(VIII 96.5)。考虑到迟缓、谨慎、细心和节制之间的亲缘关系,①因而上述评判可被认为是在暗示,节制在战争中是一种缺陷。但即便是在这一层面,节制也不完全是一种缺陷;因为毕竟,斯巴达人赢得了战争。无论如何,我们必须弄清修昔底德对节制本身之地位的看法。

伯罗奔半岛战争期间,希腊各城邦也爆发了内战,在反思内战如何影响了人们的评判方式和行动方式时,修昔底德最明确、最全面地展示了自己的品味(III 82-83)。[147]这些方式已彻底堕落。这种堕落表现为,它抛弃了传统的赞扬和谴责,也抛弃了传统的行为方式。这种堕落也体现在大胆(daring)及其类似精神对节制及其类似精神的全盘胜利上。人们开始赞扬最无所顾忌的大胆、迅猛、愤怒、复仇、怀疑、密谋和诡计,开始谴责节制、谨慎、信任、温良、公开和坦诚的行为;所谓的男子气概取代了节制。言辞和行为方面节制的败坏伴随着法律方面的败坏,不仅人所制定的法律败坏了,而且神法也败坏了,②还伴随着正义(right)的败坏、以及不同于某个党派(无论代表多数人还是少数人)利益的城邦利益的败坏。节制、正义(justice)和虔敬属于一体;它们的敌人称自己为大胆和精明或智慧。虽然并不是每一次内战都是由外部战争所导致,也不是每一次外部战争都会以内战来收场,但战争和内战之间还是存在着密切关联:无论城邦还是个人,它们在和平时以及诸事顺利时要比在战争期间拥有更好的想法;战争是残暴的教师,也即以暴易暴的教师,他会增强大多数人——不是所有人——的愤怒激情;战争是和平和内战的中间阶段。这意味着,节制、正义

---

① 柏拉图,《卡尔米德》159b 及以下。
② 在这一段落中(III 82.6),神法之前是血缘关系(家庭)和既定法律(城邦);这一顺序似乎是一种上升的顺序。在这里,修昔底德不再提及语词含义的改变(同上,4-5);他的意思并不是说,在内战中血缘关系等等不再被称作血缘关系等等,而是说,在内战中它们不再受尊重。因此,他并没有告诉我们,虔敬在遭到鄙视后被称作什么(同上,8)。

和虔敬以及对这些行为方式的赞扬适合于和平时期的城邦而非战争时期的城邦。综上所述,似乎可以得出如下结论,即斯巴达和雅典之间的对比,深入下去便是处于和平中的城邦和处于内战中的城邦之间的对比。似乎也可以特别得出如下结论,即一种好的政制(比如斯巴达政制)会反对战争,会避免一切能够避免的战争。最重要的是,似乎还可以得出如下结论:即便节制在战争中可能会是阻碍,但它仍要比它的对立面优越,这点不容置疑。

内战这种人为的瘟疫所造成的堕落,[148]就类似于自然瘟疫所造成的堕落。瘟疫的巨大威力、普遍的不安全感导致了普遍的无法无天,导致了对即时性快乐的屈从。无论是对神的畏惧或虔敬,还是人为的法,都不能制止任何人。快乐和高贵之间的区别崩溃了:高贵被献祭给了快乐(II 52.3,53)。堕落首先是节制的毁灭。

修昔底德对斯巴达称赞有加的评判——这一评判的主要前提在于节制、正义和虔敬都是善——体现在他插入的几段演说辞中。他笔下发言人的评判不能等同于他本人的评判,因为这些发言人不仅关注真相,还关注各自城邦或党派的利益。科林多人在斯巴达的第一次演说(I 68-71)意在怂恿斯巴达人立刻发动反对雅典的战争。为了向斯巴达人证明他们正面临着雅典人的巨大威胁,也为了解释斯巴达人似乎无法意识到这一危险的原因,科林多人对比了斯巴达人和雅典人的性格。据说,典型的斯巴达人具有如下品质:节制,镇定或安静,满足于既有的东西,因而持守一成不变的法律,不愿离开故土,老派,可靠,同胞之间相互信任,但不信任外邦人,因此也就会忽视甚至背叛盟邦,犹豫,迟缓,缺乏创造性,甚至不相信最稳靠的推算,忧虑。而雅典人的方式正相反:总是不安分,喜欢革新,敏于创造和执行,大胆行力不能及的事,满怀希望,等等。要想克服那一危险,斯巴达人必须改变自己的方式,使自己类似于雅典人。雅典人在回复科林多人时(I 72-78),旨在劝斯巴达人保持不动,劝他们细细思量。因此,雅典人旨在劝诱斯巴达人继续保持他们那种事实上有利于雅典势力增长的方式。因此,雅典人必须证明雅典和斯巴达之间的区别并不像科林多人所断言的那样根本而且会威胁到斯巴达。他们做到这点,部分是通过对这一区别保持沉默,部分是通过一个一般性的陈述,即雅典的方式和所有人(因此也包括斯巴达人)的共同方式并无不同:区别仅仅是由于环境的不同而造成。不同的环境可能[149]会造成极为不同的方式,这点为修昔底德本人所强调,也为科林多人所强调,而且最重要的是,伯利克勒斯在其葬礼演说中也强调了这点,但这里的雅典人却对这种可能性近乎保持沉默。他们确实说到,雅典扩张的最初动机是恐惧或担忧安全。然而他们在谈到他们那种独特的大胆和智慧时甚至有些骄傲,认为正是这些才造就了雅典的伟大。以兼具智慧和节制而著称的斯巴达王阿基达穆斯(Archidamus)想要维持和平(I 79-85)。他建议安静下来细细思量。因此,他不得不为斯巴达的方式进行辩护,这种方式在科林多人看来已经给斯巴达带来了严重的危险。与此同时,正如雅典人那样而且事出同因,他必须将斯巴达方式和雅典方式之间的区别缩到最小。我们可以说,这个斯巴达人不得不以斯巴达的方式来赞美斯巴达方式。除了在谈到与雅典人达成某种和平协议的可能性这一话题时外,在谈到拟议中的战争或毫无和平希望的话题时,他的演说辞透露出冷静的忧虑;和平希望建立在如下可能性上,即雅典人可能宁愿以斯巴达的方式安静地持有他们所拥有的东西,而不愿冒战争的危险。科林多人反对斯巴达人的品质,但阿基达穆斯却宣称,正是这些品质才给斯巴达带来了自由,带来了杰出的声誉。节制保证了胜利时不傲慢无礼,灾难中不卑鄙下流。节制使得斯巴达人在议事时明智,在战斗中勇敢,因为节制与敬畏或羞耻感密切相关,而敬畏或羞耻感又与勇敢密切相关;此外,节制也使得斯巴达人服从于更高的法律智慧。

即便修昔底德在其他任何方面都会同意阿基达穆斯，他也不会同意阿基达穆斯对局势的评估。在修昔底德看来，如此不愿冒险、迟迟不肯开战的斯巴达人，是在雅典人的逼迫下才投入反对雅典人的战争的。因此，修昔底德实际上同意那个残酷且讨厌的斯巴达监督官，他在斯巴达公民大会上反对阿基达穆斯的和平提议；修昔底德并没有说阿基达穆斯实际上拥有好的判断，只是说他被认为拥有好的判断(Ⅰ 23.6，84，88，118.2)。如果我们考虑到节制、敬畏古代以及尤其是敬畏神法之间的关联，那我们就不会惊讶于得知：当斯巴达人到德尔斐求问神，他们是否应该进行反对雅典的战争时，神回答说，如果他们全力投入战争，他会保证他们胜利，[150]此外，神还告诉他们，不管有没有受到请求，他都会帮助他们(Ⅰ 118.3)。结果，斯巴达人赢得了战争。

如果我们再考虑到节制、温和、正义和神法之间的关联，那我们就不仅会理解修昔底德对斯巴达方式的赞慕，而且最重要的是，我们也会理解他的人道(humanity)，这种人道似乎只会出现在强权政治文本的边缘，但它更有可能指向把合法政治学与非法政治学区别开来的界线或边界。米卡列苏斯(Mycalessus)是个小镇，它有一所大的儿童学校，当谈及落到它头上的可悲灾难时，即当谈及对妇女、儿童和动物的毫无意义的、卑劣的屠杀时，修昔底德最清楚地透露出了自己对愤怒激情或残酷野蛮行为的受害者们的同情(Ⅶ 29.4-5，30.3)。修昔底德流露自我，最重要的是在他对尼基阿斯命运的评论中：在修昔底德的时代，尼基阿斯是所有希腊人中最不应遭受如此悲惨结局的人，因为他在法律的指引和启发下，全心全意地致力于践行美德(Ⅶ 86.5；参见 77.2-3)。正如修昔底德在同一段落中所叙述的，尼基阿斯的同僚德摩斯提尼(Demosthenes)也遭受了同样悲惨的结局。但是——这暗含在他对尼基阿斯的评判中——德摩斯提尼的命运不像尼基阿斯那样完全不应得，因为德摩斯提尼并没有全心全意致力于法律所培育的美德。修昔底德所期盼的那种关联,即在法律、当然也是在神法的指引下致力于美德和好的结局之间的关联、应得的赏罚和命运之间的关联,指向着正义诸神的统治。

在完成了对他的断言即古代人虚弱的证明之后,修昔底德还谈论了自己处理古代事物和伯罗奔半岛战争本身的方式,之后他又增加了一章(I 23),这一章以一种明显奇怪的方式结束了他的导言(Introduction)。如果人们着眼于这一章如何可能是导言的恰当结尾这一问题来阅读它,以及记住修昔底德最全面的评判所传达的信息,那么这一章就不会显得奇怪。这一章包括两个部分,第一部分再次证明了伯罗奔半岛战争要胜过所有早先的战争,第二部分则处理了伯罗奔半岛战争爆发的原因。在第一部分,通过证明伯罗奔半岛战争在人类苦难方面要超过波斯战争,修昔底德证明了伯罗奔半岛战争要胜过波斯战争,由于波斯战争是以往最大的战争,因此伯罗奔半岛战争要胜过所有早先的战争。那些苦难一部分由人造成,另一部分则由我们[151]倾向于称作的自然灾难造成:地震、日蚀、干旱以及它们所导致的饥荒,最后还有瘟疫。但这么说至少也是合适的,即一方面是由人类自己造成的苦难,另一方面则是由"精灵般的(神圣的)事物"造成的苦难(II 64.2)。这四种精灵般的事物彼此独立,修昔底德提到它们或许会让人们想起四种元素。① 日蚀确实不是灾难,但它们很可能会被认为预告了灾难。因此,源于人的灾难与另一种灾难之间的关联可以得到神圣法则的支持:诸神因希腊人进行同族相残的战争而惩罚希腊,②尤其会惩罚那些战争的罪魁祸首。因此,修昔底德随即转到了谁是战争

---

① 参见卢克莱修《物性论》(Lucretius)VI 1096 及以下。
② 阿里斯托芬,《和平》(Peace)204 及以下。参见 III 86-89 处的一系列主题:雅典人一次小规模的西西里远征;瘟疫第二次袭击雅典人,还有地震。埃奥鲁斯(Aeolus)和赫淮斯托斯(Hephaestus);斯巴达人认为地震是预示入侵阿提卡失败的一个不祥征兆;地震的自然后果。前面处理(科基拉)内战的章节(III 69-85)是唯一提到"神法"的地方。

第三章　论修昔底德《伯罗奔半岛人与雅典人的战争》　　163

的罪魁祸首这一问题上。他的答案是,雅典人迫使斯巴达人卷入了战争。瘟疫打击的是雅典人而不是斯巴达人。不正是阿波罗散播瘟疫打击雅典人的吗(II 54.4-5)？大多数希腊人都支持斯巴达人,斯巴达人似乎是将希腊人从雅典僭主式统治下拯救出来的解放者(II 8.4-5)。无论如何,如果人们记得修昔底德在前面赞美有别于雅典的斯巴达时曾说过的话,那他们就不会对导言这总结性的一章感到困惑。

　　从修昔底德本人所作的最全面的评判出发,我们可以得出如下结论,即这位伟大的雅典人更偏爱斯巴达的方式而不是雅典的方式。这一结论本身并不荒谬:一个人,尤其是一个伟大的人,他不一定会认同他的母邦所流行的或最受尊敬的方式,也不一定会认同祖先的方式。作为我们出发点的那一评判远不如葬礼演说中对雅典的赞美耀眼,但葬礼演说表达的仅仅是伯利克勒斯的观点,而不是修昔底德的观点。如果读者们对引人注目的内容比对不引人注目的内容印象更深,这并不是修昔底德的过错。斯巴达和雅典的区别之一就在于,没有斯巴达人[152]会像伯利克勒斯赞美雅典那样来赞美斯巴达:比起雅典人来,斯巴达人要少些雄辩而多些简洁(参见 IV 84.2)。另一方面,非斯巴达人也没有理由像伯利克勒斯赞美雅典那样来无限制地赞美斯巴达,因为所有不是斯巴达的敌人的非斯巴达人,为了请求斯巴达那么一点吝啬的帮助,不得不表达自己对斯巴达方式的不满。然而,伯利克勒斯的葬礼演说恰恰是为了服务于如下目的,即使得所有听众——雅典人或外邦人——都对雅典的方式和雅典的政策感到极为满意。所有这一切都表明,修昔底德没有赞美斯巴达这个在力量上可以和葬礼演说中饱受称赞的雅典相媲美的城邦这一点,并不能证明在他看来,斯巴达不如雅典更值得赞扬。修昔底德的确称赞了伯利克勒斯。但这一称赞,和他更偏爱斯巴达而不是伯利克勒斯以及伯利克勒斯的雅典,完全可以相容。伯利克勒斯要远远优于他的继任者们,因为无论和平时还是战争中,他都能安全地领导雅典;在他的统治下,雅典达到了她力量的巅峰(II 65.5-13)。然而,修昔底德并没有像谈论斯巴达那样谈论伯利克勒斯的雅典,他没有说雅典成功地结合了繁荣和节制,更没有说雅典在这方面的成功要归功于伯利克勒斯。在对伯利克勒斯的颂辞中,他甚至都没有提到节制(sophrosyne)。而他笔下的伯利克勒斯在其三篇演说辞中也不曾提到节制。无论克里昂(Cleon)还是米洛斯的雅典使者都使用了这个词,但这些事实不会使得那一极富启发性的沉默含糊不定,因为它正是伯利克勒斯优于其继任者们的一个标志:伯利克勒斯知道自己在谈论什么。发表葬礼演说是由一条法律所规定,但伯利克勒斯的葬礼演说一开篇就谴责这条法律:伯利克勒斯缺乏节制,节制会阻止人们认为自己比法律更智慧(II 35;参见 I 84.3)。更不必说,伯利克勒斯的演说辞和雅典人同米洛斯人那段著名的或臭名昭著的对话之间存在着关联,在那段对话中,雅典人公开否认存在着限制扩张欲望的神法;伯利克勒斯毫不犹豫就承认,他的雅典对其附属城邦的统治有着准僭主制的特征(II 63.2;V 104-105.2)。葬礼演说总体上是对雅典方式的赞美,雅典方式尤其不同于斯巴达方式:一边是大胆、放任、充满希望,与此相反,另一边是谨慎、严厉、惧怕。在伯利克勒斯的统治下,或者由于伯利克勒斯,雅典变得最为强大,这一事实并没有证明,在伯利克勒斯的统治下,或者由于伯利克勒斯,雅典变得"最好"。在修昔底德看来,公元前 411 年建立的政体,才是他一生中所见到的雅典所拥有的最好政体[153](VIII 97.2)。伯利克勒斯的政制——名义上是民主制,但实际上是第一人在统治(II 65.9)——位居次等。这一政制的确拯救了民主制,增加了雅典的力量和荣耀,超过了之前所取得的一切成就,但它在本质上不得不依赖于难得的运气(elusive chance):依赖于伯利克勒斯的存在。一个健全的政制,是指在相当高的邦民道德基础上联合起相当多的一组人,公开地进行统治,

第三章 论修昔底德《伯罗奔半岛人与雅典人的战争》

凭其自身的权利进行统治。无论伯利克勒斯的功绩有多大，他的统治也脱离不了雅典民主制；他的统治属于雅典民主制；对伯利克勒斯统治的评判绝不能使人们忘记它的根基其实并不坚实。一个健全的政制是指致力于节制（moderation）的节制的政制（moderate regime）。

所有这些都和我们的初步印象一致，按照这一印象，修昔底德的视野就是城邦视野。每一个人以及每一个社会都是由它所敬仰的那个最高事物来规定。如果城邦是健康的，那它就不会敬仰它能够废除也能够制定的法律，而是会敬仰不成文法、神法以及城邦的诸神。城邦必须超越自身。城邦可能会漠视神法；它可能会通过行为和言辞而犯有狂傲（hybris）之罪：紧接着葬礼演说之后便是瘟疫，紧接着米洛斯对话之后便是西西里灾难。这似乎便是修昔底德暗中传达的最为全面的教诲，这种传达具有沉默的特征，这是修昔底德纯真的虔敬品质所必需的。① 如果是这样，那我们就不会再惊讶于为什么修昔底德对经济和文化事件如此沉默。这类事件对他来说还没有如下事件重要，比如，一场战斗过后，哪支军队占据着战场；这完全是因为以下这一事实，即埋葬己方的死者是最为神圣的义务；被迫放弃战场的军队不得不恳求敌方准许他们去收集尸体，因而他们不得不正式承认失败；这也是占据战场竟如此重要的更深层次原因。② 当修昔底德绝口不提"公元前425年［雅典盟邦的］双倍或三倍贡金"时——在现代史学家看来，这是"他的叙事中最明显的一处疏漏"③——这很可能是由于如下事实，即对修昔底德［154］和那些城邦来说，交付贡金本身就是对自

---

① 参见克拉森-斯泰普（Classen-Steup），《修昔底德（一）》（*Thukydides* I，4th ed.；Berlin，1897），pp. xliv-xlvi。
② 比较 IV 44 和普鲁塔克（Plutarch），《尼基阿斯传》（*Nicias*）6.5-6。
③ 戈姆（A. W. Gomme），《修昔底德历史评注》（*A Historical Commentary on Thucydides*），I（Oxford，1945）26。

由的损害,它要比贡金数量重要得多;对城邦来说,最重要的是城邦的自由,自由受到了雅典这个僭主式城邦的威胁:斯巴达并没有要求其盟邦缴纳贡金,而只要求它们采用她那种如此有利于稳定的自由的政制,或者采用类似于她的政制(Ⅰ 19)。我们从修昔底德的公开陈述中所得出的一般性结论的确超出了这些陈述:特别是鉴于他的沉默所提供的证据,我们将不得不重新思考我们暂时的看法,即关于在他看来超越城邦的事物是什么的看法。无论这一重新思考会把我们引向哪里,我们都不能怀疑如下事实,即最重要的思考关系到超越城邦的事物或高于城邦的事物;而不是关系到仅仅隶属于城邦的事物。

3. 雅典的情形:大胆、进步和技术

我们重新思考的第一个主题应当是修昔底德的最初评判,按照这一评判,伯罗奔半岛战争要比早先的战争更大,它是最值得纪念的战争。他之所以选择这场战争,不仅因为他恰巧生逢其时,也因为他认为这场战争特别值得纪念。因此,这场战争的宏大不仅是他选择自己主题的原因,而且这一宏大本身就是一个主题,是他描述这场战争的一个重要组成部分:如果人们不知道伯罗奔半岛战争是最大的战争,那他们便不可能知道关于这场战争的真理。最初断言的证据似乎可以得到几段话的支持,在那几段话中,修昔底德指出,伯罗奔半岛战争要远胜过波斯战争,这是由于它所造成的苦难。但或许还有另一次战争,它所造成的苦难也要比波斯战争更大。或许一次战争的宏大并不仅仅是由它所造成的苦难的总量来决定。修昔底德写作极为精炼,但他花了将近十九章的篇幅来证明他的如下论点,即伯罗奔半岛战争是最大的或最值得纪念的战争,这一事实表明,除波斯战争外,伯罗奔半岛战争还有另一个更大的竞争对手。这个竞争对手就是特洛亚战争。在修昔底德

之后的那代人中,伊索克拉底(Isocrates)依然坚持这一观点,即特洛亚战争是最大的战争。①

[155]伯罗奔半岛战争是最大的运动,因为它影响了所有希腊人以及部分野蛮人,"可说是人类的绝大部分"。② 可以说,它是第一次普遍的运动。它是最值得纪念的战争,因为可以说,它值得所有人纪念。并非所有野蛮人都受到它影响,但这一事实无损它的普遍性;所有希腊人以及部分野蛮人都受到它影响,单单这一事实便足以保证它的普遍性,因为对希腊人修昔底德来说,希腊具有特殊的重要性。伯罗奔半岛战争要成为最大的运动,至关重要的因素就在于,当战争爆发时,希腊人,也就是希腊各主要城邦,都处在其巅峰:伯罗奔半岛战争是最高的战争。伯罗奔半岛战争既是普遍的又是最高的,它是全面战争、绝对战争。它是战争本身,是大写的战争:③战争的普遍特征将更加明显,而且比起任何一场更小的战争来,最大的战争中将有着更多的战争。伯罗奔半岛战争是一次独特的事件,它以某种无法被超越的方式,向所有时代,彻底揭示出了战争的本质。

修昔底德有义务证明他的如下论点,即伯罗奔半岛战争是绝对战争,是普遍的和最高的战争。普遍战争要求所有城邦——也可以说所有国家——交通往来,尤其是海外交流;它要以强大、富裕城邦的存在为前提条件。因此,修昔底德必须证明,比起他的时代来,古代只在很小程度上满足了这些需求;他必须证明"古代人的虚弱"(Ⅰ 3.1)。他将自己关于这场战争之普遍性("可说是人类的绝大部分")的看法,与一种关于最古老的古代(不同于人们依据传统所知道的那种最古老的古代——参见Ⅰ 4开头)、关于第一事物(the simply first things)的看法,匹配了起来。他认为很难达成

---

① 《泛雅典娜节献词》(*Panathenaicus*)76-83;《海伦》(*Helen*)49。
② Ⅰ 1.2;参见Ⅱ 41.4。
③ 参见柏拉图,《理想国》368e7-8。

这样一种意见,即以为凭靠关于早先事件——也即特洛亚战争以及那些还要更古老的事物(Ⅰ1.2)——的证据就可以挑战伯罗奔半岛战争的至高无上性:他使得我们怀疑,关于最古老的事物,我们是否能够知道些什么。然而,由于从我们明确知道的古代发展到今天,基本上在安全、力量和财富方面都取得了进步,因此,很显然:[156]在起初,遍布着无限的(unlimited)不安全、虚弱以及贫穷。其原因就在于,在动荡、运动的起初,遍布着无限制的规则(unlimited rule)。非常缓慢而且非常零星地,人们达成了某种静止。在静止和安全时期——比起与静止期相交替的运动期来,静止期持续的时间要漫长得多——力量和财富得以建立。力量和财富不是在运动中建立,也不是通过运动建立,而是在静止中建立,通过静止建立(Ⅰ2,7,8.3,12,13.1)。静止而非运动,和平而非战争,才是好的。在伯罗奔半岛战争爆发时,斯巴达和雅典进步到了顶峰。伯罗奔半岛战争这一最大的运动,是紧接着最大的静止而来,它也体现了最大的静止。只是由于这一原因,它才能够成为最大的运动。因此,可以这样理解,即显明了战争之本质的伯罗奔半岛战争也显明了和平的本质:修昔底德的著作不仅可以保证人们能够知晓所有过去以及将来的战争,也可以保证他们能够知晓过去以及将来的事物本身(Ⅰ1.3结尾,22.4)。

从最初的、普遍的不安全、虚弱和贫穷上升到安全、力量和财富,在某些地方,就是从最初的、普遍的野蛮状态上升到所谓的希腊性(Greekness),即自由和对美的热爱的结合。"希腊人"(Greeks)这一名称是新近才出现的。希腊生活方式也是。希腊人最初的生活就如同野蛮人。希腊人最初就是野蛮人。在最古老的古代,并不存在希腊人(Ⅰ3,6)。在最初的、普遍的动荡和运动中,所有人都是野蛮人。静止,而且是长时期的静止,是希腊性得以出现的条件。希腊性出现较晚而且极为罕见;希腊性是个例外。正如人性(humanity)可分为希腊人和野蛮人,希腊性也可划分为两极,即斯巴达和雅典。运动和静止的根本对立在希腊性上得以再现；斯巴达珍爱静止，而雅典则珍爱运动。在伯罗奔半岛战争爆发时，雅典和斯巴达都达到了顶峰。在这场最大的运动中，经过很长一段静止时期才建立起来的力量、财富和希腊性，被投入使用并消耗殆尽。希腊人和野蛮人，自然元素和诸神，似乎合伙谋求最大限度地损害希腊性（Ⅰ23.1-3）。衰落开始了。在最大的静止中，希腊性达到了其顶峰；在最大的运动中，希腊性发现了自己的顶点，也发现了自己的终点。这场最大的运动削弱、危及、破坏的不仅仅是力量和财富，也包括希腊性。不久它便导致了城邦内部的动荡，也即内讧（stasis），城邦再度野蛮。通过建立起希腊性后才慢慢被克服的那种最凶残、最嗜血的野蛮行为，[157]在希腊中间又开始出现：雅典雇佣的色雷斯雇佣军杀害了刚到希腊学校的儿童。修昔底德预见到了斯巴达和雅典的毁灭：正如他的同时代人看到阿波罗的岛屿上还残留有野蛮人，他用自己心灵的眼睛看到了斯巴达和雅典的毁灭（Ⅰ8.1，10.1-2）。他很熟悉"万物在本质上最终都要衰亡"，因为他让他笔下的伯利克勒斯表达了这一思想（Ⅱ64.3）。他报告说，北方出现了新势力，奥德里赛人（Odrysian）建立了大帝国，而且最重要的是，阿克劳斯（Archelaus）王治下的马其顿发展飞速（Ⅱ97.5-6，100.2），这一报告并不是徒然的。

伯罗奔半岛战争是个独特的事件，它有别于所有其他独特的事件是由于这一事实，即它是最高的希腊战争。在研究这场战争时，人们看到处在顶峰的希腊人处于运动中；人们看到了衰落的开始。希腊性的顶峰便是人性的顶峰。伯罗奔半岛战争以及它所暗含的一切耗尽了人的所有可能性。正如人们不理解最大的静止就无法理解最大的运动，同样，不理解野蛮就无法理解希腊性。所有的人类生活都在战争与和平这两极之间摆动，都在野蛮与希腊性这两极之间摆动。通过研究伯罗奔半岛战争，修昔底德理解了所有人类事物的限度。通过以古代事物为背景来研究这一独特的事件,修昔底德理解了所有人类事物的本质。正是由于这一原因,他的著作是一切时代的财富。

修昔底德不得不通过揭示古代人的虚弱来证明伯罗奔半岛战争的至高无上性,因为人们坚信特洛亚战争才是至高无上的。特洛亚战争的名望要归功于荷马。通过质疑特洛亚战争的至高无上性,修昔底德质疑了荷马的权威。通过证明古代人的虚弱,修昔底德证明了古代人所给出的描述在最关键方面是不真实的:他证明了古代人——尤其是荷马——在智慧方面的虚弱。通过证明发动伯罗奔半岛战争的希腊人其时正处在巅峰,他证明了自己的智慧要胜过荷马的智慧。但对于修昔底德的探究来说,古代的魅力——荷马所赋予它的不朽魅力——总是要比修昔底德时代那种顽固的优越感(solid superiority)更加光彩夺目。修昔底德让我们在荷马式智慧和修昔底德式智慧之间作出选择。[158] 他在同荷马竞赛。荷马生活在特洛亚战争之后很久的时代;单这点就决定了他只是特洛亚战争的一个可疑见证人。最重要的是,荷马是位诗人。诗人们会夸大或修饰其辞,而且他们往往讲述传奇故事;因此,他们会遮蔽关于人类和人的自然的真理。荷马式的智慧在于,通过呈现经过夸大和修饰的行为与言辞来揭示人类生活的特征。而修昔底德式的智慧则在于,通过呈现未经夸大和修饰的行为与言辞来揭示人类生活的特征。希腊诸王跟随阿伽门农(Agamemnon)前往特洛亚,这并非如诗人所言是出于殷勤,而是出于恐惧和被迫。特洛亚战争一波三折的进程被平淡无奇地(prosaically)解释成是因为希腊人缺钱。① 修昔底德对特洛亚战争散文式的(prosaic)处理(更不必说他对伯罗奔半岛战争的处理)预示了后来塞万提斯(Cervantes)对骑士精神的处理方式。

因此,新智慧要胜过旧智慧本身。然而,正是由于相信荷马,

---

① I 3.3;9.1、3;10.3;11.1、3;21.1;22.4。

修昔底德才成功发现了特洛亚战争的真相(Ⅰ10.1-3)。最重要的是，荷马受人尊敬乃是因为他揭示了某种真相，他在某种程度上知道这种真相最为讨人喜欢。修昔底德似乎并没有否认自己的智慧也会讨人喜欢："我的记述不具有传奇特征，它似乎会较少讨听众喜欢。"但对于训练有素的听众来说，喜欢它似乎不会亚于喜欢荷马。① 修昔底德冷峻、质朴的智慧也是音乐(music)：他的智慧也是被一位缪斯(Muse)所激发，如果这位缪斯比荷马的缪斯更高级，那么她也就更冷峻、更质朴。总之，将修昔底德看成是在与荷马竞赛，而不将他看成是位科学的历史学家，或许更有启发性：人的智慧，而不是其他，才是希腊性的核心。

修昔底德在其著作的导言中，首先证明了伯罗奔半岛战争胜过所有早先的战争(Ⅰ1-19)，然后证明了他的记述胜过所有早先的记述(Ⅰ20-22)。修昔底德不仅关注战争，也关注自己的言辞(logos)。他在智慧方面所取得的进步，就类似于他在其"考古学"(archaeology)中最为全面地谈论的那种进步。他的时代可以吹嘘自己在经验、技术和知识方面都取得了远胜于整个古代的进步，尤其是在雅典[159](Ⅰ49.1-3,70.2,71.2-3)。修昔底德的考古学和他笔下的伯利克勒斯在葬礼演说中的所言完全一致，伯利克勒斯在演说中声称，他那一代人所取得的成就可以同先前数代人取得的成就相媲美(Ⅱ36.1-3)，而且他也认为荷马式的智慧很可疑(Ⅱ41.4)。虽然修昔底德非常看重斯巴达、节制和神法，但他的思想却完全属于富有革新精神的雅典，而不属于保守老派的斯巴达。他的著作开篇很传统（"雅典人修昔底德"），但却带着一个非传统的信息。

修昔底德使得人们怀疑，关于最古老的事物，他们是否能够知道些什么。然而，最古老的事物包括存在于一切时代的事物，它和

---

① 参见西塞罗，《论演说家》(*Orator*)39。

这种一切时代都拥有的事物有关。修昔底德将人的自然看成是它所造成的结果的稳定基础,这些结果包括——战争与和平,野蛮与希腊性,邦民的和睦与不和,海上力量与陆上力量,少数人与多数人。要是对整个自然缺乏一定的理解,那就无法理解人的自然。战争是一种运动,和平是一种静止,它们只是普遍的、无所不在的运动和静止之交互作用的特殊形式。因此,修昔底德关注人类事物的同时,也关注非人类的事物,而且不仅仅关注那些直接影响到伯罗奔半岛战争的非人类事物,比如瘟疫和地震。他还谈论陆地侵陷海洋,海洋侵蚀陆地,并提出了这些现象的自然原因(II 102.3-4,III 89)。对于奥德修斯所经过的卡律布狄斯(Charybdis),他提出了一种自然的解释(IV 24.5)。他笔下足智多谋的德摩斯提尼似乎曾称之为"那个地方的自然",而他则称之为"那个地方本身"(IV 3.2,4.3)。最引人注目的是他对瘟疫的描述,那次瘟疫是一次巨大的变故,因此它也是运动,在给人类造成的毁灭方面,它要超过人们所记得的早先任何地方所发生的瘟疫,正如伯罗奔半岛战争要超过所有早先的战争(II 47.3,48.3,53.2)。我们不要推测海洋和陆地之间的对立(因此也是海上力量和陆上力量之间的对立,因而尤其是雅典和斯巴达之间的对立)是否最终必须根据运动和静止之间的对立来理解,而要重新思考运动和静止与进步和衰落之间的关联,以及运动和静止与斯巴达和雅典之间的关联。无论有多少进步要归功于静止,进步本身也是运动。除此之外,在特定的战争中,不仅静止,而且运动也会带来力量和财富(I 15.1-2,18.2-3,19)。最后,正如修昔底德笔下的一些人物所言,[160]对于技术和知识来说,静止是毁灭性的,而运动则相反(I 71.3,VI 18.6)。然而,如下这点也同样真实,即拥有知识的政治家,比如伯利克勒斯,他迥异于反复无常的大众,他在人类运动中展现出了超人般的静止——冷静地面对、理解以及掌控运动(I 140.1,II 61.2,65.4)。修昔底德之所以能够写下著作乃是因为他在最大的运动中找到了安宁(V 26.5)。我们在雅典所发现的这些最高事物类似于静止，或者它们就是最高形式的静止。因为，不是如此多的运动，而是某种运动和静止的交互作用才造成了古代的贫穷、虚弱和野蛮，也不是静止，而是另一种运动和静止的交互作用才造成了现在的财富、力量和希腊性。虽然所有事物可能永远都处在运动中，但人类思想所获得的最高事物——运动和静止——却是稳定的。最高形式的静止不像斯巴达所代表的那种形式，它与大胆并不对立，它恰恰是最大胆的前提条件：在古代，人们并不大胆(I 17)。因此，最高形式的静止不可能与节制相协调。

如果运动和静止是最古老的事物，那它们便会超越诸神或包含诸神。从荷马对阿基琉斯之盾(Shield of Achilles)的描述中，我们可以得知，诸神在战争中要比在和平时更可见。在那场比任何战争都更像战争的战争中，在那场最大的战争中，修昔底德研究了最微小的细节，他没有发现诸神的踪迹：难道诸神在更小的战争尤其是特洛亚战争中才可能发挥更多的作用吗？荷马夸大和修饰的核心不正在于把特洛亚战争及它的各种事件都追溯到诸神吗？我们洞察到古代人的野蛮和虚弱，尤其是他们在智慧方面的虚弱，难道这不会影响我们对于那些显然属于古代的诸神或神圣事物的看法吗？① 在修昔底德对古代的描述中，有两个人物特别突出：米诺斯(Minos)和阿伽门农。他没有提到米诺斯的祖先，他谈及阿伽门农的祖先也只是以某种含混的方式。② 他的考古学让人们怀疑：对他来说，那些诸神很可能只不过是被极度夸大的远古野蛮人。如果事实证明确实如此，那么他如此用力提及的神法[161]就不可能是任何神所制定的法律；它的起源，以及因此它的本质，就会变得完全模糊。然而，如果正确理解的神法是指运动和静止

---

① 参见欧里庇得斯(Euripides),《海伦》(Helen)13-14。
② I 4 和 9.1-2。比较第一次提到神的 I 13.6(参见 I 8.1)和 I 126.3-5。参考 II 68.3-5 和 102.5-6。

的交互作用,那人们就必须按照如下问题来研究他的著作,即这种神法是如何与通常所理解的神法相关联的。

  从某种意义上来说,修昔底德属于伯利克勒斯的雅典——属于阿那克萨戈拉和普罗塔戈拉教育下的雅典,他们因不虔敬而遭到迫害。① 修昔底德笔下的伯利克勒斯在葬礼演说中宣扬他的雅典代表什么时,对神法保持了沉默。他仅仅谈及了不成文法,或者更准确地说,仅仅谈及了这类不成文法,即为了那些遭受不义的人的利益而规定的不成文法;某人违反这些法律会导致其在雅典失去名誉——丝毫没说会遭致神的报复。伯利克勒斯对诸神或严格意义上的超人事物保持沉默。他确实提到了献祭:当他谈到从城邦的劳役解脱出来时(II 37.3,38.1;参见亚里士多德《尼各马可伦理学》1160a19-25)。在他的三次演说中,只有一处涉及超人事物,他说,人必须忍受"必然的"(of necessity)超人事物(比如瘟疫),然而人也必须"勇敢地"忍受敌人所强加的一切;他从没有说人必须敬畏超人事物(II 64.2)。伯利克勒斯唯一一次提到神——提到女神(雅典娜)雕像的经济价值——极富代表性地出现在修昔底德对伯利克勒斯演说辞所作的总结的中间(II 13.5)。修昔底德赞赏斯巴达、节制和神法——这些实际上也很重要——的论证只是其教导的一部分。对斯巴达的赞扬——最高的赞扬出现在他的考古学中——其结论将会导向对最古老的古代的最高赞扬。② 这整个思路与整个考古学所明确、公开表达的论点——这一论点断言了伯罗奔半岛战争的至高无上性——以及这一论点所暗含的一切相矛盾。这一矛盾对应于保守的斯巴达和革新的雅典之间的对立,也对应于尊崇古代和尊崇作为至高点的现在之间的对立。似乎只有前者——将好的等同于古老的或祖先的——才与[162]城

---

① 普鲁塔克,《尼基阿斯传》23.2-3。
② 比较提到"出于最古老的"(ek palaitatou)的 I 18.1 和 I 1.2。

第三章 论修昔底德《伯罗奔半岛人与雅典人的战争》

邦本身的观点一致。然而城邦在不同的时期会有不同的想法。我们从修昔底德那里得知，尊崇古代，正如尊崇节制，它适合于和平时期，而人们却偏向于认为他们所从事的每一次战争，也即每一次现在的战争，都是最大的战争(I 21.2)，这或许是因为每一次现在的战争都需要投入最大的努力。因此，修昔底德关于伯罗奔半岛战争的至高无上性的那一赤裸裸的断言就完全符合这一自然的偏见，因而也就并不唐突。不过碰巧的是，这一偏见在许多情形上都仅仅是偏见，但在伯罗奔半岛战争这一情形上，却是可以论证的真理，当这一真理得到证明之时，它便永久性地根除了赞赏古代这一更强大的偏见，这后一种偏见适合于和平时期，即当人们安居乐业的时候。尊崇现在及其所暗含的一切，这一观点属于战争时期，它非但不是一个简单的错误，而且要比相反观点更真实。① 战争是一位"残暴的教师"：它不仅教人残暴地行动，还教授残暴本身，此外，它也教授真理。战争不仅是其他所有人的残暴教师，也是修昔底德本人的残暴教师。在这位老师的教导下，修昔底德如其所开展的那样呈现了那场战争。总体来说，他让我们看到了他那个时代所能看到的关于那场战争的每一个要点；他从不同的视角向我们展示了那场战争。在这样做的时候，他禁不住呈现了自己从和平时期之观点到战争时期之观点的转变(conversion)，或者也可以说，他禁不住呈现了自己最高深的教导。这一使其著作充满生机的最内在的过程，造就了古典政治史学。在他的著作中，我们观察到，政治史学的诞生、政治史学的原初状态(in statu nascendi)，依然明显地同其源头相关。修昔底德最关注战争，通常关注更多的是外交政策；至于内部政治，他主要关注城邦内部的良好秩序，他把它交给节制的邦民们(参见 IV 28.5)。

因此，我们所说的那一使修昔底德的著作充满生机的过程，并

---

① 参考 VI 70.1。

不是指他的思想的某种转变——这种转变他不一定意识到,或者这种转变在他的著作中留下了他不一定意识到的痕迹。我们毋宁要记住,修昔底德的思想会故意在两个不同的观点之间摆动,这表现为,他会故意从不同视角对同一主题进行双重处理,比如他对雅典人刺杀僭主的事件就进行了双重处理。[163]他对高贵的斯巴达人伯拉西达(Brasidas)的正义和善良给予了极高的赞扬(IV 81),然后又断言伯拉西达坚决反对斯巴达与雅典媾和,乃是因为他从自己的胜利中获得了荣誉(V16.1)。第一个评判属于俯瞰整个战争的人;而第二个评判则显示出当时的主和派尤其是斯巴达的主和派如何看待伯拉西达。① 和他的老师一样,修昔底德既严厉又灵活。他从各种他并没有明确认同的视角来看待和展示事物,这很自然地就把我们引向了他笔下人物的演说辞,通过这些演说辞,他展示了在既定的时间,某个有名姓的个人或城邦眼中的事物。因此,撰写这些演说辞似乎只是修昔底德一般做法的一个特例。每一篇演说辞都是修昔底德言辞的一部分——特殊的一部分。

4. 书中角色的演说辞和修昔底德的言辞

修昔底德的某种言辞由他笔下人物的演说辞构成,我们必须设法弄清他这种独特的言辞究竟是什么。在证明完伯罗奔半岛战争胜过所有早先的战争后,或者更确切地说,在证明完现在胜过古代后,他开始谈论致力于探索关于古代的真相时会遇到的困难。② 真相被时间遮蔽。但时间上的距离并不是人们犯错的唯一原因;地域

---

① 比较 V 14(雅典和斯巴达都赞成和平的原因)和 15(斯巴达主动倾向于和平的原因)。
② I 20 开头。这一段表明,前面整个讨论都是在直接或间接处理古代事物;间接处理是通过证明当代在力量方面要胜过古代。

上的距离也很重要。不过"人们"或"多数人"①没有被这些困难阻止,他们依然对过去的以及外邦的事物拥有坚定的想法。修昔底德通过人们的言辞熟知了这些想法。他所揭露的关于古代或关于伯罗奔半岛战争胜过所有早先战争——这二者是一回事——的真相,将会被那些从行为[164](事实)本身来看待事物,也即不从人们所说的话或言辞来看待事物的人们视为真理(另参见Ⅰ11结尾)。在谈完对古代事物的处理后,修昔底德立即转到了对伯罗奔半岛战争的处理上;他论述其著作主体所花的篇幅要小于他论述其考古学所花的篇幅。由于时间上的距离不会给进入伯罗奔半岛战争造成困难,又由于地域上的距离也并不完全会给进入伯罗奔半岛战争造成困难,因此,在这种情况下,演说辞也即关于行为的报告似乎就不会妨碍发现真相。正是以这种微妙的方式,修昔底德透露给了我们如下想法,即"人们"对于眼前所发生的事,就如同对于遥远的国家在遥远的过去所发生的事一样,都会犯有深深的错误。第一种困难涉及伯罗奔半岛战争爆发前以及战争期间发表的演说辞。有些演说辞修昔底德本人听到过,但他很难记住准确的措辞;至少可以说,他很难知道另一些演说辞的准确措辞,因为关于它们的知识,他不得不依赖别人的报告。因此,他决定自己撰写演说辞,尽可能和演说者所说的要点保持一致——在每一种情况下,他都这样写作,即在他"看来"(seemed),那个或那群演说者是如何在最高程度上说出具体情境中就当时主题来说较为适当的内容的。(我认为,这暗示他抽掉了既定的演说者在措辞方面可能会具有的缺陷,但他没有赋予任何演说者以如下才能,即能够理解和选择自己所缺的东西。)至于战争中的行为,他从未在叙述中表述过在他"看来如何"(how it seemed)。② 修昔底德对于演说辞的论述,前前后后都被他所提

————————

① Ⅰ20.1,3;参见Ⅰ140.1。
② 这点必须有所保留;参见Ⅱ17.2,Ⅲ89.5,Ⅵ55.3,Ⅶ87.5,Ⅷ56.3,64.5,87.4(参见同上,3开头);另参见Ⅰ1.3;9.1,3;10.4。

及的"行为"包围着。①

　　修昔底德关于演说辞的陈述充分、清晰透露出来的似乎只有这点,即在修昔底德"看来"的东西,更多地出现在演说辞中,而不是在他对行为的记述中。他完全没有说清楚自己为何要撰写演说辞;他只说清楚了这点,即在决定撰写演说辞后,他如何尽可能使演说辞接近真实。[165]不用说,他为何撰写演说辞这一问题无法通过参照荷马的实践来回答。通过考虑修昔底德陈述时的直接语境,或许可以学到几点。无论演说辞的价值有多大,行为都要比言辞更值得信赖。然而,修昔底德知道行为,部分地就是通过言辞,也即通过目击者的报告;这些报告在某种程度上会因糟糕的记忆以及报告者的偏见而大打折扣(I 22.3)。可以合理地假设,在这部著作中,并非所有的演说者都没有这些缺点,以及在撰写被归到各个演说者名下的演说辞时,修昔底德适当保留了这一特征。修昔底德将其著作的主题划分为两部分,一是战前以及战时发表的演说,二是战争中做出的行为。由于他花了巨大篇幅来描写战前做出的行为,因而他促使我们注意到如下事实,即在一个重要的方面,言辞完全先于行为。完全先于行为的言辞关注行为的原因、人们的计划和意图:只有言辞才能表明不明事物(III 42.2)。它们最关注战争的原因、公开"宣称"的原因,这不同于未宣称的或秘密的最真实的原因(I 23.4);言辞可能具有欺骗性,这不仅是因为糟糕的记忆和演说者的偏见;它们也可能就意味着欺骗。修昔底德在谈及演说辞时,说是很难记住准确的措辞,因此他记不住它们,然而在谈及行为时,他说他通过辛劳就可以发现关于它们的真相。当他否认他的著作必定不会讨人喜欢时,他首先想到的可能就是演说辞。

　　演说辞能够达成,而对演说辞最完美的报告却不能达成的东

---

① 另比较 I 21 结尾和 I 23 开头。

西究竟是什么？这种完美的报告可以向我们揭示：演说辞的意图，演说者为支持该意图所使用的论证以及反驳对手所使用的论证，这些论证的顺序，以及演说者分派给每个论证的分量；它还可以包含如下描述：演说者的能力、风格，他当时的倾向以及当时听众的倾向；它可能还会告诉我们，演说者的演说辞是否或者在何种程度上和他的行为一致，如果我们不能通过叙述知道这些行为的话。但我们仍然会错过演说者的在场：我们不可能通过聆听他而看见他；我们[166]也不可能暴露在他面前，受他影响，甚或被他迷惑。修昔底德对演说辞的最完美的报告只是他的言辞的一部分，就如他的言辞的其他部分一样；我们看不到修昔底德的独特言辞；我们仅仅暴露在修昔底德面前。是什么将修昔底德的言辞和他笔下人物的演说辞区分了开来？这些笔下人物的演说辞具有双重意义上的片面性。它们处理的是某种特定的情况或困难，它们的出发点是交战城邦或对立党派的一方或另一方的视角。修昔底德的叙述纠正了这一片面性：修昔底德的言辞在这双重意义上都不偏不倚。它毫无党派性而且非常全面，因为至少可以说，它处理的是整个战争。通过把政治演说辞与真实、全面的言辞结成一体，修昔底德显明了政治演说辞与真实言辞之间的根本区别。政治演说辞从不会服务于揭示真相本身这一目的；所有政治演说辞都服务于特定的政治目的，它们试图通过劝勉或劝阻、控告或开脱、赞扬或谴责、恳求或拒绝来达成这一目的。因此，政治演说辞中充斥着赞扬与谴责，而修昔底德的言辞则是含蓄的。演说者回答了修昔底德没有回答的问题——不仅包括即时性的问题，还包括关于人类行为的最根本、最永恒的问题，而且他们采用了最有说服力的方式来回答这些问题。因此，读者总是不能自已地倾向于同意这些演说者，而且也倾向于相信修昔底德必定是以这些演说者作为自己的代言人，因为毕竟是他写下了演说辞。修昔底德确实在帮助我们评判演说辞的智慧，不仅是通过他对行为的记述，而且还通过告诉我们他对演说者的智慧的评判——而不是对演说辞的智慧的评判,然而他并没在所有情况下都这样做,而且最重要的是,他的明确评判,无论对人还是对政策,在任何情况下都不完整。事实上,正是演说辞而不是任何别的内容,向我们传达了他对演说者的评判,但又不仅仅是对演说者的评判。

科基拉人(Corcyreans)向雅典人发表演说时,似乎犯有"不知不觉的矛盾":"科基拉同时持有两种说法——'无论如何,战争即将来临'和'这一行动与开战原因(casus belli)无关'。"①然而,为了一场预料之中的战争而采取可取的或必要的行动,[167]即使该行动被预期的敌人视为挑衅行为,它也不一定构成对与该敌对力量所缔结条约的违反,而且科基拉人认为,除了违反这样的条约外,别无其他的开战原因。不管怎样,认识到如下事实更为重要,即修昔底德笔下的演说者不知不觉犯下的矛盾未必是修昔底德不知不觉犯下的矛盾:它揭示了演说者的困境,它意在揭示困境。演说辞也可以揭示演说者是如何克服他发现自己身处其中的困境的。斯巴达人声称发动反对僭主式城邦雅典的战争是为了所有城邦的自由。然而,臣服于雅典或同她结盟的城邦都由于条约而和雅典绑在一起;脱离雅典同盟而加入斯巴达同盟,这不仅会被认为是不正义的,而且会被认为是可耻的,尤其是在雅典处境艰难的时候(III 9)。因此,当斯巴达人伯拉西达试图劝诱阿坎托斯人(Acanthians)背弃他们与雅典人的联盟时,他甚至都没有提到联盟这一事实;他暗中传达了如下观点,即要不是出于被迫,不可能有哪个城邦会与雅典结盟。如果阿坎托斯人不遵守他的要求,那他就不可能完全免除他将要施加给他们的威胁,但他威胁他们只是通过强迫他们自由;采用这种强迫将是完全正义的,因为阿坎托斯人缺乏自由,这会危及所有其他城邦的自由或所有城邦的共善。

---

① 戈姆,前引书,169。

第三章 论修昔底德《伯罗奔半岛人与雅典人的战争》

然而,阿坎托斯人可能还会担心,目前城邦从雅典的奴役下解放出来之后,又会受到斯巴达的奴役。伯拉西达打消了这种担忧,他向阿坎托斯人保证,他和斯巴达政府订有重誓,它不会试图做任何此类的事(IV 85-87)。正如伯拉西达的演说辞以一种精巧的方式通过言辞解决了希腊政治的整个问题,在革拉(Gela)召开的全西西里大会上(IV 59-64),赫摩克拉底(Hermocrates)的演说辞同样是一篇充满了政治家先见之明的杰作。很多年前,他就预见到雅典人企图征服西西里,他设法阻止西西里的一切内部冲突,为的是将西西里人联合起来反抗他们共同的敌人,也即他们"天然的"敌人。西西里的确可以"天然地"划分为多利安人(Dorians)和爱奥尼亚人(Ionians),而雅典人则是爱奥尼亚人;但招致雅典人入侵的不会是种族仇恨,而是他们对整个西西里财富的欲求。赫摩克拉底之所以很久前就能看到这一危险,并及时提出疗救方案,其原因就在于他理解人的自然;他并没有[168]因雅典人的入侵而谴责他们,因为在他看来,欲求扩张是人之为人的自然,不管是什么样的习俗或语词("名称")使得人们相信这一点。然而,正如他不得不承认的那样,将西西里人联合起来的是"名称"而不是"自然"(种族),① 以及正如目前情况下他不必非得承认的那样,如果欲求扩张是人之为人的自然或至少是城邦之为城邦的自然,那么强大的、毗邻的叙拉古也应和更强大但却更遥远的雅典一样,让她的弱邻感到惧怕。伯拉西达通过宣称信赖斯巴达最高权力机构的重誓所克服的那一困难,赫摩克拉底被迫诉诸自然却不能克服。如果继续完全无视听众的倾向,但又假设听众都是些宽容的正派人,那我们就可能会发现阿尔喀比亚德在斯巴达演讲时不得不面对的最大困难。阿尔喀比亚德被雅典人指控犯有死罪,这一罪行和惊人的不虔敬行为有关,逃到斯巴达后,他打算报复雅典,于是便向斯

---

① 另参见 VI 77.1 结尾,79.2,80.3。

巴达人指明他们如何能挫败他们的敌人,也即他本人的敌人。他必须克服反对他的两个极为强大的偏见。首先,作为一位雅典政治家,他早就是斯巴达臭名昭著的敌人。但最重要的是,他刚刚背叛或正打算将自己的城邦出卖给它最大的敌人。他用同一个回答打消了这两个反对意见:他反对斯巴达人乃是因为他们之前冒犯过他;他现在转而反对雅典人则是因为他们刚刚冒犯了他(VI 89-92)。阿尔喀比亚德意识到自己独一无二的能力,而且也意识到自己在这方面极为著名,由于多才多艺,他不受任何特定城邦的约束,因此,他不必非得通过诉诸誓言来避免自相矛盾。说到他以及他的家族对待民主制的态度时,他确实自相矛盾:他们所操纵的雅典政制并不是真正的民主制,但由于战争,他们不能改变它,因此它又是民主制(VI 89.4-6);但这两个答案都同样能很好地服务于他的目的。

通过叙拉古煽动家雅典那戈拉(Athenagoras)的演说辞,修昔底德对雅典民主制作了一个间接刻画(VI 36-40)。消息从多方面传到叙拉古,说是雅典海军即将抵达,但甚至是只有少数叙拉古人相信这些消息也花了很长一段时间。[169]赫摩克拉底当然确信这些消息的真实性,在他向叙拉古公民大会发表演说后,雅典那戈拉起来反对他,驳斥这些消息,认为这只是叙拉古寡头派的愚蠢举动,他们想恐吓民众,从而使自己成为城邦的主人。在雅典那戈拉看来,雅典人再聪明不过了,他们不可能从事像征服西西里这样的鲁莽且毫无希望的冒险事业。叙拉古青年寡头派的活动极具颠覆性,唯一可以终止这种活动的方式便是实行民主派的恐怖统治。这种恐怖统治具有正当性,因为没有合理、高尚的理由反对民主制——这种政制既公平又智慧:它不只在富人中进行共善方面的平等分配,而且认为民众是演说者智慧的最佳裁判。修昔底德在其著作中,把最清晰、最全面地揭露民主制的观点这一任务委托给了雅典那戈拉,因为葬礼演说中那些响亮的句子描述的不是民主制本身,而是雅典政制。① 单单这一事实,就必定会使我们对他的演说辞抱有极大的兴趣。正如书中的事迹所表明的那样,这个叙拉古民主党人至少在如下方面犯了错误,即他不知道也不了解雅典民主制:雅典侵略军确实得到了雅典民众的全盘赞同,如果雅典民主派没有将阿尔喀比亚德从侵略军中召回的话,那么它将会取得胜利。召回的原因和雅典那戈拉所说的原因并无不同,而且得到了雅典民众的全盘赞同。雅典那戈拉不了解雅典民众,因为他的视野不能够超出叙拉古内部的党派斗争;他没有赫摩克拉底所拥有的那种理解力,他甚至连赫摩克拉底所拥有的情报都没有。雅典民主制是一种特殊的民主制,她是一种帝国民主制,她对其所谓的盟邦实行准僭主式的统治。甚至克里昂而且正是克里昂谈到了将帝国与民主制结合起来的困难——他能够称这种结合简直不可能。在某种程度上,克里昂能够维持这种结合,因为他能够摹仿或效法伯利克勒斯。② 诸如此类的观察并没有触及问题的根源;它们没有触及亚里士多德所说的雅典民主制的问题,即雅典人的自然[170](参见Ⅰ70.9)。一场海战前,在向军队致辞的末尾,伯罗奔半岛指挥官告诉全军,他们没有借口像懦夫那样行动,如果谁试图这样做,那么他将受到恰当的惩罚,而勇敢的人则将获得恰当的荣誉。与这一结论相应,在雅典指挥官佛米奥(Phormio)的致辞中,他告诉全军他们即将投入到一场伟大的竞技中:他们将要么粉碎伯罗奔半岛人获得海战胜利的希望,要么把逼近他们家乡的海上恐惧带给雅典人。③ 伯罗奔半岛人诉诸个人的自我利益;而雅典人则仅仅诉诸对城邦来说至关重要的东西。这两种言辞之所以出现差异,无疑还有另外的原因——这些原因与特定的处境

---

① 尤其比较Ⅱ37.1和Ⅱ65.9。
② Ⅲ37.1-2;38开头(参见Ⅱ61.2)。
③ Ⅱ87.9,89.10。参见Ⅵ69.3。佛米奥仅仅向雅典人发表演说,而不是向任何盟邦;Ⅱ88.3。

有关;然而,这不会打消如下事实,即修昔底德笔下的佛米奥,如果同他的伯罗奔半岛对手相比,也即不知不觉地,就证实了科林多人明确陈述的观点,即雅典人具有独特的公共精神:雅典人会为城邦献身,身体对他来说就好像是最外在、最陌生的事物,雅典人还会使用他最内在的思想来为城邦服务,思想对他来说最为独特(I 70.6)。

通过雅典人在斯巴达的演说辞,修昔底德呈现了匿名的雅典人,他们或许最为强大但确实又最为优雅(I 72-78)。当科林多人以及其他斯巴达盟邦企图通过向斯巴达公民大会控诉雅典的入侵,来怂恿斯巴达参战反对雅典时,这些雅典人恰好代表城邦在斯巴达出差。在得知反雅典的行动之后,为了打消科林多人的指责所产生的影响,他们请求向斯巴达公民大会发言,并且获得了斯巴达人的批准。这一演说构成了一项代表城邦的行动,但他们承担这一行动并不是受自己城邦的委托。在修昔底德的著作中,这种演说辞仅此一例。这一演说辞之所以独一无二还有一个原因,就是它关系到一般意义上的修昔底德的言辞。它是唯一一篇前面冠有摘要的演说辞,这一摘要是修昔底德以自己的名义所作,是演说辞要点的摘要——在某种程度上,这一摘要同演说者本人在其演说一开始所说的演讲要旨,在字面上一致。① [171]修昔底德的摘要与这一演说辞本身的开篇评论之间最重要的差别在于:修昔底德说这些雅典人想表明他们的城邦在力量方面是如何强大;而这些雅典人则说他们想证明自己的城邦值得关注或非常重要。那么,他们是如何揭示雅典力量的呢? 他们的演说辞没有哪部分是谈论这一主题的。这一演说辞的主题是:(1)在波斯战争中,雅典有功于希腊(73.2-74);(2)雅典既不应因为帝国的取得,也不应因为管理帝国的方式,而受到谴责(75-77)。由于在波斯战争中,

---

① 在这一方面最接近这些雅典人的演说辞的是佛米奥的演说辞(II 88-89)。

雅典的行动奠定了帝国的根基,所以这一演说辞可以说是在致力于证明雅典帝国的正当性,这截然不同于展示雅典的力量。如下这点也同样真实,即通过仅仅提到雅典帝国,他们也可以指向雅典的力量,但由于在场的每个人都知道雅典帝国的存在,因此,即使他们的死敌也不会说他们是在展示他们城邦的力量有多强大,更不会说他们是在吹嘘他们的力量。他们的死敌,一位斯巴达监督官,确实说他们是在夸赞自己,但是他发现,当他们谈到雅典在波斯战争中的功绩时,那一夸赞很正当。① 他们的演说辞谈及波斯战争的那部分,确实最接近于明确谈论雅典的力量。他们说,雅典人为拯救希腊贡献了为数最多的舰船、最智慧的指挥官(地米斯托克利)以及最大胆的热情。但使得雅典配得上帝国的不是她的强大海军,而是她在萨拉米斯海战中展现出来的热情和智慧(74.1-2,75.1)。他们暗示,这些品质——领袖的杰出智慧和人民的大胆热情,而不是海军,才是雅典力量的核心。修昔底德本人告诉我们,在萨拉米斯海战时,除了在上述这些品质方面,斯巴达在任何方面都要比雅典强大得多(Ⅰ 18.2)。或者,正如他笔下的伯利克勒斯所说,在萨拉米斯海战时,弃城后的雅典人,除了智慧和大胆之外,可以说是一无所有,正是这些极具男子气概的品质才造就了雅典的力量,而不是雅典的力量造就了这些品质(Ⅰ 143.5,144.4)。通过[172]演说,也就是行动,正如他们所做的,身在斯巴达的雅典人展示了当时雅典力量的主心骨。在这个意义上,他们暗地里证实了科林多人在斯巴达公民大会上所说的雅典人和其他所有人之间的深刻区别。但科林多人从这一区别推出的是如下结论,即雅典人因此是其他所有人尤其是斯巴达人的威胁。雅典人必须否认这一推论的有效性。他们采用了一种异乎寻常的方式来这样做。他们将自己的威胁性力量追溯到强迫;他们因恐惧、荣誉

---

① Ⅰ 86.1;参见Ⅰ 73.2-3。

和利益而被迫建立帝国;由于这种强迫,他们做了斯巴达人以及其他所有人换到他们也都会做的事:他们这样做是迫于人的自然。他们在行使帝国力量时迥异于其他所有人,这是因为他们对待自己的臣民非常公正。这些雅典人为雅典获取帝国进行辩护时非常坦诚,最重要的是,他们揭示了雅典的力量,因为只有最强大的人才能说出他们所说的原则。对于那一指责,即认为雅典人会威胁到斯巴达人,这些雅典人以轻蔑的态度对待它:雅典人和斯巴达人一样,从没有犯过如下错误,即与力量相当的城邦开战;雅典和斯巴达及其盟邦之间的所有分歧都能够而且也应该和平解决,即按照条约来解决。有人曾谈到雅典人那种极富挑衅性的讽刺,但又这样断言:"很明显,修昔底德并不认为这些雅典人意在挑衅,而是相反。"[①]这一演说辞最好被描述成既讲究又坦诚。修昔底德和苏格拉底一样,都知道在雅典听众面前赞扬雅典非常容易。[②] 但这些雅典人在斯巴达的所作所为却并不容易。修昔底德至少也和这些雅典人一样讲究。然而,人们不能说他没有保持沉默。

为了充分理解雅典人在斯巴达唯一的演说辞,就必须拿它与斯巴达人在雅典唯一的演说辞进行对比(IV 17-20)。[③] 在德摩斯提尼鼓舞人心的领导下,[173]雅典人在皮洛斯(Pylos)击败了斯巴达人,又切断了斯法克特里亚(Sphacteria)岛的大量斯巴达派遣军与外界的联系。斯巴达当局增援无望,又渴望不惜一切代价避免派遣军的被俘或覆灭,于是派使团赴雅典进行和平谈判。在演说辞中,这些使者禁不住提到了他们目前的困境或雅典人的重大胜利。他们这样做是通过提及雅典人的好运气:如果你们明智地

---

① 戈姆,前引书,254。
② 柏拉图,《墨涅克塞诺斯》235d。
③ 当斯巴达人担心损失那三百人时,他们在雅典发表了这唯一的演说,与这一演说对应的另一演说,可能就是大瘟疫之后雅典人在斯巴达发表的第二次演说(II 59. 2)。如果雅典人听从了斯巴达人的要求,斯巴达人就会缔结和约;但即使斯巴达人听从了雅典使者的要求,伯利克勒斯也会阻止和约。

行动，那么除了好运之外，你们还将获得名誉和荣耀；他们很狡猾地暗示，雅典人的胜利并没有带给他们名誉和荣耀。由于战争中运气至关重要，他们警告雅典人不要相信运气会永远在他们那边；如果雅典人现在不媾和，以及如果雅典人今后在事业上失败，那么他们目前的胜利便会被认为是由于运气，而不是由于他们的力量和智慧(17.4-18.5)。以这种秘密的和勉强的方式，他们确实承认了他们前面所否认的事实，即雅典人将他们目前的胜利归因于自己的美德。他们不够坦诚也不够骄傲，这不会因他们的优雅而得以挽回。他们的国王阿基达穆斯曾宣称他们是独一无二的，因为他们的节制在胜利时不会变成傲慢，也因为他们不会像别人那样屈服于灾难。无论他们在胜利时的节制到底有多真实，在皮洛斯之战后，他们确实向灾难屈服了，其程度要远甚于西西里灾难之后雅典人的表现。①

可以稳妥地得出这一结论，即至少在某些情况下，演说者并不想传达他们的[174]演说辞实际所传达的印象。更一般地说，修昔底德写下的演说辞所传达的想法并不属于演说者，而属于修昔底德。这同如下可能性完全可以相容，即作为一位历史学家，修昔底德已经尽可能接近演说者实际上所说的话，或者任何演说辞中

---

① I 84.2, VIII 1.3。出于各种不同的动机而缺乏坦诚，这可以用来解释科林多人在斯巴达的第二篇演说辞(I 120-124)。在他们的前一篇演说辞中，通过指出雅典的威胁性力量，他们已经促成斯巴达人决定发动反对雅典的战争。这一决定做出之后，他们又担心——这不是没有理由(I 125.2)——斯巴达人(以及其他盟邦)不会全力发动战争以及迅速解救波提狄亚(Potidaea)之围："一个人信心十足地对未来进行了规划，但实践中执行起来却很不一样[因为一到实践，就有所担心]。"这是戈姆的意译，毫不意外，他漏掉了我们加在括号内的想法。科林多人之所以说他们的盟邦先前缺乏活力和速度，其根源在于后者对胜利过度自信，这是因为科林多人不想提及他们的盟邦在波提狄亚问题上的态度冷漠，也即不想提及科林多和她的盟邦之间的利益差别(参见 120.2)，还因为他们不想过于提及他们的盟邦惧怕雅典的力量；他们对这一惧怕的担心解释了为什么他们在谈到战争前景时满怀信心。

所表达的意见都不能被假定为修昔底德的意见。演说辞的字句确实是修昔底德本人所撰。没有人竟然会说，实际演说者的开篇语词和修昔底德所编定的演说辞的开篇语词完全一样。例如，这部著作的第一篇演说辞以"正义的（正当的）"开篇，第二篇演说辞是对第一篇的回应，它以"必然的（强迫的）"开篇。这两个开篇语词合在一起所暗示的思想便是正当与必然之间的关系问题，① 便是正当与强迫之间的区别、紧张乃至对立的问题——这一思想并不是那两篇演说辞的主题——它是修昔底德的思想。这一思想是如此不引人注目地、如此微妙地被暗示，它可以照亮那两篇演说辞之前和之后的一切。这两个开篇语词暗示了修昔底德看待伯罗奔半岛战争的视角。

5. 正义（Dike，或译正当）

　　从正当与强迫之间的区别来看，伯罗奔半岛战争是如何出现的呢？在修昔底德看来，雅典人迫使斯巴达人发动了反对他们的战争；这一强迫是战争最真实的原因，然而它却是最少被提及的原因，它不同于公开宣称的原因。公开宣称的原因是指雅典和科林多在科基拉和波提狄亚事件上的纠纷（Ⅰ 23.6）。修昔底德首先谈论了构成公开宣称的原因的事实，然后才谈论构成未公开宣称的原因的事实，因此他颠倒了事件的时间顺序：公开宣称的原因"对我们来说是首要的"，而真实的原因则被隐藏而且一直被隐藏。但当人们研究修昔底德对公开宣称的原因的记述时，就会注意到它们与最真实的原因一样"真实"，而且它们事实上也是后者的一部分，甚至是最关键的一部分。战争最真实的原因是指，雅典人日益强大，从而引起了斯巴达人的恐惧，迫使[175]他们发动了战争。

---

① 参见《巴门尼德残篇》（Parmenides, *Vorsokratiker*, 7th ed.）fr. 8 lines 14 and 35。

然而雅典人的各项行动,至少是针对科基拉的行动,也使得他们更加强大,或者至少承诺使得他们要比在这些行动之前更加强大。战争公开宣称的原因在真实性上要低于未公开宣称的原因,它不同于雅典人不断增长的力量所造成的强迫,不管这一强迫是否是在科基拉事件之前开始的。公开宣称的原因是指,对斯巴达及其盟邦和雅典及其盟邦之间所缔结的三十年条约的违反,这种违反是一种不正义的行为,是一种违背正当的行为。"强迫"不同于"正当"。

修昔底德将最真实的、最少被宣称的原因与公开宣称的、较少真实性的原因做了对比,在同一个段落中,他又说,雅典人和伯罗奔半岛人打破了条约(Ⅰ 23.4、6)。虽然他的确表明强迫是由雅典施加的,但正如他没有表明"强迫"可以替换为"正当",同样,他也没有表明违反正当也即打破条约的是谁。在雅典和科基拉结盟之前,他没有提到曾发生过这样的违反。而且无论在缔结还是在履行他们与科基拉之间的条约时,雅典人都不想打破他们与伯罗奔半岛人之间的条约(Ⅰ 44.1,45.3,49.4;参见 35.1-4,36.1)。科基拉人和雅典人认为科基拉—雅典同盟与三十年条约并无冲突,但科林多人否认这一论点(Ⅰ 40.1-41.4;参见 53.2、4;55.2)。人们所能期望的最佳裁判,即修昔底德,并没有裁决这一争论。他实际上只说道,雅典与科林多(斯巴达盟邦)的敌人科基拉之间的条约,"迫使"雅典人与科林多人开战(49.7)。即便不能裁决后来的条约是否与先前条约的规定相冲突,先前条约也有可能已经被打破,尽管没有哪一方违反这一条约(参见 52.3)。雅典针对波提狄亚的行动确实并不构成违反条约,但这一事实并没有阻止科林多人声称雅典人违反了条约(66-67;71.5)。在斯巴达的雅典使者以及斯巴达王都否认雅典打破了条约(78.4,81.5,85.2),但斯巴达监督官则否认雅典人以任何方式驳斥了针对雅典的指控,他认为雅典已经对斯巴达盟邦做了不正当的事。斯巴达公民大会赞同这个监督官(86—88)。修昔底德表明,斯巴达人的裁决出于对正当的考虑要少于对强迫的考虑,[176]或者换句话说,对正当的考虑不完全缺乏真实性或不相关。斯巴达人断定雅典人已经打破了条约或行事违反正当(118.3),而伯利克勒斯则断然否认这一点(140.2,141.1,144.2,145)。在修昔底德看来,此时在条约问题上存在着"困惑"(146),也就是说,含糊的地方在于条约是否已经被违反,而不在于哪一方应对违反条约负明确的责任。另一方面,接下来的那个春天发生在普拉提亚(Plataeae)的事件显然是对条约的违反,但谁正当谁不正当却并不十分清楚,因为尽管忒拜(斯巴达盟邦)入侵了普拉提亚(雅典盟邦),但条约仍然有效,然而,在条约问题上已经存在着"困惑",忒拜人是被普拉提亚邦民中的著名人物召来的(II 5.3、7,7.1,III 65—66,V 17.2)。由于在普拉提亚的各项行动,战争的确爆发了,除非斯巴达人愿意放弃急需他们帮助的盟邦忒拜,让雅典人去报复它,否则战争就会爆发,但没有理由指望他们放弃忒拜,而且紧接着斯巴达人就入侵阿提卡,因而这看起来似乎就很正当。

战争爆发六年后,在皮洛斯战役后,斯巴达使者在雅典公民大会上发言,说是仍然不清楚是哪方开启了战争(IV 20.2)。人们可能会说,这一说法并不一定表达了斯巴达人的信念,但在当时的情况下,或者是为了与他们那整个演说既狡猾又谦卑的特征保持一致,因而他们难免会这样说。但也有可能是,在他们显然不能扳倒那个僭主式的城邦之后,他们要比战争开始时更加愿意承认,雅典人一方并不完全是不正当的。在对战争第十年的记述中(他的整个记述涵盖二十一年),修昔底德毫不含糊地以自己的名义说道,战争始于斯巴达入侵阿提卡(V 20.1),这暗示是斯巴达打破了条约。与此同时,通过暗示,他再现或摹仿了先前的困惑,按照他在同一段落中所说的,恰在战争爆发的那个日期,是忒拜袭击普拉提亚从而打破了条约。他似乎是在暗示,斯巴达(打破条约)和忒拜(打破条约)

第三章　论修昔底德《伯罗奔半岛人与雅典人的战争》　　*191*

同时开启了战争。关键的含糊之处似乎被如下事实所消除，即是斯巴达人自己，而且显然不是别人，[177]在战争的第一阶段（431BC-421BC）遇到挫折，他们意识到自己开启战争其实并不合法，因为忒拜人是在条约仍然有效的时候袭击了普拉提亚，而且斯巴达人自己也没有以另一种方式按照条约来行动；即便斯巴达没有因自己的行动而打破条约，她也可能因未从忒拜的行动中抽身而打破条约。在战争的第二阶段，情况则完全不同，因为这时已毫无疑问，是雅典打破了条约（VII 18.2-3）。在战争的第一阶段，正当在雅典一边，而在战争的第二阶段，正当则在斯巴达一边。恰巧，在战争的第一阶段，修昔底德站在雅典一边，而在战争的第二阶段，在某种程度上，他甚至在字面上都站在伯罗奔半岛人一边（V 26.5）。

　　如果考察一下修昔底德著作中正当问题的命运，那我们就会得出如下结论，即在他叙述的中间部分附近，他最不含糊地透露了关于这一问题的真相。出于同样的原因，他的最初评论（I 23.6）没有表明"强迫"可以替换为"正当"，也即遵守或打破条约，更没有表明是谁违反了正当，他尽可能遮蔽了如下事实，即正是斯巴达违反了正当。在最初评论中，他说雅典人迫使斯巴达人发动了战争，这可能会被说成他是在暗示，斯巴达人开启了战争；但他的确完全遮蔽了如下事实，即斯巴达打破了条约。他对斯巴达在战争第一阶段的罪责的处理，其特征很奇怪，当人们将此与他对雅典在战争第二阶段的罪责的处理相比较时，这种奇怪的特征就会变得更加明显；在后一种情形上，他陈述自己的评判时毫不犹豫，没有任何模糊之处（VI 105.1-2；参见 V 18.4）。条约经过郑重宣誓；违反条约就是违犯神法。因此，是谁开启了战争这一问题就和关于神法的问题联系了起来。① 当斯巴达人正打算打破条约，并在德尔斐向神询问他们

---

① 参见 I 71.5，78.4，86.5 处所提到的向其发誓的诸神。誓言对于城邦之间关系的重要性最清楚地体现在 II 5.6 处以及上下文。

是否应该发动战争时，"据说"，神支持他们全力发动战争（I 118.3），神根本没有警告他们不要打破条约。相反，[178]通过激励他们投入战争，神似乎表达了自己的信念，即他们开启战争并不会打破条约；按照所有通常的标准来看，在战争的头五年，诸神似乎在帮助斯巴达人（I 123.2，II 54.4-5）。但当战争持续的时间超过预期中神支持他们的时间之时，尤其在皮洛斯灾难后，他们开始怀疑阿波罗的神谕是否充分保证了他们发动战争的合法性，或者开始怀疑发布神谕的是否是德尔斐祭司而不是阿波罗（参见 V 16.2；I 112.5）。他们开始相信，灾难落到他们头上极为合适，因为他们违反了正当。再后来，通过将他们在战争第一阶段的灾难与第二阶段的大好前景作对比，同时将他们在第一阶段的不正义与在第二阶段的明显正义作对比，他们有理由①相信，他们在第一阶段的失败是由于自己的不正义而不是由于自己的无能，他们在第二阶段将因自己的正义而获得胜利。② 毫无疑问，斯巴达人在战争的第二阶段因而也就在整个战争中取得了胜利，在这个意义上，不仅阿波罗最初的神谕，而且甚或是诸神对誓言的关注，就都可以说是得到了维护（参见 V 26.4）。但对修昔底德来说，不正义与失败之间的关联以及正义与胜利之间的关联是否不仅仅只是巧合，这显然是一个问题。例如在别的地方，他说，不是对超人命令的违反导致了灾难，而是灾难导致了这种违反（II 17.1-2；参见 II 53.3-4）。

所有这些都并不意味着斯巴达人认为自己应负违反条约的罪责是错的，也更不意味着修昔底德认为正当问题是不相关的。若是没有城邦之间的条约，就不可能有静止、希腊性乃至战争，如果不能设想条约的参加者遵守条约，那么记住这些条约便毫无价值；

---

① 参见色诺芬，《远征记》II 2.3 处斯巴达人克利尔库斯（Clearchus）极富启发性的类似评论。
② 参见 VII 18.1-2。参见 I 128.1 和 V 16.2-3 处斯巴达人的类似情况，以及 V 32.1 处雅典人的类似情况。

第三章　论修昔底德《伯罗奔半岛人与雅典人的战争》

这一设想必须至少部分建立在过去的表现上，也就是建立在条约各方的正义上。在这个意义上，忠诚于盟约可以说是[179]天然就正当。但是，由于显而易见的原因，光有这种合约还不够，因而人们便诉诸神的约束。无论誓言还是条约都是一种言辞，正如对待所有其他言辞一样，必须依照行为对它们加以评判。条约正如修昔底德笔下人物的演说辞一样，构成了他的著作的一部分。条约在以下两个方面不同于演说辞：它们逐字逐句被征引，而演说辞则不是，演说辞是由冲突的一方所发表，而条约则体现出冲突各方的一致之处。因此，可以说，条约在政治层面反映了修昔底德本人无所偏倚的言辞。

再重复一次，修昔底德将最真实的、最少公开宣称的原因和公开宣称的、较少真实性的原因区别了开来。最真实的原因是指，雅典人迫使斯巴达人发动了反对他们的战争，最公开宣称的原因是指，雅典人被指控违反了条约。人们再次看到，修昔底德的最初视角是斯巴达人的视角。最真实的原因斯巴达人不易公开宣称，①最公开宣称的原因又太弱，于是斯巴达人不得不考虑增强后者，以便拥有非常强的开战理由（Ⅰ 126.1）。为此，他们使用了两个论证或曰两套论证，第一个是从神法角度进行的论证，第二个则仅仅是政治论证。为了证明斯巴达人做法的正当性，修昔底德将这两套论证完全分开来处理。他陈述并解释斯巴达人从神法角度进行的论证以及雅典人同样从神法角度进行的反驳，所占的篇幅要远远多于斯巴达人的政治论证以及雅典人对这一论证的回复。② 由于其中一个政治论证——处理的是雅典人关于麦加拉（Megara）的

---

① 参见Ⅰ 86.5。
② 似乎从Ⅰ 139开始，Ⅰ 126-138（大约325行）致力于从神法角度进行论证；如果人们坚持认为处理地米斯托克利的段落（135.3-138结尾）是例外，那他们可能会减掉97行；政治论证和伯利克勒斯对它们的回复（139.1-4,140.3-4,144.2）至多占36行。

法令——似乎要比除最真实原因之外的任何其他原因都重要得多,因而这点就更加引人注目。① 然而,和政治论证不同,处理神圣事物的论证有着明确的法律依据。斯巴达人要求雅典人从自身中清除出"被神诅咒的人"(pollution),在平息库隆(Cylon)事件时,他们曾订有这一契约,库隆显然是仰仗阿波罗撑腰才企图使[180]自己成为雅典的僭主;这一要求还有一个附带的好处,即诋毁伯利克勒斯在宗教仪式方面的纯洁性,伯利克勒斯是斯巴达最坚定的对手(126-127;参见Ⅰ13.6)。雅典人很可能遵照了伯利克勒斯的建议,他们如此回应这一要求,即按照他们和斯巴达人所订的契约,斯巴达人应从自身中清除出两种"被神诅咒的人",第一种和他们针对某些希洛特人(Helots)的行动有关,第二种则和他们惩罚他们的国王波桑尼阿斯(Pausanias)有关,惩罚波桑尼阿斯是因为他企图把希腊人出卖给波斯国王。在修昔底德看来,斯巴达人的要求无疑是可笑的,尤其是如果按照雅典人的绝妙回答来考虑的话(不是一种而是两种"被神诅咒的人",而且他们在时间上都要比雅典的"被神诅咒的人"更新近);正如一位旧日评注者所说,"这里狮子在笑"。事实将证明,揭露斯巴达可笑特征的不止这一个故事,但除了这一事实而外,斯巴达人上述要求的可笑特征并不能使人对如下这点感到奇怪,即修昔底德重视它要远胜过重视麦加拉法令,以及"无论斯巴达人多么迷信,也不应该派出一个专门的使团来提这种无聊的要求"。② 以一种普遍有效的方式划分出迷信和宗教并不是一件易事,尤其是在自然神学已不再是人们普遍接受的讨论基础后;在斯巴达人或其他人身上划分出真正的宗教关怀和伪善地利用宗教也不是一件易事;更不用提如下事实,即认为启蒙是理所当然的,这就相当于把启蒙转变为迷信。

---

① Ⅰ139.1,140.4。
② 戈姆,前引书,447。

第三章 论修昔底德《伯罗奔半岛人与雅典人的战争》

人们必须同时把库隆故事看成是其广泛背景的一部分,也即修昔底德在第一卷中对伯罗奔半岛战争诸原因的全部记述的一部分。第一卷由如下几部分构成:

I. 导言(1-23):从最古老的时代到公元前431年。
II. 公开宣称的原因(24-88):从公元前439年到公元前432年前半年。
III. 最真实的原因(89-118):从公元前479年到公元前439年。
IV. II 的续篇(119-125):公元前432年后半年。
V. 意在增强公开宣称的原因的那些原因,以及 IV 的续篇(126-146):从约公元前630年到公元前432年年底。

[181]从 I 到 II、II 到 III 以及 IV 到 V 的过渡都是从晚近事件返回到早先的事件。尤其是,修昔底德从时间上较晚而且较少真实性的、公开宣称的原因,转到了时间上最先的、最真实而且最少公开宣称的原因。从这一事实本身出发,便会导致我们如此期待,即开篇出现的考古学意在揭露纯粹的第一原因或诸第一原因(这种原因不同于伯罗奔半岛战争的第一原因),这种原因本身是完全真实的以及完全"未说出"或未显明的原因。通过研究考古学,可以证实这一期待。如果修昔底德没有从现在"返回"到久远的开端,那他便不可能写下考古学;从某种意义上来说,他的呈现的顺序是在摹仿他的发现的顺序。第一卷的核心由两部分构成:(1)雅典霸权(89-96)和(2)雅典帝国(97-118);伯罗奔半岛战争最真实的原因是雅典帝国而不是雅典霸权。修昔底德暗示了第二部分的重要性,因为他给它加了一个序言(97.2)。在这个序言中,他对即将揭露伯罗奔半岛战争最真实的原因这一

事实(这一事实将会被重述)完全保持沉默。作为替代,他首先将第二部分(这部分处理发生在约公元前476年到公元前440年之间的事件)呈现为对所能见到的前人记述的一种补充,如果不是呈现为赫拉尼库斯(Hellanicus)编年史的修改版的话,而且,他将第二部分呈现为对雅典帝国是如何建立起来的一种展示,这只是次要的。如果从所谓的修昔底德的第二序言转到他的第一序言——他对其整部著作之特征的陈述(Ⅰ20-22),那我们便会惊讶地发现,他在这里也对"原因"这一主题完全保持沉默。他在这里说,他"探寻真相"便是探寻真正所做的以及真正所说的,也即真正的事实,而不是真正的原因。① 同样值得注意的是,希罗多德在其著作的开篇提到了"原因",而"科学的历史学家"[182]修昔底德却没有。② 通过这些方式,修昔底德暗示了真实的原因这一问题的严重性——然而,这一问题似乎是(正如对科学的历史学家而言)理所当然的。

---

① 关于"事实"与"原因"之间的区别,参见Ⅰ23.4-5。Ⅰ20.2处对雅典人刺杀僭主事件的评论与Ⅵ54-59处对这一主题的重复处理之间最重要的区别或许正在于如下事实,即只有在后一处,刺杀僭主的原因才得到阐明(参见54.1,57.3,59.1)。比较Ⅴ53——(第十三年的核心事件)认为"原因"仅仅是"借口"——和Ⅰ23.6。

② 在Ⅰ1.3处,修昔底德似乎说,关于伯罗奔半岛战争前发生的事情,我们无法获得清晰明确的知识(另参见Ⅰ20开头),然而他不可能是这个意思,因为他至少清晰记述了战争爆发前数十年间发生的事情;而且最重要的是,正是由于他试图证明伯罗奔半岛战争胜过早先的战争,因而这就需要拥有关于早先战争的清晰明确的知识;同样地,如果按照字面来理解他在Ⅰ1.3处的评论,那么他探寻伯罗奔半岛战争的诸原因,也即这场战争之前的事情,就毫无意义。但修昔底德并不是不识字。因此,人们必须考虑被按照字面来理解的那段话的含义。如果不存在关于伯罗奔半岛战争前发生的事情的清晰明确的知识,那么便不可能存在关于伯罗奔半岛战争至高无上性的清晰明确的知识;相信这种至高无上性仅仅是一种偏见,正如其他任何战争的同时代人一样,他们都相信他们时代的战争至高无上(Ⅰ21.2)。如果不存在关于伯罗奔半岛战争前发生的事情的清晰明确的知识,那么便不可能存在关于它的诸原因——更不要说它的最真实原因——的清晰明确的知识;这些原因隐没在神秘之中;用荷马的术语来描述它们至少和用修昔底德的术语来描述它们一样合理。

6. 必然(Ananke,或译强迫、被迫)

综上所述可以得出,必须按照正当与强迫之间的区别来理解真正的原因这一问题。斯巴达人相信,他们的不正义导致他们在战争的第一阶段处境不利。而修昔底德则仅仅相信,斯巴达人的信念可能会对他们战争中的行动产生不利影响。但这并不意味着正当可以说属于纯粹现象的领域(the sphere of mere seeming),而只有强迫才属于存在的领域(the sphere of being),也并不意味着正当与强迫完全对立。斯巴达确实打破了条约,但她这样做是出于被迫,因为她看到很大一部分希腊城邦都已臣服于雅典人,因此她担心雅典人还会变得更强大,因此她被迫在为时已晚之前去阻止雅典人。[①] 被迫是托辞;它证明了就其自身而言并不正义的行动具有正当性(参见 IV 92.5)。另一方面,雅典人的行动似乎并不正义;他们没有被迫持续不断地增强他们的力量[183](比如,通过和科基拉联盟或发动西西里远征);促使他们行动的不是强迫而是狂傲(hybris)(参见 IV 98.5-6)。这并不一定意味着他们战败是由于这个缘故。然而,部分地是由雅典人自己、部分地是由修昔底德的叙述所显示,雅典增强自己的力量是出于被迫,或者是由于对波斯人和斯巴达人感到恐惧,这才促使她建立帝国并且扩大它;她被迫成为了僭主式的城邦;她被迫去强迫斯巴达发动反对她的战争。在斯巴达发表的演说中,雅典人走得更远。他们声称,他们建立帝国是被迫的,他们把帝国发展成如今的形式也是被迫的,这首先是由于恐惧,然后是由于荣誉,再然后是由于利益(I 75.3)。如果受到荣誉或光荣以及尤其是利益的引诱被认为是被迫的,而且被认为可以用被迫来辩解,那么便很难看出究竟有多

---

① I 23.6,86.5,88,II 8.5。

少战争会是不正义的,或是很难看出,究竟有哪个城邦获取以及施行对其他城邦的僭主式统治会是不正义的。① 因此,当雅典人重复这三个迫使城邦变成帝国的动机时,他们改变了顺序,他们说的是"荣誉、恐惧和利益"。他们竟然说,雅典只遵从那永远确定的东西,即强者控制弱者,这也就是说,为了证明帝国的正当性,完全不需要诉诸恐惧;雅典人没什么创新,有创新的是斯巴达人,他们现在突然诉诸"正义的言辞","正义的言辞"迄今为止还没有阻止过任何足够强大的人扩张自己(I 76.2)。斯巴达人并没有挑战雅典人的论点。在他们看来,讨论这种一般性就是在无用的事情上展示过头的聪明(参见 I 84.3)。在合适的场合,伯利克勒斯本人将会按照雅典人自己的立场来陈述雅典人的论点(II 63.2)。但并非只有雅典人陈述了这一论点(参见 IV 61.5)。另一方面,雅典人攸菲姆斯(Euphemus)在卡马林那(Camarina)发表演说时——或许要降格为婉言(euphemism),因为雅典人在西西里的处境并不如他们在战争爆发时或在米洛斯的处境那么简单——虽然并没有避免将帝国城邦比作僭主,但无论证明雅典帝国的正当性还是证明[184]西西里远征的正当性,都仅仅是通过关注自身的拯救或安全,都仅仅是通过恐惧。②

修昔底德的叙述暗中传达了这一教导,即所有已获得必需力量的城邦都会按照雅典人关于利益的强迫力量的论点来行动,但即便根据这一教导,或许也不一定能得出如下结论,即那些城邦实际上不得不以这种方式来行动。在雅典人和米洛斯人的对话中,这一问题得到了解决。在伯罗奔半岛战争两个阶段之间的和平间隙,雅典人决定使自己成为米洛斯岛的主人,米洛斯岛是斯巴达人的一个殖

---

① 根据 IV 98.5,人们不得不说,按照雅典使者在斯巴达所作的断言,狂傲以及神法的可能性并不存在。
② VI 83.2、4;85.1;87.2。参见 VII 57 处强迫的有限含义,它排除了利益以及类似的因素。

民地,但它在战争中保持着中立,因为它慑于雅典的海军力量。在进攻之前,雅典人试图说服米洛斯人投到他们这边。正如在伯罗奔半岛战争爆发前夕,伯利克勒斯不允许斯巴达使者向雅典民众发表演说(II 12.2;参见 IV 22),因为他担心他们会欺骗民众,同样,米洛斯政府也采取相同的预防措施来防范同样的危险。为了不欺骗米洛斯政府,雅典使者提议,他们不会发表一通长篇演说,所以米洛斯人也用不着以长篇演说来回复,不过他们的交流将会具有对话的特征。① 雅典使者的谈话显示出他们似乎曾经聆听过苏格拉底对普罗塔戈拉或高尔吉亚的责难。通过他们的提议,修昔底德确实又对遍布全书的演说辞作了新的阐释,同时又强调了发生在米洛斯的对话具有独一无二的重要性。这一对话是关起门来进行的。然而,在米洛斯人看来,由于雅典军队正在场,因而这一对话不可能达成协议,而只会导致战争,或导致他们沦为奴隶;他们不指望能够说服雅典人回到属于他们的地方。在雅典人看来,这确实是米洛斯人亲眼所能看到的当前现实,也即雅典的兵力,这必须是关于米洛斯人如何可能从当前险境中得救的对话的出发点。米洛斯人无法否认,[185]只得承认这一点。接下来雅典人确定了慎思的原则。问题不在于什么是正义的,而在于什么是可行的——雅典人对米洛斯人能够做什么,米洛斯人对雅典人能够做什么;正当的问题只有当双方的强迫性力量大致持平时才会出现;如果存在着巨大的不平等,犹如雅典和米洛斯之间这样,那么强者便会做他能够做的事,而弱者只得屈从。雅典人确信同他们交谈的米洛斯人,也即不同于一般民众的领袖人物,一定知道他们所陈述的这一原则是真理,然而事实证明,他们是错误的。不过,米洛斯人被迫基于利益而不是正当来进行论证。在基于利益论证时,他们提醒雅典人注意如下事实,

---

① 这里我们仅仅考虑言辞而不考虑屠杀;修昔底德对这一行为的看法或许可以从他对屠杀米提列涅人(Mytileneans)的意图的评判中推断出来(III 36.4、6 和 49.4)。

即米洛斯和雅典有一个共同利益:今天的强者可能会在未来某个时候变成弱者,到那时,先前他的受害者或受害者的朋友们就会因为他在其力量处于鼎盛期时对弱者的所作所为而对他进行可怕的报复。雅典人并没有被这一前景所吓住,因为那将来会击败他们的强邦将会考虑自己的利益,而不会考虑为正义报仇,而且雅典人将会明智地屈从于胜利者的利益,正如他们希望米洛斯人当前会屈从一样;一个帝国不必考虑它在将来的胜利者治下的处境,但必须考虑它目前的附属城邦,这些城邦一旦叛乱成功,实际上只会想到报复;正是为了打消其附属岛邦抵御雅典海军的所有希望,所以雅典人必须成为米洛斯的主人;米洛斯和平地成为雅典盟邦正是米洛斯人所诉诸的共同利益:保持米洛斯作为雅典的一个盟邦,这对米洛斯和雅典都有利。米洛斯人由于他们以下这一荒谬的问题而无话可说,即他们问雅典人是否会不满足于他们成为雅典人的朋友而不是敌人,以及与此同时他们既不与雅典结盟也不与斯巴达结盟;即便假设友谊和中立在同一方面并不互相排斥,但米洛斯人也确实更愿意和雅典的敌人斯巴达成为朋友。雅典人在此时的讨论中不可能摆明这一点,因为他们此时还没有与斯巴达开战;但米洛斯人却充分了解这一情况,因而把自己限制在提请保持中立而非友好:雅典人难道不能够忍受中立的城邦?毕竟,雅典人征服他们的殖民地城邦或[186]原本隶属于他们的叛乱城邦与征服从未隶属于他们的城邦之间存在着差别。因此,米洛斯人暗中将不同于利益的正当带入了考虑中来。雅典人反驳这一论证是通过否认就正当而言这两种城邦之间存在着差别;毫无疑问,臣服于雅典的城邦会认为,它们之所以臣服乃是因为雅典的力量较强;这一重要的差距可以从雅典人的不同于正当的利益视角得出;因此,人们切不可在正当的雅典属邦和中立城邦之间作出区分,而必须在大陆城邦和岛屿城邦之间作出区分;只要还存在着没有臣服于雅典的岛邦,单单这一事实就会被看成是雅典海军无能的标志,因而就会给雅典造成不利影响;雅典人并不担心米洛斯人那样的告诫,即他们侵犯米洛斯将会导致所有迄今为止都还保持中立的城邦与雅典的敌人结盟,因为大陆城邦都知道,它们并没有受到雅典威胁,但所有的岛邦都对雅典有威胁。当谈及大陆城邦时,雅典人稍微有点不经意地提到,这些城邦的"自由"不同于岛民实际或潜在的情况。米洛斯人认为这便是承认,如果他们屈服,那他们就将被奴役。他们将不惜一切代价来捍卫自己的自由。处理"自由—奴役"这一问题时,他们并没有违反对话的规则而引入正当问题;他们仍停留在利益的范围内,在其中,人或城邦的利益显然就是自由,然而,他们扩大了这一范围,在其中,自由也是某种高贵的东西;他们觉得,如果为了自由而不冒任何危险,那他们就会是低贱的懦夫。雅典人否认屈服于更强大的力量是可耻的;不屈服才表明缺乏明智或节制——缺乏斯巴达脾性的人必定会夸耀的美德。米洛斯人暗地里承认,屈服于更强大的力量并不可耻,但他们怀疑雅典的力量远远大于他们的力量。的确,雅典人在人数上要多于他们,但战争的结果并不仅仅取决于人数;所以他们拥有希望。因此,雅典人和米洛斯人一致同意,现在的问题不是人应该高贵地行动还是低贱地行动,而是对米洛斯人来说,是否存在着希望的根基。米洛斯人充满希望。雅典人则警告他们不要怀有希望;不是由于他们人数少,而是由于他们显然在整体上就虚弱,[187]这会使得他们冒一切危险争取独立是毫无希望的;但他们仍然可以通过人为的手段而得救;米洛斯的明智的统治者将不会犯大多数人的那种错误,即当明显的希望落空时,大多数人还求助于虚无缥缈的希望,这些虚无缥缈的希望由占卜者和神谕提供,它们其实很有害。随后,米洛斯人揭示了他们希望的根基,因而也透露出他们完全不同意雅典人。他们说,有两样东西决定战争问题,即力量和运气;关于运气,它(在某种程度上或整个地)取决于神明,而神明则眷顾正义的人;关于力量,虽然米洛斯人欠缺力量,但通过与斯巴达人联盟,它将会得以壮大,斯巴达人仅仅因为纯粹的耻辱就会援救米洛斯。米洛斯人抵抗雅典人的行动是否高贵这一问题已经变成了如下问题,即他们这样做是否明智;愚蠢的行动不可能是高贵的行动。现在看来,他们的行动是否愚蠢完全取决于他们对神明和对斯巴达的希望其根基有多牢固。当谈及力量时,米洛斯人并未提到神明。米洛斯人希望神明帮助正义的人,雅典人反对他们随后的那种关于神明和正义的观点。无论神明还是人类都无条件地受其自然所强迫,每一方都会去统治较弱者;这一法则不是由雅典人制定,他们也不是第一个按它来行动的人,但他们发现了它存在,而且他们也要使它将来存在、永远存在,他们确信,米洛斯人或所有其他人,如果拥有了同雅典人一样的力量,他们也会按它来行动。(或许有人会说,在雅典人看来,这一法则是真正的神法,是运动和静止交互作用的法则,是强迫和正当交互作用的法则,是流行于不平等者们中间的强迫和流行于力量大致持平的诸城邦中间的正当交互作用的法则。)这一法则流行于人类中间,雅典人声称自己显然知道这一点,至于这一法则对于神明的效力,对他们来说,这只是一个意见问题。这并不意味着,他们并不十分确定米洛斯人信仰正义的诸神是否不会有什么根基,而是意味着,他们并不十分确定神明是否存在,或者他们并不想否认神明的存在。换种说法,雅典人否认他们的行动不虔敬,因为他们这样行动是在摹仿神明;除此之外,神明不会阻止强者统治弱者,因为强者是迫于自然的必然性才去统治[188]弱者。神明真正的帮助也就会是斯巴达人真正的帮助。如果米洛斯人相信斯巴达人将会因纯粹的耻辱而帮助他们,那他们就必定既无经验又愚蠢。斯巴达人在他们内部、在他们彼此之间的关系上非常正派,他们遵守自己国家的习俗;但在与其他人的关系上,他们要比其他人更明显地认为,高贵的便是快乐的,正义的便是有利的。(斯巴达人对待非斯巴达人的惯常行为,就如同雅典人在大瘟疫最糟糕的时候对待自己同胞的行为——II 53.3。)米洛斯人至少在如下意义上质疑雅典人关于斯巴达的观点(不同于雅典人关于诸神的观点),即他们断言,正是不同于高贵与正义的自我利益,会促使斯巴达人帮助他们。现在,对于那种完全无视我们所说的宗教考虑或道德考虑的必然性,米洛斯人和雅典人达成了一致。雅典人再次回答说,自我利益促使人们以米洛斯人所希望的方式来行动,但斯巴达人只有当这么做很安全时才会行动;因此,斯巴达人冒险的可能性极小;而援救米洛斯显然是极大的冒险。米洛斯人无法否认斯巴达人极为谨慎这一著名的事实。从这里开始,他们只能以祈愿的语气来说话。雅典人有理由说,米洛斯人说的话中没有一个词可以用来支撑他们的信心;他们最有力的论证仅仅是希望。雅典人最后提出严肃的警告:称米洛斯人变成雅典的纳贡盟邦是可耻的行为,这完全是蠢话;如果米洛斯人愚蠢地强迫雅典人进攻并击败他们,那他们便真正可耻,因为这将会导致他们全部被杀,他们的妇女和小孩被卖作奴隶。米洛斯统治者自己商议之后,再次拒绝雅典人的提议;他们重申自己信靠取决于神明的运气,信靠斯巴达人。雅典人这样评论他们:唯有他们才会认为未来的事物要比目前所见的事物更为明显,而且看待愿望中虚无缥缈的事情就如看待已经发生的事情一样;他们的毁灭同他们信靠斯巴达、信靠运气、信靠希望正相称。正如结局所表明,雅典人的预言变成了真实。

米洛斯人在行动上被击败之前,首先在言辞上就被击败了。[189]人们必定羞于这样说,但又不得不承认,即在修昔底德看来,米洛斯人抵制雅典人的要求是一桩蠢行,因此,米洛斯人的命运并不是悲剧性的。可能还存在着最后一点疑惑,但通过修昔底德对开俄斯人(Chians)反叛雅典而遭致失败的看法,就可以消除这一疑惑。开俄斯人远比米洛斯人强大富裕,但是,他们很清醒或很节制,他们和斯巴达人一样关注安全。由于背叛雅典人,他们似乎已经无视自己的安全或已经不再理性地行动,但情况并非如此。他们根据所有日常的考虑来冒险,这是明智的:在背叛时,他们有许多友好盟邦,可以指靠它们的帮助,而且,正如雅典人自己不得不承认,西西里灾难后,雅典人的事业已几乎毫无希望;没有人会因没有预见到雅典超凡的恢复力而遭到指责。① 人们可能会以两种方式来解释修昔底德对米洛斯人行为的暗中评判,而这两种方式并不相互排斥。城邦可以而且必须要求其邦民献身;然而城邦自身却不能献身;城邦在强迫之下承认另一个更强大的城邦的霸主地位,这并不可耻;当然,这也并不否认,比起彻底的奴役来,人们会更倾向于死亡或毁灭。城邦与个人之间有着一个明确的相似之处;正如个人一样,城邦如果缺少必要的配备,也即力量,它便不能高贵地或合乎美德地行动,或者换句话说,若是没有充足的军备,美德便毫无用处。② 如果米洛斯人的行动是愚蠢的,那人们必定会怀疑,这一事实是否解释了他们那一行动的最显著的理由,也即他们的如下观点:诸神会帮助正义的人或损害不正义的人。这一观点是斯巴达人的观点(参见 VII 18.2)。它与雅典人同米洛斯人的对话中最清楚表达出来的观点正相反。米洛斯对话使得人们怀疑,是否基于共同的信念,人们就不必如此表达修昔底德的观点,即信靠诸神的帮助就如同信靠斯巴达人的帮助,[190]或者诸神在对待人类时就如同斯巴达人在对待外邦人时一样,根本就不关注正义;雅典人和米洛斯人没有明确讨论诸神的存在,但这一事实并不能证明修昔底德也不关注这一点。完全只考虑正当问题本身,也即全然无视诸神,人们或许会说,不正义和运动之间、正义和静止之间存在着密切的关联,③但正如静止预设了运动以及导致了运动,同样,正义也预

---

① VIII 24.4-5。比较 III 40.1;克里昂从正义的角度来判定米提涅人的"错误";修昔底德则从安全或明智的角度来判定开俄斯人的"错误"。参见 IV 108.3-4。另参见奥科麦诺斯人(Orchomenians)的情形(V 61.5)。
② 亚里士多德,《尼各马可伦理学》1178a23-33;色诺芬,《远征记》II 1.12。
③ 参见亚里士多德,《尼各马可伦理学》1104b24-25 和《以赛亚书》(Isaiah)30.15-16。参见品达,《皮托颂》(*Pyth.*)VIII 开头。

设了不正义以及导致了不正义。正是由于这一原因,人类才要从诸神那里为正当寻求支持,或者脱离关于诸神的问题就根本无法考虑正当问题。在米洛斯对话中,雅典人保持着胜利。在修昔底德的著作中,没有斯巴达人的观点或米洛斯人的观点击败了雅典人的观点的辩论。在向斯巴达人投降后,普拉提亚人被允许为自己所遭受的最主要指控进行辩护,这一指控是说他们在战争中没有帮助斯巴达人;他们诉诸正当和诸神。作为他们的原告,他们最凶恶的敌人忒拜人,基于正当来回答他们,但没有提到诸神。不同于正当问题的必然性问题或利益问题,尤其是斯巴达及其盟邦杀死普拉提亚人是否有利这一问题,并没有被提出。普拉提亚人被杀死了,按照普拉提亚人的论点,斯巴达人将正义等同于对他们即时有利的东西(III 56.3),因为迁就于忒拜人对普拉提亚人的疯狂的憎恨,这对他们有利;斯巴达人的行动符合雅典人告诉米洛斯人的斯巴达人的行动方式(参见 III 68.4)。与此截然不同的是发生在雅典的关于米提列涅人命运的诉讼,米提列涅人曾反叛雅典同盟而遭致失败。在伯罗奔半岛阵营那边,没有人反对杀死无助的普拉提亚人,而在雅典,在关于如何处置无助的米提列涅人这一问题上,存在着争论。克里昂赞成屠杀,他诉诸正当;米提列涅人的行动最为不义,他们喜爱武力而不是正义,他们为狂傲所驱使,判他们所有人死刑恰恰是对他们的正义的惩罚(III 39.3-6);此外,在这种情形上,正义无论如何都和雅典的长远利益完全一致。[191]狄奥多图斯(Diodotus)反对杀死米提列涅人,他的论证完全基于如下问题,即雅典如何处置米提列涅人才对自己有利;他并没有质疑雅典杀掉他们所有人的正当性(III 44,47.5-6)。类似地,是那个严厉的斯巴达监督官要为斯巴达打破条约负责,而且首先诉诸正当的也不是温和的斯巴达王阿基达穆斯(I 86);而且雅典人在进入战争的第一阶段时,正义在他们一边,但他们从没提到自己的正义,也很少吹嘘自己的正义。

看来,修昔底德笔下的演说者中,只有那些完全无助之人或不正义之人才会提到正当或诉诸正当。① 再重申一次,这并不意味着雅典人在米洛斯最有力地陈述的原则与忠诚于盟约这种意义上的正义互不相容;它与这种忠诚完全相容;它仅仅与限制城邦对未来的热望的盟约不相容;但这些盟约并不是修昔底德不得不严肃关注的盟约。

雅典人断言,所谓的强者的自然正当(right),是指强者出于自然的必然性而行使的一种权利(right),这一断言并不是雅典帝国主义的信条;它是一个普遍的信条;比如,它适用于雅典,也适用于斯巴达。它不会被如下事实驳倒,即斯巴达人节制、满足于既有的东西、不愿发动战争。换句话说,强者的自然正当并不会在所有情况下都导致扩张主义。超出了限度,扩张便不再安全。存在着"饱和的"力量。与雅典人一样,斯巴达人也是"帝国主义者";只不过,他们的帝国可以说是无形的,因为他们建立帝国要比雅典早得多,而且已经达到了它的自然限度;因此,它便不再是令人震惊和反对的对象。忽略了这一事实,人们便会重蹈二战期间所犯下的那种最愚蠢的错误,当时,身居高位者按照如下假设来行动,即存在着不列颠帝国和不列颠帝国主义,而不存在俄罗斯帝国和俄罗斯帝国主义,因为他们坚信帝国是由许多被大海分割开的国家组成。开俄斯在节制方面仅次于斯巴达,在奴隶的数量方面也仅次于斯巴达。斯巴达之所以节制,乃是因为希洛特人给她带来了极大的麻烦;[192]希洛特人使得她节制。② 修昔底德就像他笔下的米洛斯的雅典人一样,从未听闻会有这样的情况,即当统治弱小的城邦符合一个强大的城邦的利益时,仅仅出于节制也即完全不加算计,这一强大的城邦便不去统治弱小

---

① 关于第二种情形,参见《理想国》366c3—d1。
② VIII 40.2 和 24.4。参见 I 101.2,118.2,IV 41.3,80.3—4,V 14.3。

的城邦。

7. 米洛斯对话和西西里灾难

然而,按照修昔底德的描述,紧接着雅典人和米洛斯人的对话之后,不正是雅典人在西西里的灾难吗?这一灾难中成千上万的雅典战俘死于刀剑或饥饿,难道这不是对雅典人在米洛斯的言辞和行为的惩罚吗?难道这不是诸神仲裁的结果吗?修昔底德认为故事最讨听众喜欢,上述想法或许便是最好的例子,因为他很清楚地表明,无论征服西西里的企图是多么不正义、大胆或不节制,但它的失败却不是由于它的不正义或大胆;尽管有着在米洛斯的行为和言辞,但雅典人的西西里远征本是有可能成功的。人们也不能说,米洛斯对话表明雅典人放弃了伯利克勒斯的政治原则,也为他们放弃伯利克勒斯谨慎的战争政策作了准备。虽然伯利克勒斯或许从没说过雅典人在米洛斯所说的话,以及虽然他或许不会认为雅典人针对米洛斯的行动是有利的,但他的政治原则与这些雅典人的政治原则却并无不同(II 62.2,63.2)。西西里远征违背了伯利克勒斯关于如何进行战争的观点,但修昔底德从没有说伯利克勒斯的观点总是可靠的。相反,再重复一次,修昔底德认为西西里远征是完全可行的(I 144.1,II 65.7、11;另参见 VI 11.1)。在他看来,西西里远征之所以失败,乃是因为不同于伯利克勒斯时代的后伯利克勒斯时代的国内政治存在着根本缺陷;在伯利克勒斯之后的领导人身上,再也没有私人利益和公共利益的完美和谐,而这种和谐正是伯利克勒斯的典型特征;对私人荣誉和私人利益的关注开始流行起来。由于具有明显的优越性,伯利克勒斯可以说自然而然就成为了第一人,而他的继任者中却没有谁具有这种优越性,但每个人又不得不为自己的显赫地位而奋斗,因而就被迫向民众做出让步,[193]这对城邦很有害。对私人利益的过度关注毁掉了西西里远征,并最终导致了战争的失败(II 65.7-12)。后伯利克勒斯时代的雅典缺乏非凡的公共精神,从波斯战争时期到伯利克勒斯时代,这种公共精神一直是雅典的荣耀(I 70.6,8;74.1-2)。正如伯利克勒斯葬礼演说中的美妙词句所表明,比起其他任何城邦来,雅典会更多地给予个人去发展优雅的多才多艺或自足性的自由,或者会允许个人成为真正的个体:这样一来,个人作为邦民可能就要比其他任何城邦的邦民优秀得多。在修昔底德的著作中,伯利克勒斯在最后一次演说中提醒他的同胞们必须全心全意致力于城邦事务。在这方面,政治家和历史学家似乎完全一致。修昔底德最关注不同于个人的城邦(雅典人、斯巴达人,等等),因而他也最关注城邦之间的战争关系或和平关系,而不是城邦的内部结构;因此,他只从个人所属城邦的视角来处理个人的生与死。

有人认为米洛斯对话和西西里灾难之间存在着关联,但他们必须记住,通过谈论后伯利克勒斯时代雅典私人利益的解放,修昔底德只暗示而没有明说这两个事件之间存在着关联。米洛斯对话并没有表明这样一种解放。不过,在修昔底德的著作中,对必须得到城邦尊重或者可以节制城邦欲求"拥有更多"的神法最不加掩饰的否认,就出现在米洛斯对话中。和卡里克勒斯或色拉叙马霍斯不同,米洛斯的雅典人在宣扬强者的自然正当时,实际上只局限在各城邦之间的关系问题上;但卡里克勒斯和色拉叙马霍斯不是要比他们更加前后一致吗?从长远来看,如果不鼓励个人欲求比他的同胞"拥有更多",那人们能像伯利克勒斯那样,以及更确切地说,能像伯利克勒斯所做的那样,去鼓励本城邦欲求比其他城邦"拥有更多"吗?① 伯利克勒斯确实全心全意献身于[194]城邦的共善,但他为之献身的是一种被不正义地理解的城

---

① 城邦和个人之间的中介是城邦内部同政治最相关的群体,即有权者或富人和大众。他们在内战中达到顶点的对立,处于城邦之间在战争中达到顶点的对立和个人之间在叛国等事情上达到顶点的对立之间。

邦共善。他没有认识到，对共善的不正义的理解必定会损害对共善——无论如何理解的共善——的献身。他没有充分考虑到私人利益和公共利益之间的和谐的不稳定特征；他过于将这种和谐视为理所当然。

修昔底德从人们所属城邦的视角来看待他们的死亡。他细致记录了战斗过后怎么样处理死者；为死者举行得体的葬礼是城邦关怀城邦之子的最后一个行动；城邦之子们死后，他们依旧属于城邦，但又不再属于城邦：冥府并没有被划分成各个城邦。在伯利克勒斯的葬礼演说中，惯例成了主题，因为将阵亡战士的尸体运回家举行公共的、共同的葬礼，以及在葬礼之后随即由一位杰出邦民对阵亡战士进行颂赞，这是雅典的一条古法（II 34.1,35.3）。伯利克勒斯并不赞成这一规定葬礼演说的法律，因为满足所有听众很困难：对一些人来说，任何赞扬都是不充分的，而另一些人则将赞扬看成是夸大其实。再怎么赞扬那些做出最高牺牲的人也不过分，但这种赞扬必须可信。此外，那些阵亡战士并非所有人生前都过着同样值得称赞的生活——有些人甚至一无是处（II 42.3），也并非所有人都以同样值得称赞的方式死去。通过主要赞美城邦或所有人都同样可以为之舍命的事业，伯利克勒斯克服了那一困难。伯利克勒斯葬礼演说的名声建立在对雅典城邦以及雅典城邦所代表的事物的赞美上。与其说是城邦本身，还不如说是雅典这般高度的城邦，才可以要求最高的牺牲。然而，所有城邦都会同样要求最高的牺牲，而且在许多情况下，它们所要求的献身并不亚于雅典：为了祖国的崇高牺牲不是雅典人甚至也不是希腊人的专利。甚至雅典人为祖国而死这种无上的光荣，也没有因为是为雅典而死就穷尽了。修昔底德让我们注意到这一困难是通过让他笔下的伯利克勒斯避免使用"死亡"、"垂死"或"死尸"这样的字眼：在葬礼演说中，他笔下的伯利克勒斯只有一次提到了"死亡"，而且仅仅表达为"无感

觉的死亡"(II 43.6)。① 因此,在提及伯利克勒斯所制造的那一
[195]关于死亡的高潮事件时,他只让它持续了非常短暂的时
间。② 雅典城邦的荣耀就在于使个人、幸存者,包括士兵和送葬
者,忘却他们的同志和爱人的痛苦。但正如伯利克勒斯的演说辞
主体部分所充分表明的,他并不是一位向斯巴达人演说的斯巴达
人。他至少不能完全避免提及那些失去儿子、兄弟或丈夫的个人
们的悲痛。他所冷淡地谈及的,或者更确切地说是暗中提到的悲
痛,尤其是失去独子的年迈父母的悲痛,不可能轻易就被克服。他
受到的惩罚极为恰当。对寡妇,他只能致以政治家般的劝告:她们
应该和妇女所能做到的一样好,在男性社会中,最少被人提及——
无论是好评还是恶评——的妻子是最好的妻子。他的妻子是著名
的阿斯帕西娅(Aspasia)。仅仅从城邦的视角来看待生死的政治
家会忘掉自己的私人生活。在修昔底德的叙述中,这样做最合适
不过,即对伯利克勒斯的赞扬应该放在伯利克勒斯死前三十个月
进行(II 65.6)。而这样做也一样合适,即葬礼演说之后紧接着便
是修昔底德对瘟疫的记述——这一记述到处都提及死亡、死者、垂
死以及死尸,对这一事件的记述让所有人都看清了城邦的限度。
修昔底德没有提到如下事实,即在瘟疫中,伯利克勒斯失去了他的
两个儿子以及大部分亲戚朋友,而且他也因感染瘟疫而死去。他
在瘟疫的阴影下所发表的最后一次演说,比起前两次演说来,要更
加着力于处理"私人灾难"这一主题。这一演说之后紧接着便是修
昔底德对伯利克勒斯的赞美,这一赞美的主导话题是公私之间的
冲突。修昔底德主要称赞伯利克勒斯对战争的预见:他的预见仅

---

① 柏拉图在其《墨涅克塞诺斯》中摹仿了这一点;柏拉图甚至比修昔底德笔下的伯利
克勒斯走得更远。不仅可以将此与葛底斯堡演说(Gettysburg Address)对比,也
可将其与德摩斯梯尼(Demosthenes)、希佩里德斯(Hyperides)和吕西阿斯(Ly-
sias)的阵亡将士墓前演说(*Epitaphioi*)对比。
② II 42.4。另参见 43.2 开头,这里他似乎否认死亡属于每个人自己,而是断言"永
远的(ageless)(不是"不朽的"[immortal])赞扬"属于每个人自己。

限于战争;他没能预见到瘟疫,他也没有预见或充分考虑到他的同胞,甚至也包括他,通过瘟疫所看清的事情(II 65.6;参见 64.1-2)。

回到米洛斯对话和西西里灾难之间的关联这一问题,这一关联建立在如下事实上,即从长远来看,[196]如果不鼓励个人以牺牲其同胞为代价来欲求"拥有更多",那便不可能鼓励城邦以牺牲其他城邦为代价来欲求"拥有更多"。这一推论似乎可以支持对节制和神法的"斯巴达式的"赞扬。然而我们已经看到,在修昔底德最后的分析中,他并不认可这种赞扬。如果修昔底德前后一致的话,那么他就必须认可卡里克勒斯和色拉叙马霍斯所阐明的观点,当然,同时也要避免它的粗野和肤浅。而可以检验这点的便是他关于僭主制的教导。无论斯巴达还是雅典都反对僭主制,只是方式不同而已。斯巴达从没受到过僭主统治;雅典在斯巴达人的帮助下摆脱了僭主统治;尊崇雅典的刺杀僭主者哈摩狄乌斯(Harmodius)和阿里斯托革通(Aristogeiton)是雅典民主制理解自身的方式的一个重要组成部分。在导言中,修昔底德指出,雅典民众对雅典的刺杀僭主者的看法中包含着一个严重的事实错误,之后在第六卷合适的地方,他又对雅典僭主制及其结局作了一个详细的描述。修昔底德不得不解释雅典民众对僭主的恐惧,这种恐惧使得民众渴望成为一个僭主。我们得知,雅典的刺杀僭主者那一备受称赞的行为并不是出于对自由的具有公共精神的热爱,而是出于爱欲上的嫉妒。阿里斯托革通是个成年男子,他爱上了年轻的哈摩狄乌斯,僭主希庇阿斯(Hippias)的弟弟希帕库斯(Hipparchus)诱奸哈摩狄乌斯,但没有成功;由于情欲上受到了伤害,又由于害怕强大的希帕库斯可能会用暴力来实现自己的意图,于是阿里斯托革通决心推翻僭主制。然而,希帕库斯并没有想到使用暴力;不过他犯下了一桩蠢行,即他出于怨恨要伤害哈摩狄乌斯,但却是通过侮辱哈摩狄乌斯的妹妹来伤害他。不巧的是,那对情人未能杀死僭主,但却杀死了僭主的弟弟,后来的传说把僭主的弟弟提升到了僭主的行列,为的是赋予那对刺客更大的名誉。那一备受称赞的行为是一种非理性的行为,如果考虑到它的第一原因也即直接原因,以及最重要的是,如果考虑到它的后果的话。因为只是在希庇阿斯的弟弟被杀之后,由于僭主变得担惊受怕,僭主制才变得残酷血腥。在那一行为之前,僭主制很受欢迎;雅典僭主是"既有美德又有智慧"之人;① 他们没有征收重税,[197]还美化城邦、指挥战争以及向神庙献祭;他们保留了城邦法律,就如他们所制定的一样;他们只是安排自己家族中总有一人在执政厅供职。这些情况看起来绝不是可怕的和卑鄙的,但它们却因刺杀僭主者的非理性行为而告终,这一非理性的行为引起了一连串的行为,并最终导致希庇阿斯被逐出雅典。希庇阿斯逃到波斯国王那里,很多年后,作为一位年迈的老人,他跟随波斯军队一起来到了马拉松。修昔底德之所以能够破除那一流行的、平民派的传说,这部分是因为他能够接触到一个并非每个雅典人都能接触到的口头传统。人们或许会发现,修昔底德对雅典僭主制的真实描述并不是对僭主制本身的辩护,因为他说,由于僭主们只关注自己的安全以及自己家族的发展,因而他们几乎没有做出任何值得一提的事情,而且他们确实没有着手大规模扩张城邦的势力。② 但我们仍然不知道修昔底德是否认为帝国是最高的善,因为说在特定情况下,帝国是可能的和必然的,这并不表明他是一个"帝国主义者"。毕竟,

---

① 也即他们有着和伯拉西达一样的品质(IV 81.2)。VI 54.6-7 处表明,僭主制和虔敬之间并无冲突;另参见 I 126.3-4 和亚里士多德,《政治学》1314b38 及以下。
② I 17,18.1-2,20.2,VI 53.3-59.4。正如修昔底德"私下里"(privately)知道在所谓的刺杀僭主的时候真正发生了什么,同样,他也必定私下里知道希腊的叛徒地米斯托克利、波桑尼阿斯和波斯国王之间的通信,他逐字征引了这些通信(I 128.7,129.3,137.4)。僭主希庇阿斯最后也背叛希腊人逃到了波斯国王那里。"僭主制"和"背叛"这一现象根植于自我利益和公共利益之间的对立,它们属于一体。至于伯罗奔半岛战争时期雅典出现僭主的可能性,尤其参见 VIII 66。

第三章 论修昔底德《伯罗奔半岛人与雅典人的战争》

在特定的情况下,内战和僭主制也是可能的或必然的。

修昔底德将西西里灾难追溯至公共利益和私人利益之间的冲突,这一冲突还有其另一面,出于充分的理由,他在对伯利克勒斯的颂辞中没有提及这一面,但从他的叙述中可以看出这一面。我们不应忘记阿尔喀比亚德的例子,在对比后伯利克勒斯时代的雅典政治和伯利克勒斯治下的状况时,修昔底德主要指的就是这一例子。让我们首先来考虑另外两个例子。德摩斯提尼,这个修昔底德笔下最可爱的人物,在埃托利亚(Aetolia)犯了一个严重的错误,由于这一错误,一大批雅典人——他们比伯利克勒斯在其葬礼演说中所称赞的雅典人还要优秀——死掉了,德摩斯提尼没有返回雅典,因为他担心雅典人会由于他的失败而加害于他。[198]他多才多艺,足以弥补城邦因他的失败而遭受的损失,因为在同一个地方的下一场战斗中,他取得了辉煌的胜利,在胜利之后,他可以安全返回(III 98.4-5,114.1)。从这里我们可以瞥见雅典公共利益和私人利益之间最严重的冲突:具有公共精神的人,如果犯了严重错误,或者是犯了民众所认为的严重错误,那他们必定会担心自己的安全。在诸如此类的情形上,与公共事务起冲突的,不是对私人利益或名望的热爱,而是一个人对自己安全和名誉的更合理的关注。① 西西里远征期间,德摩斯提尼受命率一支强大的军队前往西西里去援助尼基阿斯,尼基阿斯不够强大,他没能攻下叙拉古。德摩斯提尼希望避免尼基阿斯犯下的大错,即进攻叙拉古拖延太久;因此,他迅速展开攻击;但遭到了惨败。这一形势在每一方面都要比他在埃托利亚败后更严峻。因此,他片刻都没有考虑自己的安全,而是立即提议全军返回雅典。尼基阿斯仍然希望在叙拉古取得胜利。但他在战时委员会公开拒斥德摩斯提尼提议的理由却是,除非雅典人事先投票表决,否则他们绝不会赞成从叙拉

---

① 参见马基雅维利,《李维史论》(*Discorsi*) I 28-31。

古撤军；如果在西西里的指挥官私自决定返回雅典，那么雅典人对这些指挥官的投票表决就会受到狡黠的诽谤者摆布；那些现在极力赞成立即返回雅典的军人，在返回之后，就会宣称雅典指挥官早已变节，早已收受了敌人的贿赂；尼基阿斯深知雅典人的自然，他宁愿留在西西里，作为个人（"私下里"）死在敌人手里，而不愿由于被雅典人（"公开地"）指控而不体面、不正义地死去（VII 47-48）。尼基阿斯认为可以为这一理由进行公开辩护：没有人能够否认，他和德摩斯提尼的安全和名誉掌握在那些不择手段的民众煽动家以及那些轻易就会激动的无知民众的手中；他宁愿自己光荣地死在战场。但通过"私下"选择自己死在西西里，他也"公开"选择了毁灭西西里的雅典军队，于是，他躺下之时，便是雅典的毁灭；[199]出于对雅典民众的正当恐惧，他像叛徒一样行动。如果说像德摩斯提尼和尼基阿斯一样正直的人，在不同程度上，都会因担心自己的安全而采取如此可疑的行动方式，那么阿尔喀比亚德的举动则显示出与众不同的另一面。当雅典人把他从西西里召回来为自己所受的主要指控进行辩护时，他们又怀疑他涉嫌一桩在雅典建立僭主制的阴谋（VI 53,60-61），正是由于担心自己会在没有得到公正审讯的情况下被理所当然地处死，他没有返回雅典；他实际上别无选择，只得逃往斯巴达，变成自己祖国的叛徒，随后，且不管他是否曾经欲求成为僭主，他执行了一项惊人的多边政策——指使斯巴达人反对雅典人、波斯国王反对斯巴达人和雅典人、雅典寡头派反对雅典民众、雅典民众反对雅典寡头派——这一政策曾一度使他成为各方力量的仲裁者，而且这一政策或许使他成为了雅典的君主，但又不仅仅是雅典的君主。

让我们在这一点上来重新思考修昔底德的伯利克勒斯颂辞中所暗示的对西西里远征的诊断。西西里远征本来有可能成功，但事实却是，伯利克勒斯的继任者们更关注其私人的善而不是共善；阿尔喀比亚德被迫选择自己私人的善而不是共善，因为雅典民众迫使他成为雅典的叛徒,迫使他企图成为雅典的僭主;如果雅典民众信任阿尔喀比亚德,那么西西里远征本来有可能成功(VI 15.4)。早先的僭主(比如庇西特拉图[Pisistratus]以及他的儿子们)确实同帝国互不相容;如果民众不充分参与政治生活,那么帝国——至少是修昔底德研究的那种帝国即雅典帝国——便是不可能的;民众极为热忱地支持希腊城邦有史以来最伟大的帝国事业,但民众又由于愚蠢而毁掉了这一事业;民众造成了这么一种局面,即似乎只有阿尔喀比亚德——通过成为实际上的僭主——才能拯救城邦,阿尔喀比亚德被民众怀疑、憎恨,在任何其他人都可能称之为绝望的境地中,他被民众逼迫而展开行动。在伯利克勒斯治下,西西里远征不可能成功,在这一环境中,甚至都不会有远征的企图。企图这样一种事业并[200]希望它成功,雅典需要一位更高的领袖,一位在自然(physis)上比伯利克勒斯更优秀的领袖。① 按照那一把葬礼演说和瘟疫关联起来的思想,米洛斯对话和西西里灾难也有关联:公私之间不稳定的和谐所造成的问题。

　　米洛斯对话和西西里灾难之间的关联要比僭主式城邦和僭主型个人之间的关联更为紧密。米洛斯的雅典人仅仅嘲笑米洛斯人希望神明帮助正义的人,他们仅仅嘲笑任何指望神明帮助的希望。他们确实是关起门来讲话的,但听了他们的发言之后,人们会认为所有雅典人都持有他们那样的观点。然而事实上,他们只不过代表了雅典的一部分——代表现代的、富有革新精神的、大胆的雅典,这个雅典的记忆几乎不会超出萨拉米斯海战和地米斯托克利。但是,正是在这个新雅典受到伯罗奔半岛战争考验的时候,以及正是在阿提卡的农村人口因战争而不得不被连根拔起的时候,所有的雅典人都强烈地回想起他们原本扎根于久远的古代,在那个时

---

① 对安提丰(Antiphon)的美德的赞扬(VIII 68.1)必须被理解为"阿尔喀比亚德"语境的一部分:安提丰并没有像伯拉西达和雅典僭主们那样(IV 81.2, VI 54.5),由于同时拥有美德和(政治)智慧而受到称赞。

代，他们对祖先神的信仰具有最大的活力。正是葬礼演说使人们回想起了不同于萨拉米斯海战的马拉松战役的无上光荣。① 正如修昔底德通过描述尼基阿斯所表明，雅典的旧阶层在伯罗奔半岛战争期间——即便是以一种"诡辩的"方式②——坚持着自己的主张，尼基阿斯带来了与斯巴达之间以他名字来命名的和平，而且他反对西西里远征。尼基阿斯可以说是爱国的雅典领导人，这种人最会持上述"斯巴达式的"或"米洛斯式的"观点。要看清这一点，人们必须追踪修昔底德在其著作中所展示的他的命运。通过这样做，我们对修昔底德的写作方式也会获得几分更清晰的了解。

尼基阿斯的第一个行动是进攻雅典附近的一个岛屿；采取这一行动是为了雅典的安全，以防她遭到海上攻击；这一行动部分还在于为雅典舰队"打通"(liberating)岛屿和大陆之间的入口(III 51；参见 II 94.1)。斯巴达人出于安全考虑而开启战争；他们声称发动战争是为了[201]将希腊城邦从雅典的统治下"解放出来"(liberation)。接下来，我们看到，雅典人企图攻下米洛斯岛，于是派尼基阿斯率军前往，但他没有成功(III 91.1-3)；在尼基阿斯失败的地方，另一类雅典人取得了成功。再接下来，我们听到了他说话，他的对手克里昂在雅典公民大会上要他为如下事实负责，即被截断在斯法克特里亚岛上的斯巴达人还没有被俘获；为了击退这一攻击，尼基阿斯采纳了别人的建议，提议说克里昂应当前去斯法克特里亚，并且提议将自己的军事指挥权交给克里昂；他和所有其他节制的人一样，都希望克里昂的远征将是这个可恶的民众煽动家的末日(IV 27.5-28.5)。尼基阿斯的希望落空了；他的这一看起来很精明的举动只导致克里昂取得了最大的胜利，于是也导致节制的雅典人遭到了最严重的失败；他反对克里昂的举动预示了

---

① I 73.2-74.4，II 14-16，34.5，36.1-3；参见柏拉图，《法义》707b4-c6。
② 柏拉图，《拉克斯》197d。

他在关于西西里远征的辩论中反对阿尔喀比亚德的举动：这一举动有利于节制的事业，但它又决定了这一事业的失败。尼基阿斯的第四个行动是进行了一场针对科林多的战役，这一战役以毫无结果的胜利而告终；有两个事实值得注意：这一胜利要归功于雅典骑兵，以及，尼基阿斯很虔敬地坚决要求，落入敌人手中的两具雅典士兵的尸体在休战时要交还给雅典人（IV 42-44）。在雅典人的西西里溃败中，有与这两个事实非常类似的情况。这里必须提一下，雅典人在骑兵方面的劣势或许是他们的西西里溃败的关键原因——这一劣势要比修昔底德所强调的那些更令人震惊的失误还重要。这一军事方面的过失要归咎于尼基阿斯，也同样要归咎于阿尔喀比亚德（VI 71.2；参见 20.4，21.2，22，25.2，31.2，以及后面对西西里远征的记述中所有提到骑兵的地方）。修昔底德没有提及这一军事方面的失误，而仅仅使读者能够看出这一失误，这确实同他的沉默教导的精神十分协调。而且这也确实同他的探究原因的精神十分一致，他可能在一种不引人注目的失误中发现了导致西西里溃败的决定性错误——略加考虑即可看出，这一失误和那些引人注目的失误确实不无关联。在接下来的那年，尼基阿斯负责征服一个居住着斯巴达藩民的岛屿；征讨中发生了一场战斗，但敌人的抵抗并不顽强；被征服者受到了非常温和的对待，完全不像米洛斯人在失败之后所遭到的对待；征服轻易就完成了，这要归因于尼基阿斯与某些岛民之间的秘密协议（IV 53-54）。这一行动预示了尼基阿斯对于叙拉古人的政策。[202] 尼基阿斯的第六个行动是对抗伯拉西达；尼基阿斯至少部分地促成了如下事实，即某一城邦背叛雅典同盟，投靠了斯巴达人，在被征服之后，它的居民并没有遭到愤怒的士兵屠杀（IV 129-130）。西西里远征之前，尼基阿斯最后的也是最著名的行动是与斯巴达媾和，这一和平将伯罗奔半岛战争分成了两个阶段。这一行动之所以可能乃是因为伯拉西达和克里昂阵亡了。由于克里昂的死，尼基阿斯成了他渴成为的雅典领袖人物。尼基阿斯渴望和平,因为他希望自己和城邦从目前战争的劳累中脱身出来得以休息,而且也因为,从今以后,他不希望将自己迄今为止还未受到损坏的好运暴露在命运的反复无常中(V 16.1);他的私人利益和公共利益之间似乎存在着完美的和谐。但是,事实很快证明,这一和平是不稳定的,尼基阿斯遭到了攻击,因为据说这一和平不符合雅典的利益(V 46);领袖人物们,更不用说其他人,不仅仅在战争中才会被暴露在命运的反复无常中。只有在向我们展示了尼基阿斯为数如此众多、种类如此繁杂的行为之后,修昔底德才让我们聆听了尼基阿斯的一次演说。修昔底德没有以这种方式来介绍别的人物;这独一无二的介绍和尼基阿斯独一无二的重要性非常相称。①

在他的第一次演说中(VI 9-14),尼基阿斯试图劝阻[203]雅典人远征西西里。他这么做是在雅典人已经决定远征并且违背他意愿选举他为三名指挥官之一的几天后。在两次公民大会的间隔期间,民意没什么变化(参见 III 35.4):尼基阿斯的成功完全取决于他的劝说能力。他试图说服雅典人,他首先说,他的自身利益会促使他赞成远征:他可以从中获得荣誉,因为他是一名指挥官,而且他也不像别人那样怕死;然而,他反对远征,因

---

① 参见 V 46.1 处对尼基阿斯演说辞的报告。至于伯拉西达,参见 II 86.6(或 85.1),以及前面仅有一次提及他的地方,II 25.2。阿尔喀比亚德第一次演说之前的行为在数量上并不比尼基阿斯的行为少,但前者的种类较少。尼基阿斯的独特意义在于如下事实,即他是大胆的城邦中节制的典型代表。作为虔敬的绅士般的军人,他关注自己的军事名誉,关注预兆,他也代表着修昔底德主要面向的读者阶层,修昔底德的著作首要处理的就是战争和预兆(参见 I 23.2-3);如果人们将这一著作读成是主要面向未来的尼基阿斯,也即他们城邦潜在的栋梁,那么它就会得到最好的理解,它必定会吸引那些栋梁,因为它记述了最大的战争,这一战争是如此之大,因为它包含了为数众多的战斗和预兆。在修昔底德主要面向的读者中,会有一些人能够学会提升自己的视野而超越尼基阿斯,或者会有能够上升之人。这一上升首先会得到修昔底德公开赞扬的那些人而不是尼基阿斯的引导:地米斯托克利、伯利克勒斯、伯拉西达、庇西特拉图、阿克劳斯、赫摩克拉底和安提丰(参见后文页 225 注释①)。但最终也会得到修昔底德暗中赞扬的那些人即德摩斯提尼和狄奥多图斯的引导。

为他只关注共善。不过，人们很可能会问，如果远征不可能成功，那他作为指挥官如何能从中获得荣誉呢？那他为什么反对远征呢？事实上，他反对远征乃是出于自身利益——在他看来，这种自身利益与共善很和谐，在尼基阿斯和平的情形上是这样，在西西里远征的情形上也是如此。他在某种程度上也承认这一点，因为他立刻补充说：一个好邦民应当关心自己的身体和财产，因为正是这种关心才使他关注城邦的福祉。如果他有任何成功的希望，那他就会尽力说服城邦保持既有的东西，不要为了虚无缥缈的和未来的事物而去冒险；也就是说，他希望雅典人像他本人一样行事——富裕而又著名的尼基阿斯完全满足于自己既有的财富和名誉，或者以斯巴达的方式行事（参见Ⅰ70.2 – 3，Ⅵ 31.6）。他断言，应该惧怕的敌人是斯巴达，是反民主的斯巴达，而不是叙拉古；斯巴达人可能会利用雅典人卷入西西里所造成的机会而不再保持静止：雅典人应当保持静止。他尽力使他的听众忘掉如下事实，即斯巴达人倾向于保持静止，雅典人前去西西里还不足以刺激他们展开行动。尼基阿斯没有料到也不愿出现如下这种情况，即他以某种方式提供了一种额外的刺激。他只能希望自己能够劝阻雅典人进行远征；退一步来讲，他必须面对如下可能性，即按照上次公民大会的正式决定，他和阿尔喀比亚德将共同指挥远征。然而，为了劝阻雅典人进行远征，他不惜败坏同僚的名声：阿尔喀比亚德只关注自己私人的善；他不可信赖。人们[204]没法说，这次对阿尔喀比亚德品格的攻击——事实证明这一攻击在当时完全无效——是否或在多大程度上导致雅典人后来将阿尔喀比亚德从西西里召回，并进而导致斯巴达人采取行动反对雅典；但人们没法否认，尼基阿斯对阿尔喀比亚德的诽谤和不久之后雅典人对待阿尔喀比亚德的方式完全一致，雅典人如此对待阿尔喀比亚德，显然是无视自己城邦的利益。修昔底德从邦民美德的角度对阿尔喀比亚德所作的评判和尼基阿斯对阿尔喀比亚德的评判完全一致,但是,在比伯利克勒斯更深入地反思了私人利益和城邦利益之间的复杂关系后,修昔底德没有像尼基阿斯那样确信阿尔喀比亚德对自我扩张的关注完全与雅典利益相对立,而且他非常确信,西西里远征要想成功,关键就取决于阿尔喀比亚德加入到雅典人一边(VI 15)。无论如何,阿尔喀比亚德呼吁雅典人以雅典方式来行动而不要以斯巴达方式来行动,他使得雅典人相信,通过将远征指挥权同时交给他和尼基阿斯,这样他们就可以确保他的缺陷(如果这些是缺陷的话)不仅可以得到他的杰出美德的弥补,而且可以得到尼基阿斯的美德的弥补。在他的第二次演说中(VI 20-23),尼基阿斯做了最后的努力来劝阻雅典人进行远征,他向他们表明,需要巨大的努力才能保证这一事业的成功;他没有意识到,他这么做只是给雅典人——就如何能够实现他们最强烈欲求的目的这一问题——提供了一个在他们看来最专业的建议,或者他没有意识到,他证实了阿尔喀比亚德的智慧,在阿尔喀比亚德看来,他的天赋和尼基阿斯的经验相配合对远征成功来说是必需的。尼基阿斯显然不适合当唯一的甚或主要的远征指挥官(参见 VII 38.2-3,40.2)。当雅典人着手准备远征时,他们碰到了预示大难将临的第一个迹象:雅典发生了一桩恶劣的不虔敬行为,在雅典人看来,这似乎是远征的不祥预兆,他们大多数人都缺乏米洛斯的雅典演说者所特有的见解;那些和阿尔喀比亚德在大众面前争宠的人利用大众对诸神的恐惧来反对阿尔喀比亚德;要不是经过一定的算计,他们很可能立即就会控告阿尔喀比亚德不虔敬;他们可能在很短的时间内就会对他的罪行进行起诉;虽然人们无权假设尼基阿斯也卷入了这些蠢事,[205]但他们不能否认,无论对阿尔喀比亚德的怀疑还是民众的恐惧,都和尼基阿斯的思考方式完全一致。眼下,远征的准备工作正在继续并最终得以完成;远征军开始启航。西西里远征超过了伯利克勒斯所从事的一切事业;伯利克勒斯代表着对受着节俭制约的美好事物的热爱,而激发西西里远征的则是对奢侈层面的美好事物的热爱,西西里远征体现了阿尔喀比亚德的风格,他的同僚是极为富有的尼基阿斯;① 西西里远征让我们想起了薛西斯(Xerxes)的希腊远征;然而,阿尔喀比亚德被召回之后,这一傲人事业的领袖将会是一个比同时代所有希腊人都更少沾染上狂傲的人。人们必定会怀疑,阿尔喀比亚德的狂傲是否不如尼基阿斯的缺乏狂傲更有助于雅典获胜。尽管阿尔喀比亚德被召回,但雅典人在西西里一开始却非常成功:尼基阿斯是一位有能力的将军。此外,负责远征的第三位指挥官拉马克斯(Lamachus)还活着,人们没法说雅典攻打叙拉古的早期胜利在多大程度上是因为这个人,我们几乎忘了提他,他比尼基阿斯更大胆。但是,阿尔喀比亚德已经怂恿斯巴达人展开行动,一支伯罗奔半岛军队已经出发前去解救陷于困境的叙拉古。此外,拉马克斯已经死于一场战斗,而尼基阿斯也已病倒。然而,尼基阿斯现在是唯一的指挥官,他再次低估了可恶的叛徒阿尔喀比亚德的能耐,他比以往任何时候都更满怀希望(VI 103-104)。但他的希望落空了:伯罗奔半岛军队已经到来,雅典人在西西里的处境迅速恶化。然而,此时尼基阿斯恰逢适合于他的情况:再也不可能采取大胆的行动了;唯一的获救方式就在于按兵不动和保持谨慎;但只有当国内的雅典人迅速采取行动,要么即刻召回西西里的军队,要么即刻派重兵增援时,保持谨慎才会导致获救(VII 8,11.3);除了保持谨慎,尼基阿斯只能希望。对待自己的同胞,他极为谨慎,因为他知道他们的自然(14.2、4),他不敢告诉他们,唯一安全的行动方案是立即召回西西里的军队;他只能希望,他们能从他关于西西里情况的汇报中得出这一结论。然而这一希望也落空了。雅典人派出了强大的增援部队,由德摩斯提尼率领,德摩斯提尼想要避免[206]

---

① 比较 VI 31 和 12.2 以及 V 40.1;另参见 VII 28.1、3、4。

尼基阿斯的错误，即不够大胆，但由于敌军已经过于强大，他的大胆的努力失败了。于是唯一的获救方式便是立即返回雅典。尼基阿斯反对这一方案，这部分是由于他畏惧雅典人，部分是由于他仍希望叙拉古人有可能会投降，因为战争使他们付出了巨大的代价。当处境进一步恶化时，尼基阿斯改变了主意；但正当雅典人打算撤退时，发生了月食，于是，"大多数雅典人"和过于虔敬的尼基阿斯一致同意，遵照占卜者的建议，等到"三个九天"过去之后再撤离(50.3-4)。结果，雅典人的处境又进一步恶化。完全料想不到的事情发生了。他们的海军被叙拉古海军击败；主动、大胆、富有创造性这些使得雅典人迄今为止一直都卓尔不凡的精神离他们而去了，这些精神现在正激励着他们的敌人；雅典人已经变成了斯巴达人，而雅典人的敌人则变成了雅典人；叙拉古人亲眼看到了伟大的萨拉米斯海战的胜利前景；雅典人已完全气馁。他们试图从海上逃离叙拉古地区，在这里，他们先前是围攻者，但现在却被围攻；叙拉古人下定决心阻止他们逃跑。尼基阿斯试图用言辞来鼓励他的完全气馁的部队，如果参照行为来阅读这篇演说辞，便会发现它只传达了一个想法：你们每一个人以及整个城邦的得救都取决于你们要按照如下观点来行动，你们从经验可以得知关于这一观点的真理，即运气说不定什么时候就会转到我们这边来。接下来发生在叙拉古港口的海战受到了没有参战的双方陆军的密切关注，尤其是受到了雅典人的关注，他们的情绪就如海战一样，从一个极端转向另一个极端，就他们所能观看到的而言，他们的同胞从胜利转向了失败。当这些旁观者看到己方占上风时，他们便再次充满信心，并转而呼吁诸神不要剥夺他们的拯救；只有当他们拥有建立在他们人间朋友显而易见的力量上的希望时，他们才会祈祷(71.3, 72.1; 参见 II 53.4)。最后，叙拉古人占了上风。然而，雅典人的失败并不像大多数雅典人所认为的那样是灾难性的，但大多数雅典人现在却比以往任何时候都更加沮丧。他们仍然有可能通过连夜撤到陆上来拯救自己，尤其

第三章 论修昔底德《伯罗奔半岛人与雅典人的战争》 223

是因为其时叙拉古人正忙于[207]他们的圣日——这天要向赫拉克勒斯献祭——但极富政治头脑的赫摩克拉底想出了一个计策,这一计策足以弥补他的同胞不合时宜的虔敬,他用这一计策骗得轻信的尼基阿斯推迟撤退直到天亮,也即直到为时已晚的时候。海战结束两天后,雅典人才开始撤退,他们扔下伤病员,任他们处于极度悲惨的状态中;虽然正在离开的同伴每个人都泪流不止,但没有人听从伤病员的哀求,他们已经遭受了许多事情,又担心还会遭受什么事情,于是恐怖压过了泪水(75.4)。他们当初离开雅典时满怀希望而且庄严地祷告诸神;可现在,他们却通过诅咒诸神来表达自己的绝望(75.7;参见 VI 32.1-2)。然而,尼基阿斯并没有改变:他仍然满怀希望,他鼓励军队继续保持希望以及不要过于自责。他把自己描述为他们的榜样:他被认为是命运的宠儿,现在也和他们中最卑贱的人一样处于危险中,此外他还身染重病,尽管他毕生都遵照习俗和法律,以各种方式来敬神,而且待人也公正,从没有引起人或神的嫉妒。他对未来充满希望,因为他一直过着合乎道德的生活,尽管他不能否认眼下的灾难让他害怕,而这一灾难与他的优点毫不相称。虔敬与好运之间并无对应,这是真的吗?抑或这一不幸只是雅典人的不幸的一部分,而雅典人并不像他一样无罪?的确,当时在场的雅典人并不是每个人在回首生活时都能像尼基阿斯一样称心满意;尤其是在场的大多数人,他们曾经满怀热忱地渴望尼基阿斯所反对的西西里远征;或许这一远征引起了某个神明的嫉妒,它让我们想起了薛西斯的希腊远征,从事这一远征乃是出于因繁荣而来的狂傲;但现在,我们确实受到了足够的惩罚。如果这一远征是不正义的行为,那它便是属人的失败,而属人的失败并不会遭到过度的惩罚。我们现在值得诸神怜悯而不是嫉妒。尼基阿斯还不忘加上如下评论,即他们仍然很强大,如果他们保持秩序和纪律,便足以抵御敌人(77)。然而,无论他的虔敬、正义还是他的将才(参见81.3),都不能拯救雅典人,也不能拯救他自己。当所有一切都丧失殆尽后,他向斯巴达指挥官古利普斯(Gylippus)投降了,后者很想拯救他,原因之一在于斯巴达人很感激尼基阿斯,这是因为斯法克特里亚之战后他对斯巴达人很和善,还因为那个以他名字来命名的和平;但迫于科林多人和叙拉古人的压力,古利普斯不得不作出让步,[208]正如之前他的同胞迫于忒拜人要求对普拉提亚人进行大屠杀,而不得不作出让步一样。"尼基阿斯是我的时代所有希腊人中最不应遭受如此悲惨结局的人,因为他全心全意致力于追求古老习俗所理解的美德。"(86.5)修昔底德对尼基阿斯的评判是准确的,就像他对斯巴达人的评判一样准确,按照后一评判,斯巴达人要比其他所有人都更能在繁荣时成功地保持着节制;两个评判都是从他所评判的人的视角得出。它们因不全面而准确。修昔底德对斯巴达人的评判没有揭示出斯巴达人节制的原因,因此也就没有揭示出它的真正特征。他对尼基阿斯的评判也没有揭示出人的命运与其德性的关联的真正特征。尼基阿斯和斯巴达人一样,相信人或城邦的命运与他们的正义及虔敬①(参见 VII 18.2)相对应,[209]与践行

---

① 参见 VII 18.2。参见 V 32.1 处(也即靠近修昔底德对战争中间那年的叙述的中间部分)雅典人的类似情况;雅典人对不正义和灾难之间的关联的反思,属于尼基阿斯占上风的时期。米洛斯的雅典使者和雅典民众之间的区别,通过雅典人在德利翁(Delium)战败之后,雅典人和波奥提亚人(Boeotians)之间的谈判也能够得到阐明。雅典人已经占领一座阿波罗神庙并在那里设防。波奥提亚指挥官在战前向军队发表演说,指出雅典人的渎神行为,并得出如下结论,即诸神会帮助波奥提亚人(IV 92.7)。雅典人输掉了战斗。波奥提亚人拒绝让雅典人收集尸体,理由是雅典人曾亵渎过德利翁神庙;雅典人试图证明这一理由似是而非(97-99)。修昔底德记述这一争论的篇幅大大超过了他记述这场战斗的篇幅。在对这一段落的评注中,戈姆评道,"修昔底德对这一诡辩素材很感兴趣","修昔底德强调这一语词方面的论证,乃是因为他感觉到,波奥提亚人拒绝让雅典人收集死尸是战争的另一个恶果——抛弃一条希腊公认的、人道的惯例"。"人道的"惯例基于某种独特的虔敬,也即某种对神明的独特理解,因此,它的地位和禁止玷污神庙的地位并无根本区别;从米洛斯的雅典使者——或苏格拉底——的视角来看,尸体的命运很可能是一个完全无关紧要的问题。修昔底德对关于神圣事物的诡辩"很感兴趣",这是他对正当和强迫这一根本问题很感兴趣的必然结果,雅典人在回复波奥提亚人时明确提到了这一根本问题(98.5-6)。这里,我们再次看到,修昔底德要比"科学的历史学家"更开明,或更不那么想当然。

古老习俗所理解的美德相对应。但这种对应完全依赖于希望,依赖于无根基的、徒然的希望。① 米洛斯的雅典人所表明的观点是真实的。归根结底,尼基阿斯以及随他在西西里的雅典人的灭亡和米洛斯人的灭亡事出同因。因此,这便是米洛斯对话和西西里灾难之间的关联,便是那一独一无二的对话和那以独一无二的方式得到叙述的行为之间的关联:事实上,不是诸神,而是人类对诸神的关注——没有这,就不可能有自由的城邦——对雅典人施行了可怕的报复。正如米洛斯岛上的雅典人错误地认为,米洛斯的领袖人物不同于米洛斯的一般民众,这些领袖人物当然会同意他们对神明的看法(V 103.2-104),因而也会同意他们对正当的看法,因此,他们又错误地认为,雅典民众永远不需要一位像米洛斯的领袖那样的领袖。伯利克勒斯永远不会说米洛斯岛上的雅典人所说的话,出于同样的原因,他也永远不会在雅典人从事西西里远征那样的环境中从事西西里远征。阿尔喀比亚德可能会说米洛斯岛上的雅典人所说的话,他也可能会给西西里远征带来好的结局。但是,阿尔喀比亚德被证实或被假定为不虔敬,这必定会使得雅典民众将远征委派给那个具有米洛斯人的信仰的人,他们会完全信任他,因为他在虔敬方面超过了他们中的每一个人。

8. 斯巴达方式和雅典方式

这一点很清楚:根据斯巴达和雅典这两个城邦到底是谁打破了条约或者到底是谁迫使对方打破了条约这一问题,"斯巴达—雅典"这一主题不但没有被穷尽,而且几乎还没有被触及,因为除非是由于这种或那种弱点而受到阻碍,否则每一个城邦都会被迫进

---

① 因此,尼基阿斯的美德并不是无条件的;它由法律所培育,它不同于伯拉西达(IV 81.2)、雅典僭主(VI 54.5)、安提丰(VIII 68.1)的美德。

行扩张。然而,这一理由虽然可以证明雅典帝国主义的正当性,但也同样可以证明波斯帝国主义或斯巴达帝国主义的正当性。这也暗示着,它可以证明富人统治穷人或穷人统治富人的正当性,也可以证明僭主制的正当性。换句话说,这一理由并不符合对节制和神法的"斯巴达式的"赞扬所意欲传达的真理。[210]此外,"强迫"的含义也并不十分清楚:米洛斯人并没有被迫投降雅典人。但人们可能会说,如果除了投降之外唯一的选择便是灭亡,那么对于明智的人来说,投降便是强迫的或必然的。萨拉米斯海战时的雅典人并没有被迫投降波斯人,因为他们拥有强大的海军、最智慧的领袖地米斯托克利以及最大胆的热情(Ⅰ74.1-2);考虑到这些条件,这还意味着他们是被迫进行战斗的吗?的确,一旦他们投入战斗并获得胜利以及进而打算防止那种他们从中救出自己的极端危险再次出现,他们就被迫开始实施他们的帝国政策。人们最起码得说,存在着不同种类的强迫。

  雅典人在米洛斯的言论是如此令人震惊,因为他们证明了他们帝国的正当性,因此,他们针对米洛斯的行动最终无非是出于自然的必然性,根据这种必然性,强者——无论哪个强者——要统治弱者,因此,他们对待任何关于正当的考虑——例如,比起任何蛮族势力的帝国主义来,雅典帝国主义具有更高的正当性——都极为轻蔑。只是在临近对话结尾的地方,他们才顺带提到——这件事太明显了,不值得强调——他们要求米洛斯人保持在合理的限度内。然而,甚至这些雅典人也禁不住指出,雅典人的性格不同于斯巴达人的性格。他们说,在对待外邦人时,斯巴达人要比他们所知道的任何其他人都更公然地认为,快乐的便是高贵的,有利的便是正义的;由于利益,更不要说快乐,需要安全,而且由于只有正义和高贵才会促使人们去冒险,所以一般说来,斯巴达人最不愿采取危险的行动(Ⅴ105.4,107)。换句话说,在对待非雅典人时,雅典人并不会公然地或完全地将快乐的等同于高贵的,将有利的等同于正义的;在某种程度上,他们关注所有方面的高贵或美;用伯利克勒斯的话来说,他们热爱美;他们出了名的大胆并不是野蛮的、残暴的或疯狂的,而是由慷慨的情操所激发。这一观点要比雅典人在米洛斯所说或所暗示的每一个观点都更令人震惊,因为它与接下来发生的对米洛斯人的大屠杀是如此明显地相抵触,尽管必须得承认,这一无耻的行为并不是使者们所陈述的那些原则的必然结果,而且,[211]就我们所知,那些使者们对这一行为也并不负有责任。米洛斯岛上的雅典人就斯巴达人的特性所说的,因而也就是间接就雅典人所说的一切,迫使我们不得不说,其后犯下的暴行之所以如此令人震惊,恰恰因为它是由雅典人而不是斯巴达人犯下的;人们对雅典人的要求必定会多于对斯巴达人的要求,因为雅典人优于斯巴达人。甚至米洛斯岛上的雅典人也是这种优越性的见证者,其原因不止一个。就这同一个事实而言,在斯巴达的雅典人是更明确的见证者。的确,在斯巴达的雅典人不得不证明雅典帝国的正当性。他们必须证明雅典是"何种城邦"以及她配得上统治帝国;她被迫获得帝国以及被迫维持帝国,但过去强迫她以及现在强迫她这么做的并不仅仅是恐惧和利益,还包括某种高贵的东西,即荣誉;因此,她施行帝国统治的方式比她的力量所允许她做的,以及相同的力量将会导致其他处在她的位置上的城邦实际上所会做的,要更为正义、更加克制和更少贪婪。雅典人在斯巴达为了防止战争爆发而陈述的观点,在伯利克勒斯于雅典为了证明雅典要比其他任何城邦都更值得为之牺牲而发表的葬礼演说中得到了最全面的完善。雅典不同于所有其他城邦——与她类似的城邦只是在摹仿她——的地方在于,比起所有其他城邦来,她更值得去统治一个帝国。使得她与众不同的那些品质是斯巴达最欠缺的品质:慷慨而不小气或算计,自由,大方的愉悦和舒适,战争中出于慷慨而不是出于强迫、命令和严格纪律的勇敢,简言之,就是对高贵和美的训练有素的爱(well-tempered love)。换句话说,最终证明雅典帝国正当性的与其说是强迫、恐惧或利益,还不如说是永恒的荣耀——这并不是雅典人被迫去追求的目标,或是烦扰他们的目标,而是他们自由地、全身心地去追求的目标。①

不过,还是让我们从言辞转向更可信赖的行为或事实。修昔底德所呈现的,以及同我们目前所考虑的问题最明显相关的第一个显著事实——确实是及时的第一个——是斯巴达王[212]波桑尼阿斯和雅典人地米斯托克利之间的对照。他们都是他们那个时代所有希腊人中最著名的人物,在反抗波斯的战斗中,他们都处在最前线,而在背叛希腊投靠波斯后,他们都落得了可耻的结局。修昔底德并没有评判他们的变节行为。地米斯托克利凭着杰出的智慧、多才多艺和狡诈成了雅典帝国的缔造者;波桑尼阿斯违背斯巴达的利益并非出于本意,但由于他愚蠢的暴力以及僭主般的不正义,其他那些需要防范波斯的希腊人都转到了雅典一边。波桑尼阿斯写信给波斯国王,因为他想借助波斯国王成为希腊的统治者;地米斯托克利曾被雅典人放逐,只有当他受到斯巴达和雅典迫害也即迫不得已时,他才给波斯国王写信。当斯巴达当局注意到波桑尼阿斯的非斯巴达式做派时,他们召他回来,于是他便返回了:离开斯巴达,离开他在斯巴达的世袭地位,他便一无是处;斯巴达人有着很强的理由——这些理由有着强有力的证据——怀疑他犯有叛国罪。不过,按照斯巴达人内部通行的最高公平原则,在获得铁证之前,他们不会对他提起刑事诉讼。在雅典,对待领袖人物不会有这样的考虑。比起雅典曾经的或被认为的情况,斯巴达要更少受到杰出个人或潜在僭主的威胁,这要归功于她的政制。地米斯托克利或许曾经是雅典的威胁;但波桑尼阿斯从来不是斯巴达的威胁。地米斯托克利也没有不得不返回雅典;他是雅典之外的

---

① 通过最后一句话,我试图表明,伯利克勒斯暗中回应了I 70.8—9处科林多人的发言。

第三章　论修昔底德《伯罗奔半岛人与雅典人的战争》　229

某种存在；因为他的大部分能力都要归因于他的自然天赋，自然天赋不同于法律习俗，也不同于任何其他种类的可被传授的知识；他的卓越的自然天赋（他的"天才"）在任何地方都能大显身手，无论在希腊还是在波斯；另一方面，波桑尼阿斯在自然天赋方面一点都不杰出——修昔底德完全没有提到他的自然天赋，他的所有能力都要归因于法律习俗，他所拥有的所有美德都要归因于斯巴达的严格纪律，当他离开斯巴达，这些东西便完全无效。同雅典相比，斯巴达或许是更好的城邦；但在自然天赋方面，在个人方面，雅典远胜于斯巴达。①

　　修昔底德向我们呈现了一大群杰出的雅典人——[213]杰出体现在智慧或机智以及能力上，体现在高贵的性格或狂傲上——以及唯一一位杰出的斯巴达人，伯拉西达。同雅典相比，斯巴达较少受到杰出之人的威胁，因为她的杰出之人很少；斯巴达人是群体的一员，而不是单独的个体；斯巴达不像雅典那样可以生出狮子。② 同雅典的叛徒地米斯托克利和阿尔喀比亚德相比，斯巴达的叛徒波桑尼阿斯看上去是多么渺小、多么可怜。更不用说，没有哪个斯巴达人能够片刻梦想和伯利克勒斯相比，即使是在他那个时代的雅典人中，伯利克勒斯也显得无与伦比，正如修昔底德用如下方式所暗示：在雅典人于雅典发表的演说中，唯有伯利克勒斯的演说无可匹敌（参见Ⅰ139.4）。至于伯拉西达，他是规则的例外，他确定规则；他是斯巴达人中的雅典人；在修昔底德笔下的人物中，他是唯一一个曾向雅典娜进献并公开向她献祭的人（Ⅳ116.2，Ⅴ10.2；参见Ⅱ13.5）。他不仅在智慧、主动性、演说能力、正义方面，也在温和方面超过了其他斯巴达人（Ⅳ81，108.2-3，114.3-5）。在修昔底德笔下的人物中，他是唯一一位因其温和而

---

① Ⅰ90.3-91，93.3-4，95-96.1，128-138。参见柏拉图，《法义》642c6-d1。
② 柏拉图，《法义》666e1-7；阿里斯托芬，《蛙》（*Frogs*）1431-1432。

得到作者称赞的人物。必须正确地理解这一称赞。像尼基阿斯和德摩斯提尼那样的人也和伯拉西达一样温和。但伯拉西达的温和应该得到赞扬,这不仅是因为他的温和与他的雅典对手克里昂的残暴形成了鲜明对照,而且主要是因为在截然不同于雅典人的斯巴达人中,这种温和是如此之少。克里昂是伯拉西达的对应人物,这是因为,正如伯拉西达是斯巴达人中的雅典人,克里昂在某种意义上则是雅典人中的斯巴达人。而且正如我们前面所观察到的,在另一种意义上,尼基阿斯也是雅典人中的斯巴达人。修昔底德尊重尼基阿斯,或者至少对他较为友善,但他厌恶克里昂。克里昂背叛了雅典的灵魂。他那个版本的帝国主义并没有借助任何关于永恒荣耀的想法来使之高贵。在他看来,帝国主义与任何慷慨同情的想法或任何源自言辞的快乐都不相容。他的帝国主义只受关于利益或便利的考虑指引。他确实也诉诸正义,但他只诉诸雅典加给其不忠实盟邦的惩罚性正义——在他看来,这种正义与雅典的利益一致。对于热爱荣耀、慷慨和热爱[214]言辞,他只有鄙视,伯利克勒斯曾赞美雅典,说她"热爱美和热爱智慧",正是这才使得她尤其不同于斯巴达。由于受到民众的大力拥戴,克里昂能够在雅典民众的公民大会上公开质疑民主制,这种事阿尔喀比亚德只有在斯巴达公民大会上才能做到。就像一个斯巴达人一样,克里昂通过诉诸节制来谴责雅典人的那种慷慨的欲求,即饶恕米提列涅人的性命,这种节制体现为绝对服从法律的智慧,也就是绝对服从针对不确定的善而制定的不可变更的法律。他的唯一一次演说的要点可概括如下,即饶恕米提列涅人性命的提议显然是荒谬的,那些提议者除了通过为这种明显荒谬的事情进行辩护来显摆自己的机灵之外,没有任何别的动机,那些赞同这项提议的人除了膜拜这种机灵之外,也没有任何别的动机。① 由于鄙视言辞,他

---

① III 37—38;40.2、4。参见 I 71.3 和 84.3。

遭到了严厉的惩罚。在安菲波利斯(Amphipolis)战役前,克里昂,这个曾经鄙视雅典人倾心于成为言辞和智术师的"旁观者"(lookers-at)的人,转而"旁观"(look at)战场及其周遭,而伯拉西达则向军队发表演说并赢得了战斗(V 7.3-4,10.2-5;Ⅲ 38.4、7)。然而,尽管克里昂或许在这一或那一场合下毫无理性,但比起斯巴达人阿尔基达斯(Alcidas)来,他还是自有道理的,斯巴达人信任阿尔基达斯甚于信任伯拉西达。遵照斯巴达人的做法,阿尔基达斯杀死了被他俘获的雅典盟军;当一些斯巴达友人提醒他注意到如下事实——即通过屠杀那些从没有插手反对伯罗奔半岛人的解放事业、只是迫于压力才加入雅典同盟的人,并不能促成将希腊人从雅典统治下解放出来——时,阿尔基达斯立即停止了屠杀;如果他不停止屠杀,那他便会将目前斯巴达的许多友人转变成敌人(Ⅲ 32;参见Ⅱ 67.4)。阿尔基达斯并不残酷;他并不是因为喜欢杀戮而杀戮;他杀戮是因为在这样的情况下斯巴达人总是杀戮,这是习俗之事或理所当然之事。当斯巴达友人向他提出他们那一简单的想法时,我们看到他瞠目结舌;他很聪明,足以领会那一想法的真谛。令我们惊奇的是如下事实,即那一简单的想法从来没有出现在他或任何其他斯巴达人的脑海中,除了伯拉西达,但伯拉西达[215]其时仍然毫无权力。① 正如克里昂低于德摩斯提尼和尼基阿斯,同样,阿尔基达斯低于克里昂。修昔底德没有评判阿尔基达斯的冷酷,但他评判了克里昂的残暴;他知道,他一方面可以从斯巴达人那里指望什么,另一方面也可以从雅典人那里指望什么。

这些观察可以得到强有力的支持——通过对比斯巴达人处理

---

① Ⅲ 79.3(参见69.1和76;比较Ⅲ 93结尾以及92.5结尾[阿尔基达斯处在中间])。另参见Ⅱ 86.6(斯巴达指挥官先召集士兵,看到士兵的情绪,然后决定向他们致辞)和88.3(佛米奥先看到士兵的情绪,然后召集士兵向他们致辞)。参见佛米奥的演说中所提到的"看到"(seeing)(89.1,8),以及斯巴达人的演说中对"看到"保持沉默。在这些演说之后的战斗叙事中,"看到"这一主题并没有被漏掉。

被俘的普拉提亚人和雅典人处理被俘的米提列涅人(III 52-68)。这两个行为都是司法性的。斯巴达人判定的罪行是普拉提亚忠诚于雅典,这也就是说,判定普拉提亚的一系列罪行只是基于那一不久之后就遭到斯巴达人自己质疑的假设,即斯巴达的事业就等同于正义的事业;雅典人判定的罪行是米提列涅承认自己违反了和雅典之间的条约。普拉提亚人遭到判刑并被处决,在斯巴达审判官面前,除了他们自己为自己辩护外,没有一种别样的声音;米提列涅人先是遭到判刑,但随后当雅典人后悔自己残酷的决定时,米提列涅人的情况得到了一位雅典人的有力陈述——就和指控他们时一样有力,结果米提列涅人幸免于难。在斯巴达审判官面前,争论的问题仅仅是普拉提亚人是正义的还是不正义的、是有罪的还是无罪的;无论是普拉提亚人还是他们的指控者忒拜人,都防止自己被指控为不正义,都指控对方为不正义(III 60,61.1,63开头);在雅典公民大会上,争论的问题不仅仅是甚或不主要是米提列涅人是有罪的还是无罪的,而毋宁是不加区别地杀掉所有人是否对雅典有利:雅典人不同于斯巴达人,他们认为屠杀必须服务于某一目的,而不是为了满足复仇的欲望。要求杀掉普拉提亚人的忒拜人所采取的立场和要求杀掉米提列涅人的克里昂所采取的立场之间有着某种类似之处——忒拜人和克里昂都不喜欢"精巧的言辞"(III 67.6-7和[216]37-38);然而,克里昂的雅典对手狄奥多图斯和克里昂有一个重要的共同点,这把他们两个雅典人与斯巴达人及其盟友区别了开来:他们俩都要求,不仅要考虑犯罪事实,而且要考虑对其进行绝佳惩罚的智慧。不用说,斯巴达人处决普拉提亚人并不是出于盲目服从神法或正义的要求,而是出于关注他们即时的自我利益;他们屈从于忒拜人对普拉提亚人的仇恨,因为他们认为忒拜人在战争中对他们有用(III 68.4),或者是因为,正如普拉提亚人所说,以及正如在米洛斯的雅典使者将会再次重申,斯巴达人将正义定义为他们眼前的便利(III 56.3,V 105.4)。无论雅典人后来针对米洛斯人的行动是多么令人震惊,但他们确实不像斯巴达人处理普拉提亚人时那样伪善。人们忍不住要说,斯巴达人即使行为正义的时候也精打细算,而雅典人在犯罪的时候也极为坦诚,因为他们甚至都不会试图将罪行伪装成正义的行为。雅典人和美塞尼亚人(Messenians)结盟,他们并没有宣称,发动战争是为了将美塞尼亚人从斯巴达僭主式的统治下解放出来,但他们却可能是这么做的;而雅典的敌人则宣称,他们发动的是反对僭主式城邦雅典的解放战争,这和他们不能容忍城邦内部的僭主乃是出于同样的精神,但他们却理所当然地要恢复雅典人曾经罢黜的僭主(II 30.1,33.1-2;参见 I 122.3)。斯巴达宣称发动的是反对雅典的解放战争,修昔底德评判这一宣称采取了如下方式。他最有力地陈述这一宣称的理由,即斯巴达人宣称他们正在发动一场正义的战争,是在他叙述了忒拜人于和平时期进攻普拉提亚之后,以及在他叙述斯巴达第一次入侵阿提卡之前,也即处在他对"伯罗奔半岛人"决定性地违反条约的两次叙述的中间(II 8.4-5)。① 只有一位斯巴达人通过其整个行为给斯巴达人的宣称增加了些许份量,那就[217]是伯拉西达。斯巴达人的宣称试图将伯罗奔半岛战争拔高到波斯战争的高度,与此相比,雅典人(伯利克勒斯)对战争的看法是清醒的:战争只是为了维持帝国,别无其他目的;这一看法诉诸的是理智,而非欲望、恐惧或其他激情。修昔底德将伯罗奔半岛战争描述为最大的战争,因为它造成了巨大的苦难,这一描述更符合伯利克勒斯的看法,而不是斯巴达人的看法:这场战争的辉煌要在言辞中寻找,而不要在行为中寻找。这么说或许太夸大,即斯巴达人关注正义或虔敬仅仅是伪善;他们真的畏惧神;

---

① 在他对伯利克勒斯在雅典的独特地位的头两次陈述中(I 127.3 和 139.4),修昔底德采取了类似的做法。在第一次陈述中,他没有称赞伯利克勒斯,但在第二次陈述中则称赞了他;在他的两次陈述的中间,他叙述了库隆和波桑尼阿斯—地米斯托克利;中间的叙述表明了伯利克勒斯杰出品质的原因;中间阐明了先于它的东西,也阐明了接着它的东西。在文本所讨论的这个例子中,通过先于它的东西和接着它的东西,中间得到了阐明。

这种畏惧有时会促使他们饶恕那些无助的敌人的性命,或者会促使他们在伊托麦(Ithome)的希洛特人事情上保持温和(I 103.2-3),这些希洛特人似乎受着神谕的保护。普拉提亚人不同于这些希洛特人,他们没有受到神谕的保护,至多只受到古代誓言的保护。为了解救米提列涅人,雅典人并不需要誓言或神谕;他们的温和或慷慨来自他们的方式或他们的灵魂。

为了增强斯巴达的理由,有人可能会指出雅典人的恶行,比如,雅典人参与了对科基拉上层阶级进行险恶屠杀的阴谋(IV 46-48),这些科基拉人确实对雅典不利。然而也有人可能会说,雅典人的这一恶行比不上斯巴达人对最优秀的希洛特人进行的险恶屠杀,这些希洛特人在斯巴达的战争中贡献突出(IV 80.2-5)。不过,斯巴达肯定不会出现雅典人的这种恶行:毁坏赫尔墨斯神像和玷污秘仪事件发生后,雅典人彼此之间残酷地互相肆虐(VI 53.1-2,60)。无论如何,在这种情况下,对诸神的恐惧会阻止斯巴达人变得凶残,但却会促使雅典人变得凶残。尤其是如果将这一行为放在雅典人对待其领袖人物的总体态度这一背景下来考虑,那人们便会再次倾向于说,斯巴达是比雅典更好的城邦。从这点出发,离如下说法只差一步,即尽管或由于斯巴达和雅典在方式上截然对立,但他们都是可敬的对手,这不仅是因为她们是最强大的希腊城邦,也因为她们各自都以其自身的方式实现了杰出的高贵。人们或许会在如下故事中为这一观点找到佐证。根据希腊人对斯巴达男子气概的看法,斯巴达人[218]宁愿战死也不缴械投降,但是,与这一看法正相反,在斯法克特里亚战役中,斯巴达幸存者向雅典及其盟邦投降了;战胜者无法相信,他们的俘虏与战死的斯巴达人竟是同一种人;因此,雅典的一位盟友出于恶意问其中一位俘虏,那些战死的人是不是完美的绅士;这位斯巴达人答曰,如果纺锤(指箭),也即女人的工具,能够辨别真正的男人和其他男人,那它的价值就大了,他以此暗示,谁被箭射中,谁没被射中,是运气使然(IV 40)。令人欣慰的是,这一只需简单回答的刻薄问题并不是雅典人提出的。

这里适宜作两个一般性的评论。正如人们常说的,修昔底德关注"各种原因"——关注伯罗奔半岛战争的诸原因,也关注伯罗奔半岛战争中所有特殊事件的诸原因。这一说法要想正确,除非人们的意思是:对修昔底德来说,最重要的原因是斯巴达性格和雅典性格这类事物,以及修昔底德所理解的原因,与其说是各种条件(气候、经济,等等)的产物,不如说是对最广泛的"原因"即运动和静止的说明。修昔底德意义上的原因不仅仅是指"物质的"和"有效的"原因。对修昔底德来说,战争的进程是斯巴达和雅典的自我揭示,而非某种策略的结果。第二,要想理解雅典方式之于斯巴达方式的优越性,人们不能依赖葬礼演说,葬礼演说只是通过伯利克勒斯的才性(turn of mind)来变相传达修昔底德的观点。在伯利克勒斯看来,雅典不需要荷马或任何通过诗歌给人们带来即时欢乐的人,这不是因为他像修昔底德一样,很鄙视夸大或颂扬对雅典的赞美,而是因为他自认为在夸大或修饰方面胜过了荷马和其他诗人。修昔底德也夸大,尤其是当他说伯罗奔半岛战争影响了"可说是人类的绝大部分"时,但比起伯利克勒斯来,他就太落后了,伯利克勒斯说,"来自所有地方的所有(种类的)事物"都被引进雅典,雅典人向"所有的海洋和陆地"开放自己,他们在"所有的地方"无论做好事还是干坏事都留下了永恒的纪念碑。① 伯利克勒斯的演说辞是公共的、政治的、流行的话语,而修昔底德的言辞则是霍布斯意义上的"高明的"言辞。[219]葬礼演说是伯利克勒斯和雅典城邦尤其是雅典民众之间的和谐的最伟大的记录,雅典民众极为信任伯利克勒斯;伯利克勒斯的高超智慧在民众看来是显而易见的,因为它在民众看来是可理解的;可以说,伯利克勒斯在民众看来是一目了然的;当他们不同

---

① I 1.2,21.1,22.4,II 38.2,41.4,42.1-2,62.1。

意伯利克勒斯时,他们很快就会发现,分歧完全是他们的虚弱或混乱所造成;①伯利克勒斯的优越性是明显的、毫不含糊的,不像地米斯托克利和阿尔喀比亚德的优越性那样含糊不清。伯利克勒斯恰好在三个人里处于中间,两端的两个人(地米斯托克利和阿尔喀比亚德)只是在自然天赋上优于他,而不是在法律习俗上优于他。两个极端的结局是灾难;伯利克勒斯的结局不引人注目——就像他的生活一样"寻常"。至于他的葬礼演说,在阅读它时,人们片刻都不能忘记,伯利克勒斯和雅典民众之间,或者伯利克勒斯私人的善和雅典的共善之间,有着根本的和谐,就像他和大多数雅典人所理解的那样。比如,在阅读那些令人难忘的句子,诸如雅典人热爱美或高贵、热爱智慧、整个雅典都是全希腊的学校时,人们不应当考虑,当听众听到这些句子时,索福克勒斯和阿纳克萨戈拉可能会怎么想,而应当考虑,这时普通雅典人可能会怎么想,或者换个说法,应当考虑伯利克勒斯在当时情境中明确提到的那些东西。修昔底德的技艺有不少部分就在于,读者几乎不可避免地会忽略这种警惕。

对普拉提亚人的处理和对米提列涅人的处理向我们展示了斯巴达和雅典在作为法官时的对照;皮洛斯战役和西西里远征则向我们展示了斯巴达和雅典在遭受灾难时的对照。对雅典人在皮洛斯的行动的叙述的开头部分(IV 3-6)处在对雅典人在西西里的失败的叙述和对雅典人在卡尔基狄克(Chalcidice)的失败的叙述之间:皮洛斯是对战争作出有利决策的合适的地方。皮洛斯是由大胆的、多才多艺的德摩斯提尼所选定,德摩斯提尼能从自己的错误中学习,当成功占领皮洛斯时,他还没有官职。幸亏这个十足的非斯巴达人,雅典人才成功地以斯巴达人最擅长的方式击败了斯巴达人;[220]雅典人作为陆军抵御住了斯巴达海军的攻击,从而占领了一

---

① 在他的伯利克勒斯颂辞中,修昔底德说(II 65.9),当伯利克勒斯看到雅典人"毫无理由就张狂大胆时,他就会用自己的演说使他们陷入恐惧";毫不意外,修昔底德没有为这一描述提供一例伯利克勒斯的演说辞。参见上文,页152-153。

片斯巴达领地(12.3;参见 14.3),他们保卫这片领地,结果三百多斯巴达人被切断在斯法克特里亚岛。对灾难的担忧——担忧被切断的斯巴达军队被俘或被杀——便足以促使斯巴达人在没有得到阿波罗建议的情况下请求媾和,也就是说,雅典人因为一场完全不同程度的实际灾难即大瘟疫,做了违背伯利克勒斯建议的事情。然而,斯巴达人在皮洛斯溃败后的行动,其真正的对应者是雅典人在西西里溃败后的行动。所有人都认为西西里灾难击垮了雅典,但它只促使雅典人投入了更大的战争努力。在克里昂的影响下,雅典人拒绝了斯巴达人的媾和请求。修昔底德没有评判雅典人的反应,也没有评判斯巴达人的请求,因为在他对这一事实——即最强烈反对与斯巴达媾和的人是克里昂——的记录中,并没有暗示什么评判。正如修昔底德在别的段落中所说,克里昂确实是最残暴的雅典邦民,而且修昔底德强烈反对他对待米提列涅人的态度(III 36.4、6;49.4);但这并没有证明,在修昔底德看来,克里昂总是错的,尤其是没有证明,皮洛斯之战后,他拒绝斯巴达人的媾和请求是错的。毕竟,在这一场合下,克里昂的主要对手是尼基阿斯,一位因正派而不是因智慧或大胆而著称的人。修昔底德稍后以某种极为可笑的方式展示了克里昂,但他并没有质疑克里昂对斯巴达和平提议的判断,因为除去这一事实——即是克里昂,而不是他的笑着的对手,笑到了最后——而外,后面场景所关注的问题不是克里昂的政治判断,而是他的战略判断,这一判断在一定程度上受到了德摩斯提尼的判断的引导,事实证明,它是极好的判断。对此,必须补充一句,至少可以说,如下这点还难以确定,即要不是克里昂在雅典公民大会上的可笑的甚至疯狂的(IV 39.3),但却坚决的行为,德摩斯提尼的合理建议是否并不会起到什么作用。① 对于雅典人对斯巴达人

---

① IV 28-30。对于在斯法克特里亚的行动而言,德摩斯提尼在埃托利亚的经验很重要;不仅参见 IV 30.1,也参见 III 97.2-98.5,IV 28.4 和 32-34。

媾和提议的反应,修昔底德似乎作了否定的评判,他说,雅典人这样反应是由于他们"欲求[221]更多",是由于一种欲望,这种欲望是斯巴达派往雅典的使者在其演说中很不以为然地提到的欲望(21.2,17.4),也是伯罗奔半岛战争期间伯利克勒斯本人所指责的欲望(Ⅰ144.1,Ⅱ65.7)。然而,正如我们已经看到,修昔底德把智慧和它的对立面区分了开来,这不只是按照斯巴达人对节制的看法或伯利克勒斯对伯罗奔半岛战争期间能安全地做什么事的看法。以下这点无疑很重要,即修昔底德在这一语境中所使用的表达方式在同样的语境中则首先是由斯巴达人使用:他尽力从斯巴达人的视角来看待皮洛斯事件。这便是他为什么明显轻视斯巴达人违反皮洛斯停战协议(23.1)的原因,而且最重要的是,这也是他为什么似乎认为德摩斯提尼的光荣胜利乃是运气所赐的原因。然而,斯巴达人以这种方式来看待这一胜利,不仅是为了减损敌人的光荣,而且主要是因为,他们相信运气或机运和诸神之间的关联,尤其是厄运和神的惩罚之间的关联:正是在他们于雅典发表的演说中,他们第一次对是谁开启了战争也即打破了誓约这一问题表达了某种怀疑(Ⅳ20.2),正是他们在皮洛斯的灾难而不是任何别的事情使得他们认为,他们的厄运是应得的惩罚,因为他们违反了条约(Ⅶ18.2)。修昔底德在他对皮洛斯之战的叙述中表明,他并不持有斯巴达人所预设的那种关于运气的观点;他在这里描述了某种运气的逆转,但他所解释的东西仅仅是斯巴达人和雅典人的行为,他们的行为和当时流行的对这两个城邦的看法相矛盾(Ⅳ12.2)。或者,正如他笔下的伯利克勒斯所言,"每当发生预计之外的事情时,我们通常都会把它归因于运气。"① 回到目前的主题,无论克里昂在雅典公民大会上的行为是多么可笑,他在斯法克特里亚的行为却并不可笑。三

---

① Ⅰ140.1。比较Ⅱ91.3-4和伯罗奔半岛人演说中提到运气(87.2)以及佛米奥演说中对运气保持沉默。参见《马蜂》(*Wasps*)62。

第三章　论修昔底德《伯罗奔半岛人与雅典人的战争》

百名斯巴达幸存者在斯法克特里亚无条件投降,这要比克里昂所做的任何事情都更可笑,如果拿它和斯巴达人在铁尔摩披莱(Thermopylae)的高贵行为相比,以及如果拿它和通常所理解的斯巴达人关于自己的宣称相比的话(IV 36.3,40.1)。修昔底德以如下方式暗示了这一不相称的情况:虽然他和所有其他人一直[222]称斯法克特里亚的斯巴达人为"男人们"(hoi andres),但当他展示这些斯巴达人的无助时,他称他们为"人们"(antropoi),这些斯巴达人处在轻装步兵的摆布之下,而这些轻装步兵绝不仅仅只是"人们"。① 这一暗示不同于那位雅典盟友对在斯法克特里亚被俘的斯巴达人的刻薄嘲弄,因为,它绝不是针对在斯法克特里亚英勇作战的斯巴达人,而是针对斯巴达城邦。对斯巴达人最严厉的指控或许会得到如下事实支持,即要不是在皮洛斯战败(以及雅典人占领库特拉[Cythera]—IV 55),他们或许根本就不会违背惯例,允许一个具有伯拉西达品质的人到北方作战,因此也就根本不会以解放战争的精神来从事战争:由一次(相对而言)很微不足道的失败所引起的,而且并没有因雅典人自愿忘掉是谁发动了战争以及是谁支持屠杀普拉提亚人而有所缓和的巨大恐慌,迫使斯巴达人在一小段时间内出于万不得已而容忍了一项慷慨的政策。通过他的成功和他的死亡,伯拉西达消除了这一强迫,使得尼基阿斯和平成为可能,于是也使得斯法克特里亚的俘虏返回斯巴达成为可能。然而,伯拉西达的成功并不是斯巴达的成功。希腊人很少认为,由于伯拉西达的成功,斯巴达在皮洛斯的耻辱已经被洗刷掉了,这可以通过如下事实来证明,即在希腊人看来,只有通过她在曼丁尼亚(Mantinea)的胜利,斯巴达人的名誉才得以恢复:只有在曼丁尼亚的胜利之后,斯巴达人在皮洛斯的失败在其他希腊人看来才显得是由厄运而不是由

---

① IV 34.2;参见 33.2 和 38.3-4。另参见 II 5.4-6.4 和 III 97.2-98.4。参见前文页 177 注释①。

衰败所造成(V 75.3)。

曼丁尼亚之战发生在持续了二十七年的伯罗奔半岛战争的中间那年。斯巴达人与阿尔戈斯(Argos)交战,而雅典则与斯巴达和阿尔戈斯都结了盟,但她实际上站在阿尔戈斯一边作战。在那年年初,斯巴达人和阿尔戈斯人之间差点就发生了一场战斗,但在最后时刻,斯巴达王阿吉斯(Agis)和阿尔戈斯的两位将军私自缔结了四个月的休战协议。斯巴达人对阿吉斯的行为感到非常愤怒,结果他们制定了一项全新的法律,根据这一法律,国王的决策权要[223]受到城邦选出的十位顾问的限制,在战时,十位顾问也要随同国王出征(V 63)。这一新的法律当然不会影响到关于战斗队列(order)的法律。由于敌人突然出现在曼丁尼亚战场,如果不是因为这进一步的事实,即斯巴达人惊恐万分,胜过他们记忆中的每一次惊恐,那他们每一个人都会渴望各就各位到自己所熟悉的传统的军队队列中,修昔底德在其对战争第十四年的记述的中间描述了这一点。① 修昔底德能够描述[224]敌对双方的布阵队

---

① 在卷三结尾,修昔底德提到了埃特纳(Aetna)火山的爆发,火山爆发是在来年春天,但他提到火山爆发却是在他提到今年冬末之前。"这种肤浅的毫无逻辑的写法,其原因很明显:修昔底德不愿通过提到埃特纳火山爆发这一事件来开始新的一'卷',火山爆发本身就值得记录,它与战争无关;最好把它藏在一"卷"的末尾,即使严格说来,这意味着把它放在错误的年份……"戈姆 II 704。假设戈姆的意思是,一"卷"便是对一年战争的记述,那么人们必须说,修昔底德通过提到一次日食和一次地震开始了他对战争第八年的记述——这些自然现象也发生在春天,而且它们和战争也没有明显的关联。卷三结尾是对战争第六年的记述的结尾,唯有对第六年的记述几乎既从自然现象开始(III 89)又在字面上以自然现象作结;对第五年的记述也几乎是以自然现象作结(III 88.3)。从第五年到第六年的过渡是战争第一阶段的中心(参见 V 20)。(自然和非自然——主要是习俗——之间的区分,似乎是修昔底德"历史哲学"的关键,也是叙事所传达的沉默教导的关键,叙事装作尽可能地接近于纯粹的编年。这一区分在修昔底德遵照"自然的"方法["按照夏季和冬季"——V 20.2-3,26.1]上得到了反映,"自然的"方法对斯巴达人和雅典人、对希腊人和波斯人来说都是一样的,它不同于任何"习俗的"因而必定也是地域性的历法。一条神谕已经预示战争将会持续三个九年[26.4]。修昔底德通过记述雅典人的一项虔敬行为[V 1]——这一行为显然同他们的罪(转下页注)

列,但他没有列出双方的战斗人数:斯巴达人的人数不得而知,因为这是一个秘密,这一秘密要归因于他们的政制,而其他人的人数则由于他们的夸大而被遮蔽了。然而,由于斯巴达人的队列从不改变,所以修昔底德能够算出,或者可以使他的读者能够算出参加战斗的斯巴达人的准确人数。① 斯巴达人似乎没有意识到秘密和恒定的秩序(order)之间的紧张,或者是没有意识到如下事实,即像不受制约的夸大这样的无序事物要比任何规则都更有助于遮蔽真实。或者,举个不那么荒谬的例子,虽然斯巴达人成功隐瞒了他们使两千名勇敢的希洛特人失踪的方法,但他们并没有成功地掩盖他们屠灭了希洛特人的事实(IV 80.4),因为活着的人很可能不时就会被看到。毫不意外,修昔底德为了证明希腊人对当代事物的无知而列举的两个例子都是斯巴达人(I 20.3):斯巴达人的隐瞒导致了人们对斯巴达事务的无知,鉴于这一无知,很显然,人们在赞美斯巴达人时不会冒很大的风险。在这里,让我们也回想一下斯巴达人非常可笑地关注伯利克勒斯在宗教仪式方面的不纯洁。回到曼丁尼亚之战,斯巴达的敌人怀着激情推进,而斯巴达人则遵照自己的法律缓慢推进。② 阿吉斯能够观察到每一场战斗中出现的危险,他试图通过编排新队列来避免危险,而不被十个新顾问中任何一人所干扰(参见 V 65.2)。两位斯巴达军官拒绝服从(由于胆怯,正如事后他们的指控者所成功断言的)。由于斯巴达人完全缺乏经验(因为这

(接上页注)恶感相关[参见 V 32]——开始了他对战争第十年[而且仅仅是这年]的叙述。在这一记述中,通过使用"正如前面我已经表明的"这一短句,修昔底德回溯了先前的事件,这一短句在别处仅仅出现于 VI 94.1,也即在他对战争第十八年的记述的开头;在这一记述靠近结尾的地方,修昔底德提到了斯巴达人的战争罪恶感[VII 18.2,4]。[至于 V 1 和 VI 94.1 之间的关联,另参见 I 13.6。]另参见前文页 224 注释①。另一暗示可由如下事实来传达,即修昔底德对每一年的记述,有时是以短句"这是战争第多少年的末尾"结束,而有时则是以短句"这是修昔底德所描述的战争第多少年的末尾"作结。)

① V 66—68。参见 V 74 结尾和 II 39.1。
② 参见 IV 108.6。

些命令是全新的,以及旧命令的新护卫者没有起到作用),因而要不是他们在关键时刻表现出了勇气,那他们很可能就会输掉战斗(70-72.2)。我们顺便注意下,在接下来的那年,斯巴达丢掉了这一光荣胜利的果实(82-83)。修昔底德并没有声称,他对曼丁尼亚之战的描述十分准确;描述的真实性和演说辞的真实性相类似;[225]这或许便是他对指挥官向军队发表的战前演说只给出概述的一个原因(69,74.1)。不管怎样,在修昔底德的著作中,表明斯巴达的名誉完全恢复,以及展示她的战斗队列之优美的那部分,也即与著作开篇和结尾对斯巴达的赞美最为一致的那部分,同时也最清晰、最明确地揭示出了斯巴达的无能、斯巴达的喜剧性。

曼丁尼亚之战后是雅典人和米洛斯人之间的对话,雅典人和米洛斯人之间的对话之后是西西里远征。米洛斯对话将斯巴达喜剧和雅典悲剧分割了开来。修昔底德似乎在叮嘱我们,一方面要比较"西西里"和"皮洛斯"(VII 71.7),另一方面则要比较"西西里"和"米卡列苏斯"(VII 29-30)。和雅典人在西西里的命运相比,斯巴达人在斯法克特里亚的命运确实是可笑的。另一方面,米卡列苏斯的命运和雅典人在西西里的命运一样值得怜悯。然而,后者比前者更感人至深。原因似乎是,米卡列苏斯人绝没有因任何狂傲的行为而应该得到他们那难解的不幸,而雅典人的灾难则是他们的严重错误、他们的罪过的结果:西西里灾难紧接在米洛斯对话之后。在阅读修昔底德对西西里灾难的记述时,没有人会觉得雅典人罪有应得;至少可以说,这一灾难和雅典人的过错不相称;尼基阿斯按照他的思考方式表达了这种感觉(VII 77.1,3-4)。修昔底德说,尼基阿斯是他那个时代所有希腊人中最不应遭受如此不幸的人(VII 86.5)。对于雅典人,修昔底德也给出了类似的评判。然而,雅典人的情形完全不同于尼基阿斯。尼基阿斯不应遭受如此不幸,因为他全心全意致力于法律所培育的美德。雅典的高贵性与此完全不同,它更高贵。从事西西里远征违背了尼基阿斯的意愿,西西里远征根源于雅典式大胆中的高贵——为了永恒的荣耀,为了伯利克勒斯所赞扬的对永恒荣耀之美的热爱(II 64.3-6),雅典甘愿冒任何危险。正如葬礼演说之后是大瘟疫,同样,米洛斯对话之后是西西里远征。不只内讧,西西里远征,或者更确切地说,西西里远征的原因,也是一种严重但却高贵的疾病。修昔底德谈到了[226]雅典人对于西西里远征的爱欲(eros)。① 伯利克勒斯曾经呼吁雅典人成为他们自己城邦的爱者(erastai)(II 43.1)。正是雅典城邦的爱者们渴望用西西里这颗宝石来装饰他们的爱人。人们可能会说,根据伯利克勒斯本人的说法,"西西里的雅典"要比伯利克勒斯的雅典更伟大:它超过了雅典在任何其他地方所留下的"坏事的永恒纪念碑"(II 41.4)。雅典人对西西里的爱欲是他们对自己城邦的爱欲的顶点,这一爱欲体现为全心全意致力于城邦事务,甘愿为之牺牲,甘愿为了城邦而忘掉一切私人事务,在葬礼演说中,当伯利克勒斯谈到阵亡战士的年迈父母、遗孀和遗孤时,这种自愿得到了恰当的因而也是含糊不定的表达。或者,正如阿尔喀比亚德所暗示,只有死后的荣耀才能带来公私之间的完美和谐(VI 16.5)。如果最高的爱欲是对城邦的爱欲,如果城邦在像雅典对西西里的爱欲中达到了它的顶点,那么爱欲就必然是悲剧性的,或者正如柏拉图所暗示,城邦就是典型的悲剧。② 根据所有这一切,雅典的失败便是她的胜利:为了击败雅典,雅典的敌人不得不在某种程度上变成雅典人;③雅典被击败乃是因为雅典已经成功地成为全希腊的教师。至于斯巴达,她的胜利,无论是不是因为阿波罗,只有作为雅典失败的相反面,才有意义(of interest)。

---

① VI 24.3。唯有此处,修昔底德本人使用了名词形式的 eros["爱欲"]。他笔下的人物只有一人使用了这一名词:狄奥多图斯(III 45.5)。在反对西西里远征时,尼基阿斯谴责 dyserotes tōn apontōn["对那些不可企及之物的病态爱欲"](VI 13.1)。
② 《法义》817b。
③ 比较 I 71.3 和 VII 21.3-4;36.2、4;37.1;40.2;55。

9. 不可靠的城邦普世主义

　　那一在斯巴达喜剧和雅典悲剧的对立中达到顶点的推论其出发点乃是这一"雅典式"的预设,即正是在关于城邦的问题上,高贵的不能被化约为快乐的,它要高于后者。这一预设也会导致人们质疑对米洛斯人所做选择的看似不人道的评判,我们被引导得出那一评判,其出发点乃是雅典人和修昔底德共同的预设,[227]这一预设最清晰地体现在雅典人对米洛斯人之决心的反驳中。因此,我们必须再进一步。那一必然性也可从如下考虑推出:在修昔底德看来,西西里远征不是注定要失败的,或者它的失败不能用雅典人高贵的狂傲来解释;对西西里远征的记述并不是修昔底德著作的终点;修昔底德和伯利克勒斯之间的一致不像前面部分的论证所认为的那样完满。简言之,那一论证太过于修昔底德意义上的"诗性",因而最终与修昔底德的思想并不一致。①

---

① 即便修昔底德没有完成他的著作,也并不意味着他不打算以我们所拥有版本的结尾方式、句子或语词作结:早期版本可能囊括了最终版本所要囊括的整个范围;早期版本不同于最终版本的地方,可能仅在于它缺乏最后的润饰。因此,有必要怀疑第八卷是否并非原计划中的最后一卷。这部著作的核心是"葬礼演说—瘟疫"和"米洛斯对话—西西里灾难"这两个序列。这两个序列首先让人联想到关于"节制和神法"的"斯巴达式"概念。再仔细观察,人们会看到"斯巴达喜剧和雅典悲剧"。第八卷表明,这第二个想法也是"一种美丽的错误":雅典并没有失败;雅典在伯罗奔半岛战争中的失败并不是她在西西里失败的结果;她仍然本可以用伯利克勒斯曾经计划赢取战争的方式来赢得战争。斯巴达喜剧的核心是"皮洛斯—曼丁尼亚";但"曼丁尼亚战役"也是皮洛斯战役后斯巴达名誉的非喜剧式的恢复。西西里远征之后,雅典的名誉也有一个相应的非悲剧式的恢复:库诺塞马战役(Kynossema)(比较 VIII 106. 2、5 和 V 75. 3)。可以用一个公式来表达这种情况——皮洛斯:曼丁尼亚=西西里:库诺塞马。至少可以说,西西里远征后雅典的恢复与民主制转变成公元前 411 年的政体(VIII 97)不无关联,至于这一转变,至少可以说,它与阿尔喀比亚德从斯巴达返回雅典(86. 4-8)不无关联;不虔敬的阿尔喀比亚德(53. 2)恢复了雅典的节制(另参见 45. 2、4-5)。卷八中演说辞的阙如——除了一个不可忽略的例外,即 53. 3 处所引的皮山德(Pisander)(转下页注)

第三章 论修昔底德《伯罗奔半岛人与雅典人的战争》

在伯利克勒斯看来,雅典目前的辉煌带来了[228]她目前享有的普遍名誉,辉煌和名誉一起保证了她在将来的永恒的和普遍的名声。她对海洋有着普遍的控制权。她过去或现在踞于每一块陆地上。她的帝国所囊括的希腊人超过了此前任何一个希腊帝国,而且如果她愿意,她很容易进一步扩张。伯罗奔半岛战争期间,她已经在设想征服西西里、迦太基以及整个希腊大陆。① 对永恒和普遍名声的渴望指向着普遍的统治;对永恒和普遍名声的关注要求无止境地争取更多;这同节制完全不相容。雅典的普世主义、城邦的普世主义(不同于对某种有限目标诸如统治西西里之类的渴望)注定要失败。因此,它指向着另一种普世主义。伯利克勒斯说,雅典在所有地方都留下了坏事(他们让别人遭受的或他们自己遭受的)的永恒纪念碑和好事(他们取得的胜利以及给予的好处)的永恒纪念碑。另一方面,修昔底德声称他的著作是一笔永恒而且有用的财富(Ⅰ 22.4,Ⅱ 41.4)。纪念碑只能被看;而财富则可以被拥有。纪念碑显而易见,但它们无用;为了有用,财富不需要显而易见。纪念碑是含糊不定的而且是为了炫耀;有用的财富则具有毫不含糊的坚实性。坏事和好事的永恒纪念碑和有用的永恒财富之间的区别,指向着耀眼但却虚假的城邦普世主义和真正的理解层面上的普世主义之间的区别。因为修昔底德以其著作提出的主张建立在如下事实上,即他的著作揭示了人的永恒的、普遍的自然,这一自然是它所记录的行为、言辞和思想的根基。

根据思想层面的普世主义和城邦普世主义之间的天壤之别,

(接上页注)的演说辞,这一演说辞表明,至关重要的是,雅典希望召回阿尔喀比亚德和改进民主制——再加上Ⅴ 10-84处演说辞的阙如——有助于展现出"米洛斯对话和西西里灾难"的统一性和精彩性。(至于卷八结尾意味深长的特征,另参见108.4处所提到的雅典人在提洛岛的净化仪式。)色诺芬对伯罗奔半岛战争结局的记述,也即他对雅典为什么输掉了战争的含蓄描述,与修昔底德完全一致;尤其参见《希腊志》Ⅱ 1.25-26及上下文。

① Ⅱ 41.4;62.2,4;64.3,5;Ⅵ 15.2,34.2,90.2-3,Ⅶ 66.2。

我们认识到,修昔底德赞同的不是斯巴达,而是节制和虔敬,斯巴达声称受节制和虔敬引导,而尼基阿斯身上所显示出来的节制和虔敬要比斯巴达身上显示出来的更明确。很难这样说,但这样说并不完全是误导的,即对修昔底德来说,即便出于错误的理由,虔敬的理解或评判也可以是正确的;不是诸神而是自然[229]给城邦能够合理企图的东西设定了界限。节制是符合人类事物的自然的行为。修昔底德和"斯巴达"之间的一致反映在高贵单纯之人和奥德修斯式多才多艺之人之间的一致上,在城邦内乱时期,这两种人都是具有第二流心智的残酷无情之人的牺牲品(III 83)。但修昔底德和斯巴达人、米洛斯人或尼基阿斯之间的一致决不能使我们忽略如下事实,即在所有政治人中间,包括雅典人,都存在着一种同等重要的一致之处,由于这种一致之处,他们都有别于修昔底德。那些(斯巴达人、尼基阿斯、米洛斯人)只想要保存当前事物或有用事物的人和那些(雅典人)魂牵梦萦于希望获得虚无缥缈的未来事物的人之间,确实存在着根本的对立。但进一步审视就会发现,事实证明,前者也依赖于这样的希望。① 用一句不属于修昔底德的语言来说,在雅典帝国主义中,存在着某种会让人想起宗教的东西。②

然而,我们不能忘记思想层面的普世主义(修昔底德)和城邦普世主义(雅典)之间的亲缘关系——通过在他的考古学和葬礼演说之间建立某种一致,修昔底德最清楚地表明了这种亲缘关系。修昔底德的思想和雅典的典型特征即大胆之间确实存在着

---

① 参见 I 70.2、7,V 87,103.2,113,VI 31.6,93。
② 伯利克勒斯和尼基阿斯之间在关键方面的对立和一致或许可以用如下事实来阐明。伯利克勒斯在其葬礼演说中避免提到死亡和死者;葬礼演说之后是瘟疫,瘟疫中充满了死者。尼基阿斯在某种程度上放弃了他战胜科林多人的果实,他请求科林多人允许雅典人为丢下的两具尸体收尸(IV 44.5-6);在他事业的终点,在西西里,他不能安排难以计数的雅典士兵尸体的葬礼,而这些尸体并不在敌人手中(VII 72.2,75.3,87.2)。

一种深刻的亲缘关系。无论大胆、疯狂(mania)是多么含糊不定,或许在政治层面上,它们会超出节制的界限,但在思想层面上,在思考着的个人层面上,它们会实现自身,或者它们会符合自然。它们实现自身,不是在伯利克勒斯时代的(或后伯利克勒斯时代的)雅典,而是在修昔底德的思想或著作中。伯利克勒斯时代的雅典不是巅峰,在伯利克勒斯时代雅典的基础上有可能出现的理解才是巅峰。伯利克勒斯时代的雅典不是巅峰,修昔底德的著作才是巅峰。修昔底德弥补了[230]伯利克勒斯时代的雅典。只有通过弥补它,他才能"永久"地保存它。正如没有荷马就不会有阿基琉斯或奥德修斯,同样,对我们来说,没有修昔底德就不会有伯利克勒斯:伯利克勒斯所渴望的那种永恒荣耀不是由伯利克勒斯实现的,而是由修昔底德实现的。政治层面的大胆以及伴随着它的美德与恶使得那种最高意义上的大胆成为可能。理解那些普遍、永恒的事物,看穿健康城邦赖以维继的那种错觉,仅仅对那些处境危险的思考者来说才是可能的。人们必须超越这一点。在雅典,两种异质的普世主义在某种程度上融合在了一起:那种虚幻的政治层面的普世主义被那种真正的普世主义、被那种对修昔底德所理解的美和智慧的热爱所着色、点染、遍染、美化,因此,它获得了悲剧性的特征;因此,它能够培育富有男子气概的绅士风度。两种普世主义的"综合"确实不可能。最重要的是要理解这种不可能性。只有通过理解它,人们才能理解那种试图克服它的伟大尝试,并且明智地尊重它。

如果除了按照城邦所趋向的而且为城邦所特有的普世主义便不能理解城邦,以及如果这种普世主义由于其本质上的缺陷而指向着思想层面的普世主义,那么我们便能理解为什么修昔底德能够以插入演说辞的叙事形式来呈现他的全部智慧,这种叙事严格地限制在政治事物的领域,它是严格的政治叙事——它对我们现今所谓的雅典文化保持沉默。当然,对我们许多同时代人来说,从修昔底德就其著作、就其言辞(logos)所说或所暗示的内容来看，这一沉默并非有保留的，因为他们将这些评论理解成是"方法论意义上的"。然而，修昔底德并不只是谈及了——无论多么简短——他的著作和思想；正如我们已经努力证明的，修昔底德呈现了他的思想，甚至呈现了他的教育，此外也呈现了"雅典文化"。通过他的著作，他使得我们按照运动和静止的交互作用理解了战争与和平、野蛮与希腊性、斯巴达与雅典；他尽其所能使我们能够理解人类生活的本质或者使我们能够变得智慧。但是，如果人们没有同时认识到通过理解修昔底德的思想他们就会变得智慧，那么他们通过理解修昔底德的思想就不会变得智慧，因为智慧同自我认知是分不开的。我们从修昔底德本人那得知，他是一位[231]雅典人。通过理解他，我们就会看到，他的智慧之所以得以可能，乃是由于"太阳"(the sun)和雅典——由于她的力量和财富，由于她的不健全的政体，由于她的大胆革新的精神，由于她对神法的积极怀疑。通过理解修昔底德的著作，人们就会亲眼看到，雅典在某种意义上是智慧的家园。只有通过自己变得智慧，人们才能够认识到他人的智慧。智慧无法像战争之类的事情那样，被呈现为某种壮观的景象。智慧无法被"说出"。它只能被"做出"。只有通过理解修昔底德的著作，人们才能看出，雅典在某种意义上是全希腊的学校；从伯利克勒斯之口我们仅仅听到这样的断言。智慧无法通过言说来呈现。关于这点的一个间接证据是，那些论述这一时期的智识生活或者构成在其他方面尚佳的当代史纂之一部分的篇章，有着平淡无奇、充其量是浅薄的特性。

　　当人们考虑到如下两个方面之间的紧张时，他们便能进入到修昔底德思想的深层，即一方面，修昔底德明确称赞斯巴达——称赞斯巴达的节制——这同称赞雅典并不匹配，另一方面，考古学的主题总体上是关于古代人的虚弱——这一主题暗示了进步的确切性，于是也暗示了对富有革新精神的雅典的赞美。修昔底德并没有绝对地将自己等同于"雅典"。因此,我们必须重新思考考古学的主题。考古学概述了希腊性、力量和财富从原始的野蛮、虚弱和贫穷中脱颖而出;因此,它造成了这样的印象,即野蛮和虚弱、贫穷属于一体,或者非希腊人便是前政治的野蛮人(Ⅰ6.1、5-6)。它只暗示了如下事实,即在任何这样的希腊社会出现之前,存在着强大的、富裕的非希腊社会(Ⅰ9.2,11.1-2,13结尾)。然而,就算承认在希腊人之前某些非希腊人也经历了文明化,人们也不会质疑进步的信念。不是修昔底德本人而是狄奥多图斯质疑了这一信念。然而,狄奥多图斯的演说辞要比任何其他演说辞都更多地揭示了修昔底德本人的观点。这一演说辞和克里昂的演说辞正相对立,也和忒拜人指控普拉提亚人的演说辞正相反,它是一种典型的雅典式的行为——和西西里远征一样体现了雅典的特色,但又不同于西西里远征,因为它是被节制和温和所激起。不应对此感到惊讶,即修昔底德所记录的唯一能恰当反映他在政治层面的思想的行为[232]是一项人道行为,这一行为与雅典的生存乃至雅典帝国的生存都可以相容。

为了阻止克里昂所赞成的对米提列涅人的屠杀,狄奥多图斯必须首先驳斥克里昂对其对手的诋毁,尤其是克里昂毁谤他的对手们是被无耻的、自私的利益所驱使。克里昂的诉讼方式对城邦来说是有害的;它会造成怀疑和恐惧,因而会使城邦丢弃好的建议。城邦必须公正平等地倾听每一个愿意给城邦提出建议的人。为了阻止在自私动机的影响下提出建议,以及出于担心建议者本人的权势或名望,一个明智的或节制的城邦会这样做,即当一个人提出好的建议,也即当他的提议得到公民大会的赞赏时,城邦不应给他更多的尊敬,当他提出坏的建议,也即当他的提议遭到公民大会的否决时,城邦也不应给他更少的尊敬;因为如果遵循这一做法,那人们就不会仅仅为了取悦公民大会而赞成或反对那些提议(Ⅲ 42)。狄奥多图斯似乎赞成完全的平等,甚至似乎赞成取消民主制赖以维继的那种区分,即大众和非大众之间的区分、诚实之人或民众之友和败坏之人或民众之敌之间的区分。如果并不是每一个公民大会的成员,那么至少每一位发言者,都必须被认为和所有其他人一样具有同等的能力以及同样诚实;只有通过这种方式,才能根除野心,根除争求优越,从而根除不平等。狄奥多图斯暗示了如下事实,即不智慧的邦民们不能区分好建议和坏建议,而必定会将好建议等同于令他们信服或能吸引他们的建议,但他同时也隐瞒了如下事实,即若是某位发言者的提议屡屡得到公民大会赞赏,那么他就不可能不被认为是智慧的,因而也就不可能不获得名望,因此,那种最没有野心的人将不可避免地会设法通过提出取悦大众的提议来提高自己的名望。换句话说,狄奥多图斯的名望和克里昂的名望不能很好地并存:狄奥多图斯本人不得不提出与他所提倡的原则相抵触的说法,即克里昂要么愚蠢,要么就不诚实。戈姆低估了狄奥多图斯的说法的意义,他说,狄奥多图斯"近乎质疑自由论辩的价值"。狄奥多图斯以这样一种方式暗示了民主制的问题,即他指出了这样一种政制,在其中,只有绝没有被野心败坏的节制和明智之人,[233]才有发言权。① 然而,雅典确实不是"一个节制的城邦",狄奥多图斯不得不去说服雅典人对米提列涅人采取节制的行动。他阐明他的困难以及克服困难的方式乃是通过谈论如下情况,即发言者诚然提出了合理的建议,然而他却被怀疑是为了他的私人利益才提出这一建议;在这种情况下,雅典人出于嫉妒而否决了这一合理的建议。因此,民众

---

① 克里昂可以说是这样来陈述问题并解决问题:你知道你自己的局限,你知道你缺乏判断力,因此,你必须信任他人;但由于缺乏判断力,因而你无法区分值得你信任的人和不值得你信任的人;我给你提供一个你能够理解的标准:仅仅信任和你同类的人,也即不那么精致的人,像我一样的人;为了使你能够区分我和其他俗人,我告诉你,我拥有伯利克勒斯的品质,不会变化无常。

并不像克里昂之前所断言的那样天性温良(good-natured)(III 38.2)。出于并不完全纯粹的动机,民主制的公民大会更关心某种纯粹,而不是智慧。由于除非它们业已信任某个提议者,否则它们不会投票赞成某项提议,而且由于它们信任的理由是如此非理性,因此,不仅坏人而且好人也不得不欺骗公民大会,并对它撒谎。或许除非通过欺骗,否则人们便不能有益于任何城邦,因为任何城邦都不可能主要由具有完美智慧和完美道德的人组成;除非通过欺骗,否则人们肯定不能有益于雅典,其原因之一在于,只有发言者才对他们提议什么以及如何提议负责,而公民大会,也即最高统治者,则毫无责任(III 43)。通过一种前所未有的坦诚,①狄奥多图斯告诉雅典人,只有通过使用一种托辞,他才能够成功地请求温和地处理米提列涅人。

狄奥多图斯所使用的托辞似乎就在于用利益问题(杀死米提列涅人,雅典人能从中获益吗?)来取代正义问题(米提列涅人有罪吗?)(III 44)。然而,为什么这一替换是一种托辞?为了给不要杀死米提列涅人这一提议奠定根基,狄奥多图斯提出了一个宽泛的问题,即是否在所有情况下,死刑都是有利的或智慧的:为了是智慧的,死刑必须有一种威慑作用,如果死罪屡屡出现,那么这一事实就表明死刑并没有威慑作用;[234]法律无力对抗人的自然(45)。无论这一论证本身的价值是什么,在这些情况下使用它,似乎就显得很缺乏理智:以死刑一无是处为理由来嘱咐雅典人不要杀死米提列涅人,他是在荒谬地嘱咐他们同时废除适用于谋杀、不虔敬、叛国以及其他恶劣罪行的死刑;他暗示了,按照公认的标准,米提列涅人犯有死罪。然而,他知道自己正在做什么。他关于死刑的说法暗示了死罪并不是出于故意,因此,正如克里昂所承认的,应该得到原谅(40.1;参见39.2);因此,这便

---

① II 62.1处伯利克勒斯所言和III 43.2-3处狄奥多图斯所言相比,前者更为繁琐。

是在暗示,假设米提列涅人犯了死罪,那么他们应该得到原谅。因此,他准备进一步对这一假设或他的证据进行质疑:大多数米提列涅人并没有犯罪,因此,雅典人杀死他们便是在犯罪(47.3;参见46.5)。因此,他便远不是像他所声称的那样完全无视正义问题。克里昂首先将他的论证建立在关于正义的考虑上,其次是建立在关于利益的考虑上;他将关于同情和温和的考虑作为和帝国完全不相容的因素排除在了法庭之外(40.2-3)。在回答克里昂时,由于知道城邦的本质,狄奥多图斯拒绝诉诸雅典人的同情或温和(48.1),然而他并没有说同情和温和在帝国中没有任何地位,他装作在完全无视正义以及仅仅考虑利益方面胜过克里昂,但是,在他把听众带入某种氛围中——在其中,他们愿意聆听无辜者的恳求——之后,他开始处理正义问题。他准备好这种氛围是通过含糊其辞地说,虽然米提列涅人犯了死罪,但他们或许应该得到原谅。

特别要注意狄奥多图斯关于死刑的说法。在这一说法中,几乎是在他整个演说辞的正中间,他说,在过去,惩罚要"更轻微",在古代,甚至最严重的罪行也不会被判死刑,在认识到轻微惩罚并无效果之后,人类才首次引入死刑,然后又渐渐把死刑扩展到更多的罪行上(45.3)。人们没有认识到,惩罚并没有阻止人们犯罪,因为自然迫使人们犯罪,或者因为法律无力对抗自然。[235]现在,他们对法律的期望比过去更高。在最古老的时代,在起初,那时没有法律,因为那时没有城邦;那时也没有严格意义上的惩罚;抽离掉所有事物,人们可能会说,最初的时代便是克罗诺斯(Kronos)时代。后来的确出现了技术方面(因此也是力量方面和财富方面)的进步;但是,如果认为进步完全是一种温和的进步,那就错了。① 技术的进步伴随着法律——违背自然

---

① 参见柏拉图,《普罗塔戈拉》327c4-e3。

的法律,即便只是通过遮蔽自然而违背自然——的进步。正如修昔底德所充分表明的,当希腊性处于巅峰之时,当时的人们完全没有变得更温和。因此,认为当时的人们正处在巅峰,这种信念需要加以限定或修正。智慧和不智慧之间的区别——这种区别使得智慧之人除非通过欺骗,否则便不能有益于他的城邦——并不会受到技术进步或法律进步的影响。和古代人比起来,现在的人们完全没有变得更智慧、更温和。进步的信念必须按照人的自然并没有改变这一事实来加以限定。

看来,修昔底德本人似乎证实或至少阐明了狄奥多图斯的论点,因为他叙述了雅典人遵照神谕在阿波罗岛举行的净化仪式(III 104)。僭主庇西特拉图已经净化了该岛的一部分;在伯罗奔半岛战争的第六年,雅典人净化了整个岛屿。在此前一年,瘟疫又再次袭击了他们,地震也爆发了好几次(87)。他们或许感觉到了罪孽(参见 V 32)。不管怎样,为了提洛岛的神圣性,他们禁止任何人死在或出生在这个岛上;临死的人以及将要分娩的妇女将会被转移到毗邻的岛屿上,也就是僭主波利克拉特斯(Polycrates)曾经献给阿波罗的那个岛屿。在净化完岛屿之后,雅典人制定了提洛节。在古代,这里曾经有一个节日,其中包括体育竞赛和音乐竞赛,以及爱奥尼亚诸城邦和附近诸岛屿派送的歌队表演。荷马证明了这一事实,修昔底德在这里引了十三句荷马的诗,而在他整部著作的其余部分,他只引了一句荷马的诗(I 9.4)。和这部著作的其余部分比起来,这些诗句格外引人注目,因为它们唤起了一派和平的景象。荷马劝那些参加提洛节的少女们记住他并且称赞[236]他是经常走访提洛的歌声最甜蜜、最悦耳的游吟诗人。在后荷马时代,"竞赛"由于灾难而终止了。但现在,在伯罗奔半岛战争的第六年,雅典人又恢复了"竞赛",并且增加了一个全新的项目——赛马。现代的提洛节是否胜过古代的提洛节,这点并不清楚。赛马确实构成了一种进步;①但赛马能够弥补荷马的缺失吗?②

10. 政治史学和政治哲学

修昔底德并不仅仅只是一个属于这个或那个城邦的政治人,他也是一位不属于任何城邦的历史学家。此外,他是一位这样的历史学家,即他根据明确把握到的普遍事物来看待独特事物,他根据永久事物或永恒事物、根据作为整全之一部分的人的自然来看待变化,而这种整全以运动和静止之间的交互作用为特征;他是一位有着哲学头脑的历史学家(philosophic historian)。因此,他的思想并不完全异于柏拉图和亚里士多德的思想。的确,他通过事件来暗示他所认为的诸第一原则,而哲人则将这些原则作为他们的主题,或者换句话说,显然有必要超越修昔底德而朝向哲人;但这并不意味着修昔底德和哲人之间存在着对立。[237]一般哲学所认为是真实的东西,特定的政治哲学也会认为是真实的。如果人们不把自己局限在对轻易就能引得的修昔底德和柏拉图关于地米斯托克利、伯利克勒斯诸人的评判做一个对比,如果人们考虑到

---

① 参见柏拉图,《理想国》328a1-5。
② 对战争第六年的记述,或者更确切地说,对 III 86-116 处的记述,其特征在于如下事实,即"为了编年顺序而插入的叙事在对[西西里]战役的记述中走到了极端,而且,由于这一战役并不具有头等的重要性而且也不是特别有趣,因此,如果就因为其本身而记述它,那么这便有可能证明了狄奥尼修斯(Dionysius)等人对修昔底德的'不恰当的编年方式'的批评是正当的"。戈姆 II 413。上述事实格外引人注目,因为正是在这一段落中,在他所谓的第三序言中(III 90.1),修昔底德宣称,关于西西里发生的事情,他只会提及那些对雅典人造成影响的、最难忘的事情。(关于他的"第二序言",参见前引书,p.8。) III 86-116 处的记述包含 15 项内容,其中 6 项涉及西西里,3 项涉及自然现象,1 项涉及提洛岛的净化仪式。德摩斯提尼在埃托利亚的战役(包括本书中唯一一次提到的荷西俄德)处在中间。如果撇开对提洛岛净化仪式的记述不论,人们便会发现一种奇怪的对称,即一边是对西西里战役的记述,另一则是对自然现象的记述。另参见前文页 162 注释②和页 240 注释①。

第三章　论修昔底德《伯罗奔半岛人与雅典人的战争》

所有这些评判都是有所隐晦的,并因此仔细地对其加以考察,那么人们就会发现,这两位思想家对好和坏、高贵和低贱的看法基本一致。这一点,只需提醒读者注意关于斯巴达和雅典的等级顺序,这两位思想家都暗示了什么,便已足够。然而,他们之间还是存在着如下区别:柏拉图提出并且回答了关于最好政制本身的问题,而修昔底德则仅仅回答了在他的一生中雅典所拥有的最好政制是哪个这一问题(VIII 97.2);但是,这里显然再一次有必要超越修昔底德而朝向那些主要讨论最好政制本身问题的哲人。所有这些等于是在说,修昔底德的思想低于柏拉图的思想。或者修昔底德有一个积极的理由来阻止自己比柏拉图更早地上升?

　　人们必须比较能够进行比较的东西。修昔底德没有写苏格拉底对话,柏拉图也没有写下对当代战争的记述。但柏拉图在《法义》卷三中概述了从起初的野蛮到他和修昔底德出生的那个世纪的发展,而且这一概述可以同修昔底德的考古学进行比较。事实上,除去《墨涅克塞诺斯》——它需要和葬礼演说进行比较,柏拉图著作中唯有这一概述可以和修昔底德著作中的某部分进行直接的、有益的对照。即便在最粗略的评论中也应当提到,两个考古学都同样排除了斯巴达式的情感。这里我们只需强调一点。柏拉图解释了波斯战争时期所获得的最好的雅典政制,也即祖先的政制,是如何转变成他那个时代的极端民主制的。他将这种转变追溯到了对关于音乐和戏剧的祖传法律的肆意漠视:不再让最好和最智慧的人,而是让大量观众成为歌曲和剧目的裁判,于是雅典衰败了。① 此后不久,他又论述说,不是萨拉米斯海战的胜利,而是马拉松和普拉提亚陆战的胜利拯救了希腊。② 这些评判[238]和修昔底德的说法形成了鲜明的对照。根据修昔底德,人们毋宁得说,

---

① 《法义》698a9 及以下,700a5－701c4。
② 同上,707a5-c7。

雅典人别无选择,只得发动萨拉米斯海战,而且,由于事件的连锁反应,他们被迫建立最强大的海军;为了海军,他们需要最贫贱的雅典人充当桨手;因此,他们被迫给予雅典穷人比以前更高的地位:雅典被迫实行民主制;雅典的民主化,并不像柏拉图希望我们相信的那样,是一桩肆意的蠢行或选择的行为,而是一种必然。一般说来,柏拉图似乎不同于修昔底德,他很少考虑有别于选择的宿命。但事实上,这两位思想家在这方面并无根本区别。正是在刚刚提到的那一段落中,柏拉图说,建立政制或立法的是运气,而不是人或人类的智慧或愚蠢。换句话说,人不过是诸神的玩偶。①柏拉图的确还补充说,在非常窄的范围内,人们可以在不同的政制间有所选择。但修昔底德并没有否认这一点。因此,他也不能否认,有必要提出最好政制的问题。人们或许会说,这一问题得到了修昔底德笔下的演说者诸如雅典那戈拉和伯利克勒斯的明确回答,但修昔底德本人确实甚至都没有明确提出这一问题。他更偏爱由寡头制和民主制混合而成的政制,而不是纯粹寡头制或纯粹民主制,但不清楚的是,他是否无条件地偏爱这种混合政制,而不是某种既有智慧又有道德的僭主制;他似乎很怀疑优于这两种政制的政制——柏拉图或亚里士多德意义上的贵族制——是否可能。他的确从没有以自己的名义谈论有道德的城邦,然而他却谈论过有道德的个人。在他看来,城邦的本质中似乎存在着某种东西,这种东西会阻止城邦上升到个人所能上升到的高度。

在第一卷中,当谈到伯罗奔半岛战争的诸原因或诸正当理由时,修昔底德强调了三点:斯巴达人对雅典不断增长的力量感到恐惧;条约被违反;库隆时代订立的关于"被神诅咒的人"的条款。在这里,他没有同等地强调貌似最高贵的第四个原因或正当理由:将希腊城邦从雅典僭主式的统治下解放出来。这一原因建立在如下

---

① 《法义》,709a1-3;参见 644d7-e4 和 803c4-5。

前提上,[239]即就正当而言,每个城邦都是独立的,或者是所有希腊城邦中平等的一员,不管它是大是小、是强是弱、是富是贫。因此,在所有希腊城邦之间,存在着一种良好的共识,这种共识会限制每个城邦的野心。柏拉图和亚里士多德所预设的那种城邦自足性否定了城邦对这样一种城邦社会的依赖或者城邦本质上是城邦社会的一员。亚里士多德甚至设想了一种没有任何"外部关系"的完美城邦。① 可以说,修昔底德整部著作的教导就在于,鉴于不同城邦力量不一,不可避免地就会导致如下结果,即最强大的城邦忍不住会谋求霸权甚或建立帝国,因此,斯巴达人最高贵的宣言中所预设的那种城邦秩序便完全不可能。但这一教导同样也使得古典政治哲学的预设变得可疑;它否定了古典政治哲学所预设的那种城邦自足性。城邦既不是自足的,本质上也不是那种囊括着诸多或所有城邦的良好秩序或正义秩序的一部分。缺乏秩序必定是城邦"社会"的典型特征,或者换句话说,战争的普遍存在使任何城邦对正义和美德的最高热望都比古典政治哲学似乎承认的要低得多。

修昔底德著作中的大部分演说辞以及所有辩论都是关于外部政治的,都是关于一个既定的城邦或一组既定的城邦应当如何对待另一个城邦或另一组城邦。但辩论的主题对于邦民来说却是最值得关注的或首要的。对于没有处在内战边缘或没有陷入内战的城邦来说,最重要的问题是它和其他城邦的关系。修昔底德让他笔下的狄奥多图斯将自由(也即从外邦统治下获得自由)和帝国称为"最伟大的事物"(III 45.6),这不是没有理由的。一般说来,即便最卑微的人也宁愿臣服于本邦人而不是任何外邦人。如果是这样,那么外部政治"对我们来说"(for us)便是首要的,尽管它"在其自身"(in itself)或"在自然上"(by nature)或许并不是首要的。修昔底德没

---

① 《政治学》1325b23-32。

有上升到古典政治哲学的高度,因为比起古典政治哲学来,他更关注"对我们来说是第一性"(first for us)的事物,这种事物不同于[240]"自然就是第一性"(first by nature)的事物。哲学便是从对我们来说是第一性的事物上升到自然就是第一性的事物。这种上升要求尽可能充分理解对我们来说是第一性的事物,而且是以它上升之前所呈现的方式。换句话说,政治理解或政治科学不能始于将城邦看作是洞穴,而必须始于将城邦看作是一个世界,看作是世界中最高的东西;它必须始于将人类看作是完全沉浸在政治生活中的人:"现在的战争是最大的战争。"古典政治哲学以对政治理解之开端的阐述为先决条件,但它并没有像修昔底德那样,以一种不可超越的也即无可比拟的方式来展现这一开端。探求那种关于政治事物的"常识性"理解首先把我们引向亚里士多德的《政治学》,最终又把我们引向修昔底德的《伯罗奔半岛人与雅典人的战争》。

然而,大多数时候,城邦都处于和平中。大多数时候,城邦也没有立即就暴露给残暴的教师——战争——以及无形的强迫,因此,城邦的居民要比他们在战时更具有温和的想法(III 82.2)。因此,大多数时候,他们都热心于尊崇古代、尊崇祖先,而不是沉浸于当前(I 21.2)。在没有被驱使去参加残暴的课程之前,他们称赞乃至践行节制以及对神法的顺从。古典哲人①和修昔底德都不认为对神明的关注是城邦的首要关注,但是,从城邦的角度来看,它"对我们来说"是首要的,修昔底德要比哲人们更清楚地说明了这一事实。我们只需记住修昔底德告诉我们的神谕、地震和日食,尼基阿斯的行为和遭遇,斯巴达人的愧疚,库隆事件,德利翁之战的后果,提洛岛的净化仪式——总之,在现代的科学的历史学家看来,所有这些事情都是无用的或者令他困扰,而古典政治哲学又几乎不提这些事情,因为对它来说,对神明的关注就等于是哲学。要

---

① 参见《政治学》1328b11-12。

不是某些人——尤其是库朗热（Fustel de Coulanges）这样的人——的工作，我们很难公正地对待城邦远去的或黯淡的那一面，他们使我们以城邦理解自身的原初方式来看待城邦，这种方式不同于古典政治哲学展示城邦的方式：[241]神圣的城邦截然不同于自然的城邦。我们的感激之情几乎不会因如下事实而有所减弱，即库朗热、他的著名前辈——尤其是黑格尔——以及他的众多后继者，都没有适当注意古典政治哲学所展示的关于城邦的哲学概念。因为"对我们来说是第一性"的事物并不是关于城邦的哲学理解，而是内在于城邦本身、内在于前哲学的城邦的理解，按照这种理解，城邦认为自己臣服于、从属于日常所理解的神明，或敬仰这种神明。只有从这点出发，我们才能向那一最重要问题的全面影响敞开，那一问题与哲学同时代，尽管哲人们并不经常对它发表意见——那一问题便是"神是什么"（quid sit deus）。

索 引

Aeschylus[埃斯库罗斯]88

Anaxagoras[阿那克萨戈拉]28, 161,219

Aristophanes[阿里斯托芬]30 n., 61,62,151 n.,213 n.

Aristotle[亚里士多德]12-49,50, 51,52 n.,63 n.,75 n.,76,78 n., 85,93,110,114,119,122,127, 139,142-43,144,146,161, 169,189 n.,190 n.,196 n.,236, 238,239,240

Augustine[奥古斯丁]32 n.

Averroës[阿维罗伊]26 n.,27 n.

Burckhardt,Jakob[雅各布·布克哈特]33 n.

Burke[伯克]33 n.

Burnet,John[约翰·伯内特]52 n.

Cervantes[塞万提斯]158

Cicero[西塞罗]13,18,23 n.,28 n., 36 n.,68 n.,73 n.,89 n.,138,158 n.

Classen-Steup[克拉森—斯泰普]153 n.

Coulanges,Fustel de[库朗热]240-41

Demosthenes[德摩斯梯尼]194 n.

Engels[恩格斯]40 n.

Euripides[欧里庇得斯]160 n.

Fichte[费希特]40 n.

Gomme,A. W.[戈姆]153 n.,166 n., 172 n.,173 n.,180 n.,208 n.,223 n.,232,236 n.

Gorgias[高尔吉亚]23

Hegel[黑格尔]33 n.,40 n.,241
Hellanicus[赫拉尼库斯]181
Heraclitus[赫拉克利特]22 n.
Herodotus[希罗多德]35,143,181
Hesiod[赫西俄德]130,131,236 n.
Hippodamus[希珀达摩斯]17-23
Hobbes[霍布斯]44 n.,88-89,143-44,219
Homer[荷马]53,157-58,160,165,182 n.,218,235-36
Hyperides[希佩里德斯]194 n.

Isaiah[《以赛亚书》]190 n.
Isocrates[伊索克拉底]17 n.,22 n.,154

Kant[康德]89,128 n.

Leibniz[莱布尼茨]39 n.
Lipsius,Justus[朱斯特斯·利普修斯]144
Locke[洛克]44 n.
Lucretius[卢克莱修]151 n.
Lysias[吕西阿斯]63 n.,194 n.

Machiavelli[马基雅维利]17,23,28,198 n.
Marcellinus,Ammianus[马尔凯里努斯]144
Marx[马克思]40 n.,133
More,Sir Thomas[托马斯·莫尔爵士]61

Nietzsche[尼采]44,136

Parmenides[巴门尼德]174 n.
Pascal[帕斯卡]18
Pindar[品达]23,190 n.
Plato[柏拉图]14,17 n.,18,20,21,23,24 n.,26,27,29,30 n.,32,33 n.,36 n.,37,39,42 n.,49,50-138,139-41,143,146,155 n.,172 n.,191 n.,194 n.,200 n.,212 n.,213 n.,226,235 n.,236-39
Plutarch[普鲁塔克]153 n.,161 n.
Protagoras[普罗塔戈拉]161

Reinhardt,Karl[卡尔·莱因哈特]145 n.
Rousseau[卢梭]28,40,102 n.

Shakespeare[莎士比亚]50,59
Simonides[西蒙尼德]69-70
Sophocles[索福克勒斯]24 n.,96 n.,219
Spengler[斯宾格勒]2
Spinoza[斯宾诺莎]15 n.,44 n.
Stoics[廊下派]27

Thomas Aquinas[托马斯·阿奎那] 22 n., 26 n., 27 n., 29 n., 34, 39, 49 n., 68 n.

Thucydides[修昔底德]132 n., 139-241

Xenophon[色诺芬]13 n., 20 n., 23, 30 n., 47 n., 53-54, 56, 57, 61, 63 n., 65, 73 n., 75 n., 178 n., 189 n., 227 n.

译后记

随着《城邦与人》中译本的出版,施特劳斯主要著作的中译本均已问世。但在国内学界,正如在国外学界一样,施特劳斯可谓毁誉参半,而且学者们对他的态度通常呈现出两极分化的趋势:要么非常喜爱,甚至崇拜;要么非常厌恶,甚至痛恨。几乎很难看到一种客观、中立的态度,这点颇让笔者感到惊奇。当然,之所以出现这种状况,一方面和施特劳斯的具体观点有关,比如他表面上似乎反现代、反民主以及高扬"古典";但另一方面也和他的研究、写作方式有关,比如他几乎无视通常的学术写作规范,也很少引用和他同时代的名家,尤其自《城邦与人》以来的晚期著作中,他更加显得"神秘莫测"以及"絮絮叨叨",习惯了现代学术表达的我们,往往初读一过,根本不知道他想要说什么。

不过,晚近以来,施特劳斯在西方主流学界的影响可以说是日益凸显。比如,目前在对他的贡献及意义的综论方面,《剑桥施特劳斯指南》业已出版;[1]在古希腊哲学和古典学研究,尤其是柏拉图研究方面,《剑桥柏拉图〈理想国〉指南》中随处可见他的方法论

---

[1] *The Cambridge Companion to Leo Strauss*, ed. by Steven B. Smith, Cambridge: Cambridge University Press, 2009.

影子;①该指南的主编费拉里(G. R. F. Ferrari)甚至认为,"施特劳斯并没有那么神秘,他最大的贡献就是高扬柏拉图的文学性,让柏拉图著作中的每一个细节服务于整体的论证,这也是如今的柏拉图学界受惠于施特劳斯,却经常羞于承认的"。②

对此,笔者想补充两点:一是施特劳斯在解读柏拉图对话时,不仅深刻揭示了其文学性或戏剧性,而且对论证部分的分析或阐发也极富洞见和力度,对他来说,柏拉图对话的文学内容和哲学论证乃是一个有机的统一体,二者不可偏废。但从总体上来看,施特劳斯学派在这点上没有很好地继承施特劳斯,他们往往偏重于戏剧解读,而于哲学论证方面则用力不多。二是尽管西方柏拉图学界经常"偷师"施特劳斯且羞于承认,但我们中国学者没必要如此,我们没必要加入他们历史形成的敌对"阵营",也没必要分沾他们由来已久的"积怨",因为无论"施特劳斯学派"也好,还是"非施特劳斯学派"也好,对于我们中国学者来说,都是认识西方文明的有效途径,借此可以最终达成对中国文明之过去、现在乃至未来的认知。

本书的翻译始于笔者在中山大学哲学系读博期间,当时正致力于古希腊政治哲学和道德哲学方面的研究,甘阳老师建议我从沃拉斯托斯(Gregory Vlastos)、纳斯鲍姆(Martha C. Nussbaum)、麦金泰尔(Alasdair MacIntyre)等人读起,然后再读施特劳斯。但从他们转向施特劳斯后,我首先觉得眩晕,然后痛苦,因为仿佛面对着两个截然不同的学术世界,无从选择,更无从下手,不过等平静下来后终于感觉到了喜悦,因为这两个世界的碰撞所

---

① *The Cambridge Companion to Plato's* Republic, ed. by G. R. F. Ferrari, Cambridge:Cambridge University Press,2007;尤其可参见此书导论,pp. xv—xxvi.
② 刘玮,"编译者后记",见费拉里,《城邦与灵魂——费拉里〈理想国〉论集》,刘玮编译,南京:译林出版社,2017,页270。另参见此书中收录的《施特劳斯的柏拉图》一文,页205—238。

产生的火花仿佛让我看到了一片新天地。后来博士论文选择以柏拉图对话为研究对象，结合主流学界以及施特劳斯、克莱因等人的进路来处理《理想国》，与此同时，也开始着手翻译《城邦与人》。期间，甘老师创办了博雅学院，我便投入到学院的日常事务中，后来又一直忙于教学、科研、当班主任等等，一直到博雅学院成立十周年之际，才稍得喘息，于是才最终完成了此书的翻译。前后拖拖拉拉近十年，想来甚感惭愧。

在本书的翻译过程中，刘小枫老师多次催促或鼓励，我的同事刘海川帮忙解答了一些近现代哲学术语的翻译问题，赵伟、何祥迪校对过本书的导论以及第三章的部分内容，在此一并深表感谢。此外，由于《城邦与人》一书极为著名，因而有不少热心读者自己翻译了全书或部分章节，并分享到网上，笔者参考了贺晴川、何祥迪、陈克艰等人的某些译法，在此谨表感谢。

最后需要说明的是，本书从完成译稿到出版颇费周折，在付梓之际，我要感谢甘阳老师、舒炜师兄的信任，让我独自承译此书；感谢三联书店的编辑王晨晨女士，感谢华东师范大学出版社的责任编辑王旭以及彭文曼女士细致和耐心的编校工作。

当然，译本中的文责概由笔者自负。施特劳斯的行文密集晦涩，笔者尽力做到使之流畅可读，但限于学力，错漏之处在所难免，恳请诸位读者不吝指正。

黄俊松
2022 年 1 月 8 日
中山大学博雅学院

图书在版编目(CIP)数据

城邦与人/(美)列奥·施特劳斯著;黄俊松译.
--上海:华东师范大学出版社,2022
(经典与解释.施特劳斯集)
ISBN 978-7-5760-3008-2

Ⅰ.①城… Ⅱ.①列…②黄… Ⅲ.①施特劳斯(Strauss,Leo 1899—1973)—政治哲学—研究 Ⅳ.①B712.59

中国版本图书馆 CIP 数据核字(2022)第 164047 号

华东师范大学出版社六点分社
企划人 倪为国

本书著作权、版式和装帧设计受世界版权公约和中华人民共和国著作权法保护

经典与解释·施特劳斯集

城邦与人

著　　者　[美]列奥·施特劳斯
译　　者　黄俊松
责任编辑　王　旭
责任校对　徐海晴
封面设计　吴元瑛

出版发行　华东师范大学出版社
社　　址　上海市中山北路 3663 号　邮编　200062
网　　址　www.ecnupress.com.cn
电　　话　021-60821666　行政传真　021-62572105
客服电话　021-62865537　门市(邮购)电话　021-62869887
地　　址　上海市中山北路 3663 号华东师范大学校内先锋路口
网　　店　http://hdsdcbs.tmall.com

印 刷 者　上海盛隆印务有限公司
开　　本　890×1240　1/32
插　　页　4
印　　张　8.75
字　　数　200 千字
版　　次　2022 年 10 月第 1 版
印　　次　2023 年 12 月第 2 次
书　　号　ISBN 978-7-5760-3008-2
定　　价　68.00 元

出 版 人　王　焰

(如发现本版图书有印订质量问题,请寄回本社客服中心调换或电话 021-62865537 联系)

The City and Man
by Leo Strauss
Copyright © Jenny Strauss Clay
Published by arrangement with Jenny Strauss Clay
Chinese Simplified translation copyright © 2022 by East China Normal University Press Ltd.
All rights reserved.
上海市版权局著作权合同登记　图字:09 - 2021 - 0742 号